最相葉月
Hazuki Saisho

理系という生き方

東工大講義
生涯を賭けるテーマを
いかに選ぶか

ポプラ新書
144

カバーデザイン・イラスト
FROG KING STUDIO

生涯を賭けるテーマをいかに選ぶか　ガイダンス

はじめまして、最相《さいしょう》葉月《はづき》と申します。本業はノンフィクションライターです。ノンフィクションライターというのは、簡単に説明すると、人物や事象を取材したり調査したりインタビューしたりしながら、事実を基に記事にするという仕事です。私の場合は速報性を要求されるメディアよりは、時間をかけて単行本を書き下ろす仕事が中心です。

若い頃は雑誌の編集もしておりましたが、今はしていません。ここ二十数年ずっとフリーランスで仕事しております。フリーランスというのは会社や組織に所属していないということで、所属を示す身分証明書はないですし、保険にもなかなか入れません。ということは信用がないということで、フリーで仕事を続けるのはとてもむずかしい。じゃあなぜそんな仕事をやっているのかというと、自分が興味があることを取材して書いて、多くの人に読んでもらいたいということにつきます。つまり、テーマがすべての原動力なんですね。テーマがある限り、たぶん私は仕事を続けていきます。それは研究者のみなさんにも通ずるところがあるのではないか。これまで多くの科学者を取材してきた経験からそう感じています。今回、「生涯を賭けるテーマをいかに選ぶか」というなんだか大仰《おおぎょう》な、気恥ずかしくなるテーマを掲げたのも、さまざまなロールモデルを通してそのことを考えたいと思ったからです。

今回は池上彰《いけがみあきら》さんから声をかけていただいて非常勤講師になりましたけれども、私の講義は前期の四か月だけですので、一期一会というか、お目にかかったご縁を大切にしながら一緒に勉強させていただければと思っています。普段は人の話を聞く、つまり自分は黙っていることが大半なので多くの方の前でお話しするというのはとても苦手です。お聞き苦しい点も多いと思いますが、ご容赦ください。

最初のテーマは競輪だった

もう少し自己紹介をします。私は実家が神戸で、上京するまでは大阪で会社員をやっていました。最相という苗字は胡散臭《うさんくさ》いと思われる方もいるでしょうが、実は母方の実名です。岡山県の総社《そうじゃ》に母方の親戚がいるのですが、そのあたりには多い名前だそうです。私は編集者をやっていた時に初めて本を書いたので、書く仕事と雑誌を編集する仕事を同時にやっていたものですから、頭が混乱しないように母方の名前をもらってペンネームにしました。

最初に本を出したのが一九九四年、みなさんが生まれる少し前だと思います。テーマは競輪です。ご存じかとは思いますが、自転車レースにお金を賭ける公営ギャンブルです。自転車に乗ってる方はおわかりでしょうが、全身にものすごい風圧を受けますよね。競馬に「逃げ」とか「追込み」という戦法があるように、自転車のレースにもさまざまな戦法があって、先頭を走る「逃げ」がもっとも風圧を受けます。

私が二十五、六歳の時、当時勤めていた会社の上司に「すごい選手がいるから一緒に見に行こう」と競輪場に連れて行かれました。私が生まれたのは一九六三年なんですが、その時に日本で一番強い競輪王だった方が一番下のクラスで逃げてたんですね。「逃げ」というのはさっき話したように風圧を一身に受けるので、年齢とともにつらくなる戦法です。たいていは年をとると若い選手のうしろについて風圧を前の選手に受けてもらう戦法に変わっていくんです。それなのにその選手は逃げ続けている、それをファンのおじさんたちが応援しているんです。結局負けてしまうんですけど、その時、すごく感動したんです。

勝てると思って走っていると思うんですが、それにしても、なぜ負ける可能性の高い戦法で走るんだろう。なぜこんなにおじさんたちが応援してるんだろう。それがすごく不思議で、全国の競輪場を回って、ファンや予想屋さんの話を聞いて、選手やそのライバルにもインタビューをさせていただいて、気がついたら原稿用紙三百枚ぐらい書いてしまっていました。これをなんとか本にしたいと思ってあちこち売り込んでいるうちに、人づてにある編集者の手に渡り、本にしていただけたんです。一九九四年、私が三十歳の時でした。

最後の挑戦として「絶対音感」をテーマに

だからといってライターになれたわけではなくて、フリーの編集者を続けながら細々と記事を書いていた。母が脳の病気で倒れたり、阪神・淡路大震災が起きたりしたものですから、精神的にもつらくなって、このまま神戸に帰るかと半分考えながら最後の最後だと思って、小学館ノンフィクション大賞という賞に「絶対音感」というテーマで原稿を応募しました。たまたま友人たちと話していた時に、絶対音感というのはすごいんだ、あの有名なミュージシャンももってる、歴史を遡《さかのぼ》ればモーツァルトももっていて、聞いた音楽を即座に楽器で演奏できるんだ、天才的な能力なんだという話になったんですね。

私は絶対音感という言葉を当時まったく知らなくて、なんだそれと思っていたんですが、彼らと別れたあとすごく違和感が残りました。たとえば風邪をひいたら耳がジンジンしていつもより聞こえなくなることはしょっちゅうある。人の感覚って相対的であるはずなのに「絶対」、しかもそれが天才的な能力だとされているのはちょっと違うんじゃないか、これはイリュージョンじゃないか、つまり幻想じゃないかと直感的に思ったんですね。

じゃあ実際にミュージシャンの人の話を聞いてみようと思い立って、取材依頼の手紙を出して、インタビューやアンケートに答えていただいたり、音楽の分野だけではなくて科学的にも知りたいなと思い、脳や聴覚の研究者に会ったりしました。今は名前は変わっていますが厚木《あつぎ》にあるＮＴＴ基礎研究所（当時）にも行きました。

私はまったく無名の人間ですし新聞社や出版社にも所属していないので、いきなり行っても話を聞かせてくれるわけがないんですが、人づてにある研究員の方に相談したら一度プレゼンをやってみないかといわれまして、それだったら私は百人くらいミュージシャンに取材をしていたので、それを紹介してディスカッションができればお互いにメリットがあるのではないかと提案したんです。すると当日、三十人くらいの研究者が集まってくださいました。

お話ししたのはミュージシャンの体験談です。絶対音感は非常に便利である一方、たとえば音楽が流れるとアーベーツェーといった音の名前が聞こえてくるから本が読めないという人がいる。ジャズピアニストの大西順子《おおにしじゅんこ》さんのお話です。

矢野顕子《やのあきこ》さんには電話でインタビューさせていただいたんですが、電車に乗った時に枕木を踏む音がラミーレドーだったかな、そういうふうに聞こえて、それがすごく想像力を掻き立てられるおもしろい経験だったそうです。

邪魔だという人もいれば楽しいという人もいるし、絶対音感がないことがコンプレックスだったという人もいる。邦楽や民族楽器を演奏する方にもインタビューしたんですけれど、絶対音感があると微妙な楽器のニュアンスが出なくて、非常に苦労しましたとおっしゃる。ある年齢以上になると相対音感のほうがずっと大事だという管楽器の演奏者の方もいたり、本当にさまざまでした。

そういう話を脳であるとか聴覚とかいろいろなジャンルの研究者の前でお話をしましたら、東工大でも教えてらっしゃる聴覚研究者の柏野牧夫《かしのまきお》先生がとてもおもしろがってくださって、それをきっかけにサイエンスからの視点も得ることができました。

一方で絶対音感の歴史について調べると、西洋音楽が日本に入ってきた頃に欧米人の演奏が上手なのは絶対音感があるからだと誤解した人がいて、その人をきっかけに早期教育としての絶対音感訓練が日本で流行したことがわかりました。戦時中は戦闘機が飛んでくる角度を知るために、絶対音感をもつ人たちが人間ソナーとして軍で働いていたんですよ。そんな話をまとめたものが賞をいただいて、これでなんとかフリーとして食べていけるのかなと思いました。

テーマに対する思いが一番大事

そんなわけで、テーマがいかに大事かを痛感しています。一年、場合によっては数年かけて取材して書くというのは、テーマに対する思い入れがなければ不可能です。私も途中で断念したテーマはいくらでもあって、その中から残ったものが幸いにして形になっているわけですけれども、それはこの仕事だけではなくて、研究者も同じですよね。テーマに対する思いが一番大事なんじゃないか。

自分が知りたい、作ってみたい、真理を探究したいというのが科学研究の最終的な目標だと思いますが、それが強いものでないと途中で断念したり方向転換を迫られたりします。実際に研究室に入ったら自分のやりたいテーマが途中でわからなくなるということもよくあると聞きます。毎日毎日、装置の前で寝泊まりして、日によっては徹夜しなければいけないような研究もあるでしょうし、南極に行ったり砂漠に行ったり高い山に登ったり、宇宙飛行士はその究極の姿だと思うんですけど、過酷な環境でプレッシャーを受けながらテーマを突き詰めていかなければいけない。それには、やはりものすごく強い意志が必要ですよね。私は幸運だったと自分でも思うのですが、これまでインタビューさせていただいた研究者は、みなさん非常に謙虚で誠実で、テーマに対してひたむきにがんばってらっしゃる方ばかりでした。

じゃあ、みなさんどうやってテーマを選んだのか。大きく分けて四つあるのではないかと思います。

テーマの選び方には四つのタイプがある

一つは、小さい頃から何らかのビジョンがあったという方ですね。たとえば数年前に話題になったはやぶさの研究者でJAXA《ジャクサ》の矢野《やの》創《はじめ》さんという方がいます。サンプルホーンといって、小惑星のイトカワにはやぶさがバウンドしてその瞬間に地面から飛んでくる小さな石や砂を採取する腕の部分を作った方です。矢野さんは小さい頃からガラクタで物を作ったり、望遠鏡で空を見て、見えないはずの星を探したりするのが好きだったとおっしゃってました。それがそのままご自分の仕事に少しずつつながっていったんですね。最初は天文学を専攻されるわけですけれども、矢野さんが入られた頃の天文学は、望遠鏡で空を見るというのではなくて、コンピュータで画像化されたものを分析していく方がメインだったので、あまりおもしろくなかった。それで惑星科学に進まれたわけです。NASA《ナサ》で研究していた時に、JAXAではやぶさのミッションが始まることを知って応募し、サンプル採取の重要な仕事をされました。もちろん紆余曲折《うよきょくせつ》はありますが、結果的には、小さい頃からの夢を実現された、とてもうらやましいケースですね。

二つ目は、何がやりたいのかよくわからないけれどもとりあえず入ってみて、じわじわとテーマに近づいていく方々です。私がお話をうかがったのは、明治大学の深澤倫子《ふかざわともこ》さんという物理学者です。深澤さんは北海道大学で前晋爾《まえしんじ》先生という氷の研究者として非常に人気のある方に師事されたんですが、その研究室はものすごい倍率だったので「じゃんけんで決めなさい」ということになり、じゃんけんしたら勝ってしまった。そこで、南極の地下深いところから採ってきた氷柱を解析する研究があることを知ります。南極の氷というのは地表に近い方には空気がいっぱい入っていて白いんですけれど、下に行くほどだんだん空気がなくなってきて透明になる。その中の一〇〇ミクロン程度の結晶をクラスレートハイドレートといって、これを解析することでその時代の空気組成がわかるのではないかということで計測がなされていたんですね。いわば空気の化石のようなものです。

地球温暖化がよく話題になりますけど、じゃあ、いつから温暖化が始まったんだろう、過去はどうだったんだろうという疑問にも答えてくれるかもしれません。深澤さんが発見したのは、空気分子がそこに固定されてあるのではなく、氷の中で動いているらしいということです。動いているということは、大気組成の計測にこれまでとは異なる視点が必要ということで、ご自身の研究を今も深めていらっしゃいます。深澤さんの場合は研究室に偶然入ったけれども、じわじわとおもしろい展開になってきたというケースですね。

「素敵な偶然」でテーマを思いつくことも

三つ目はセレンディピティです。素敵な偶然、突然思い浮かぶ幸運をいいます。具体例がないかなと思ってちょっと探してたら、ありました。みなさん、遺伝子の解析をするときにDNAを増幅するPCR装置はご存じですね。一九九三年にノーベル化学賞を受賞したキャリー・マリスという人が発明したもので、ゲノム研究の基盤技術です。キャリー・マリスは、当時アメリカのシータス社というがんの研究をしていたベンチャー企業の研究員で、患者さんの遺伝子を解析することによっていい薬ができないか日々研究していました。そんなある日、カリフォルニア州のアンダーソン渓谷をホンダのシビックに乗って恋人とドライブしていた時に突然、ＤＮＡを増幅させてターゲットとする遺伝子の塩基配列を調べる方法を思いつくんです。論文の数はたいしたことありませんし、研究者としてもまったく無名だったんですけど、この発想をシータス社が装置として完成させてそれが世の中に出ていった。キャリー・マリスはちょっと変人で有名で、会社と揉めますし、ノーベル賞に対してもやっかみが多かった。ただ、発見自体は非常に大きなものです。ちなみに、彼はノーベル賞よりも前に日本国際賞という賞金五千万円の賞を受賞して、天皇皇后両陛下にも会ったと手記に書いています。

四つ目がみなさんよくご存じのｉＰＳ細胞の山中伸弥《やまなかしんや》先生のように、人とは違う考え方をするということです。山中先生に、どうやってｉＰＳ細胞を発想できたかと質問しました。ＥＳ細胞といって受精卵が分裂して胚盤胞《はいばんほう》という段階になった時にその組織を採って培養してできる細胞はご存じですか。培養すると神経細胞になったり血液になったりする万能細胞で、一九九〇年代後半から二十一世紀初頭にかけては、ＥＳ細胞が何に分化したかが連日話題になっていました。その中で山中さんは、ＥＳ細胞をどうすれば神経細胞などさまざまな細胞に分化させられるかということではなくて、ＥＳ細胞の中に細胞を初期化させる因子があって、それがＥＳ細胞の万能性とか増殖性を維持する因子ともしかしたら一緒じゃないかという仮説を立てたわけです。当時、誰もそんなことは考えていなかった。視点を変える、多くの人たちがやっている方向性とは違うところからものを見たわけです。

当時、山中先生は奈良先端科学技術大学院大学にいらっしゃって、ノックアウトマウスを作るという地道な仕事をされていた。謙遜だと思うんですけど、学生を自分の研究室に集めるためにそんなアイデアをぶち上げたんだそうです。それでたくさん学生が来て、最終的に山中因子と呼ばれる四つの遺伝子を体細胞に入れることによって初期化し、そこからさまざまな細胞や組織に分化する万能性をもつiPS細胞を開発されたんです。みんなとは違う発想がテーマを生み、ノーベル賞の成果に繋がったのですね。

以上のようにいろんなテーマの選び方、近づき方があるわけですけれども、最初に申し上げたようにテーマがどれだけ自分にとって必然か、重要かということがわからなくなる、見失う時というのが、科学者も人間ですからあります。ルーティンワークに埋没する、教授の指示に忠実になるあまり、数字を操作してしまったり、画像に手を入れてしまったりすることも起こります。極端な例ですけれど、ハラスメントもいつ自分の身に降りかかるかわからない。

アルツハイマー病の新説はどのように生まれたのか

アルツハイマー病の研究をされている京都大学特定准教授（当時）の星美奈子《ほしみなこ》さんという方がいらっしゃいます。星先生はもともと、今はなくなりましたが三菱化学生命科学研究所の研究者でした。

当時アルツハイマー病なんて言葉は知っていても、どんな病気かというのは今一つよくわからなかった。ましてや、なぜそんな病気になるのか、老化すればみんなかかるんじゃないかと誤解されていた時代です。そんな中、脳の神経細胞を殺すのは定説とは違うものだと発表されたんですね。当時の定説というのはよくみなさん聞いたことがあると思いますが、アミロイドβという物質が紐状《ひもじょう》になって形成されている老人斑が原因だとするアミロイド仮説です。星さんも最初のうちはそれを疑うことなく研究を進めて、いい薬を作りたいと思ってらっしゃった。ここからが星さんのすごいところなのですが、脳を知るためには末端の物質を見ていてもしょうがない、自分は脳を知る必要があると考えて病院に通い、お医者さんたちと一緒に病理解剖された脳をたくさんご覧になったんですね。切片を見たり、丸ごとの脳を見たり、脳を見ながらスケッチするという作業もなさった。スケッチというのは、距離感や三次元の構造を知るための大事な方法なんですね。よく見ないとスケッチはできないですから。

その作業を通じて星さんは疑問を持ったんです。老人斑が原因といわれてるけれど、老人斑があってもアルツハイマー病にならずに別の病気で亡くなっている人たちがいることに気がつくんです。じゃあ老人斑が原因でアルツハイマー病になるというのはいったいなんだったのか。そこから星さん独自のユニークな研究が始まりました。細かいことは、みなさん各自調べていただきたいんですが、星さんは、アミロイドβが紐状になった老人斑ではなくて、アミロイドβが球状になった別の形をしたものが脳の神経細胞の特異な部分に引っ付いて、それが脳の神経細胞を破壊するということを発見されたんです。アミロスフェロイドと名付けられました。

今神戸の先端医療振興財団に研究室をもち、ベンチャー企業も設立して、アルツハイマー病の新薬を開発されている最中です。私がお会いしたのは二〇〇八年頃ですけど、そろそろじゃないかなと思って期待しています。

星さんが切々と語られたのが、定説と違う発見をすると、それを論文で発表してもなかなか受け入れられないということです。当時アルツハイマー病の研究者の集まる学会のトップがアミロイド仮説の提唱者だったため、そうじゃない発見を示してもすぐには受け入れてくれない。非常に苦労して、自分は本当にこの研究を続けても大丈夫なんだろうかと悩んだ。ただ、脳をたくさん見てきた経験があるから確信はあったんですね。

やはりアミロイド仮説ではないと。その信念が、研究者同士の妨害行為を突き抜けて徐々に理解者を増やしていった。今ではアミロイド仮説は仮説の中の一つというレベルに後退しています。嫉妬とか嫌がらせとか無理解というのはどの世界でもありますけれども、研究者の世界も同じですね。

運命のいたずらから南アフリカへ

運命のいたずらというのもあります。これも私がお会いした方で、坪充《つぼみつる》先生という鳥取大学の乾燥地研究センター（当時）の研究者のお話ですけれど、彼はアメリカで願書を出したのに教授が手続きを忘れてしまってその大学に入れなかったという、非常に不運な経験をされました。その時坪さんは、稲作が盛んな日本で冷害研究が進んだように、問題が発生しているところで研究するのが本来の研究者の姿ではないのかと考えて、アメリカの大学院を経て、実際に干ばつで苦しんでいる人がいる南アフリカに行かれたんです。一度日本に戻って会社員として働いてお金を貯めてから行かれたので、スタートは遅かったんですけど、そういう人もいるんですよ。

人間ですから、失恋してボロボロになってしまう人もいますし、女ということで、あるいは、外国人ということで差別的な経験をした人もいる。捏造《ねつぞう》に手を染める人もいますし、病気になる人もいます。

科学者にはうつ病の方が多いといわれますけど、ノーベル物理学賞を受賞された益川《ますかわ》敏英《としひで》先生もうつ病を公言されています。うつというのは舐めてはいけない病気で、つらい時にはすべてがネガティブ思考になってしまうんです。いつ死んでもいいみたいになってしまう。最近は自分でコントロールできるようになったとおっしゃってますけれど。iPS細胞の山中伸弥先生もアメリカのグラッドストーン研究所での研究を終えて日本に帰国された時に、研究環境のあまりの違いに具合が悪くなって、九時を過ぎても起きられない日が続いた。山中先生の言葉ですけど、PAD（Post America Depression）といっておられました。この時期には死を考えたこともあったとおっしゃっています。

人生には、そういうことも当然あるわけですね。そういうことがあったとしても研究というのは、論文を雑誌に発表して公に認められて評価されないといけない。ノーベル努力賞というのはないわけですから。努力したり挫折したりということは科学者としての業績には関係なくて、結果がすべてみたいな世界です。

でも、本当にそうなのか、それだけなのか。この講義では、ジャンルに関係なくさまざまな分野の研究者の生涯を紹介しながら、そんなことも考えてみたいと思います。私は本業がインタビュアなので、実際に研究者をお招きする回も設けるつもりです。研究の話だけではなくて、どうやって困難なところから突破口を見出されたのかといったこともうかがってみたい。みなさんからも質問をしていただいてディスカッションできるような授業にしたいと思っていますので、興味のある方はぜひ受講なさってください。

それでは来週から、本題に入ります。

理系という生き方／目次

1　生物はなぜ光るのか

下村脩の研究人生

おはようございます。今日は、生物発光の研究で知られる化学者の下村脩《しもむらおさむ》・ボストン大学名誉教授について紹介したいと思います。二〇〇八年にノーベル化学賞を受賞されたことはみなさんもご存じでしょう。コロンビア大学のマーチン・チャルフィー教授とカリフォルニア大学のロジャー・チェン教授と同時受賞されました。それぞれの授賞理由を簡単にまとめてみましょう。

下村先生が受賞されたのは一九六二年の研究で、アメリカ西海岸に浮遊するオワンクラゲから緑色に光る蛍光タンパク質ＧＦＰを単離した功績です。下村先生が単離したＧＦＰを異種細胞に導入して発光させることに成功したのがマーチン・チャルフィーです。つまり生命現象を目に見えるようにした、光る標識にしたことが評価されました。こちらは一九九二年に発表された研究です。三人目のロジャー・チェンはＧＦＰの立体構造を解明して、緑色以外の多様な人工蛍光タンパク質を作成し、複数の生命現象を同時に観察したという理由で受賞しました。一九九四年の研究です。

注目していただきたいのは、下村先生の研究は一九六二年のものですが、あとの二人は九〇年代の研究だということです。なぜそんなに時間が空いたのかは、あとで説明します。

オワンクラゲは、紫外線を放射するブラックライトの下では緑色のタンパク質、GFPが光ります。マーチン・チャルフィーの論文が発表されたアメリカの科学誌「サイエンス」一九九四年二月十一日号の表紙は、線虫の体内がGFPで光っている写真が使われています。

ロジャー・チェンの人工蛍光タンパク質の研究はさらにさまざまな研究で利用されていき、二〇〇七年には脳回路内のたくさんの細胞を一度に可視化する方法を開発したハーバード大学の論文がイギリスの科学誌「ネイチャー」十一月一日号に掲載されました。マウスの脳神経細胞の写真は七色の虹を描いた絵画のように美しく、その号の表紙には「オーバー・ザ・ブレインボウ」というコピーが書かれていました。ブレインとレインボウをかけているんですね。GFPは今や生命科学の研究には欠かせないものとなっていて、現在はがんの転移の追跡まで可能となっています。

このような展開に対して、下村先生はノーベル賞の受賞記念会見で、「GFPの発見は天の導きによるものであり、天は私を使って人類にGFPを与えたのではないかと思うことがあります」とおっしゃいました。

ここに下村先生が二〇〇六年にシンガポールの出版社から出版された『Bioluminescence』という本があります。発光生物のバイブルといわれている本で、アリストテレス以来の発光生物の発見からご自身の研究までくわしく解説されています。下村先生はこの本の序章で、三人の方に謝辞を述べておられます。

一人目は長崎大学教授の安永《やすなが》峻五《しゅんご》先生。二人目が名古屋大学教授の平田《ひらた》義正《よしまさ》先生。三人目が、プリンストン大学教授のフランク・ジョンソンです。謝辞を贈るということは、下村先生の研究者人生の中でこの三人は非常に重要な人物だったと考えられます。

『クラゲに学ぶ』という著書でこうおっしゃっています。

「私の研究人生を顧みると、私が選んだ道は自分で探したのではない。私は師により示された道をたどっただけである」

最初はエンジニア志望だった

では、下村先生の生い立ちを見ていきましょう。一九二八年、京都府福知山《ふくちやま》市生まれ。お父さんは長崎島原半島出身で陸軍士官学校を卒業した職業軍人でした。お父さんの満州赴任に伴って下村先生も小学一～三年生の間は、安東《あんとう》と奉天《ほうてん》の間にある連山関《れんさんかん》の官舎住まいでした。ご本人を取材した際にうかがったことですが、家の近くに非常に大きな川があって、そこで釣れたハヤをお母さんがから揚げにしてくれたのがとてもおいしかったそうです。

その後、お父さんがタイに異動するにあたって、家族は日本に戻り、下村先生は大阪のおばあさんのところに預けられます。このおばあさんは明治初期に生まれたとても厳しい女性で、背筋が曲がってるとピシャッと叩いたり、お風呂から出てきて首筋が汚れているとそれだけですごく怒られて、もう一度入ってきなさいとおっしゃる方だったそうです。

中学校は住吉中学、現在の住吉高校に進みます。科学の道に進もうとは考えていらっしゃらなくて、将来の夢は船や飛行機の設計技師。ゴム動力の羽ばたき飛行機を作って展覧会に出したこともあるとうかがいました。どちらかというとエンジニア志望だったんですね。そのうち戦争がだんだん激化していくわけですけども、タイにいるお父さんから、大阪は危ないから疎開しなさいという手紙が届いて、一九四四年に母方の実家である長崎県諫早《いさはや》市に転居しました。すると、諫早中学に転入したその日に大村の海軍航《かいぐんこう》空廠《くうしょう》に勤労動員されます。海軍航空廠は東洋一の飛行機工場といわれ、紫電改《しでんかい》という有名な戦闘機が生産された工場です。

そういう場所だったからでしょうが、大村は米軍の爆撃を受けます。一九四四年十月二十五日午前十時の大村大空襲です。B29数十機が大規模な空襲を行い、町は火の海になって海軍航空廠はほぼ全滅します。死者三百人、重軽傷者三百人といわれています。このため軍は諫早市郊外に修理工場を作り、下村先生もそちらに移動します。

しかしながら翌年、長崎に原爆が投下されます。一九四五年八月九日午前十一時二分のことです。このとき下村先生は諫早市郊外の修理工場で働いていたんですが、空襲警報が鳴って近くの山に登ったんです。するとB29が近くまで飛んできて、上空からパラシュートが二、三個落ちてきた。これはラジオ計測器だったんじゃないかといわれています。その後、大きな音がした。瞬間、もちろん何が起こったかわからずただ身をかがめていたわけですけども、だんだん上空が暗くなってくる中、一時間かけて諫早市内のご自宅に戻ります。すると、ドブネズミのように全身が真っ黒に汚れている下村先生を見て、おばあさんはすぐにお風呂に入りなさいといった。下村先生は、このとき、すぐに煤《すす》を落としたため、自分は今まで健康でいられたのかもしれないとおっしゃっていました。

長崎市内ではさまざまな施設や学校が破壊されたのですが、この時、長崎医科大学附属薬学専門部が諫早に移転してきて、下村先生はそこに入学します。仮校舎になったのは飛行機の乗員養成所で、壁に迷彩が塗ってあるバラックで、非常に哀れな建物であったそうです。たまたま近くに学校がやってきたから入学したということでした。

三人の師

薬学同窓会のノーベル受賞記念号に下村先生の大学時代の写真が載っていて、そこには謝辞を捧げた一人の安永峻五先生も写っています。優れた実験をする方で、下村先生は安永先生に薬品をもらってよく一人で実験をしていたそうです。その熱心な姿を見て、卒業後は実験助手にしてもらった。この時期にはウミホタルの発光成分の合成実験をなさっています。

とはいえ、本もない、実験器具も十分にない環境だったので、安永先生に内地留学を勧められ、ある日、名古屋大学に連れていってもらいました。会う予定だったのは江上《えがみ》不二夫《ふじお》教授です。三菱化学生命科学研究所の初代所長だった人ですね。その江上先生に会うために安永先生と名古屋大学に行ったわけです。ところがその日、江上先生はいらっしゃらなかった。

事情を他の研究室にいた平田義正先生に伝えたところ、「私のところにいらっしゃい。

いつからでもいいですよ」といわれた。謝辞を捧げたもう一人の方ですね。下村先生は、「平田先生の言葉は天の指図かもしれないと思った」と先ほど紹介した『クラゲに学ぶ』という本の中で述べています。

平田先生は安永先生と同じ山口県の出身で、天然物化学の研究者です。この時、なぜ平田先生に師事されたかを訊ねたところ、――あ、ここで申し上げる下村先生の言葉はほとんど私がインタビューして直接聞いた言葉です――、次のようにおっしゃいました。「分子生物学も天然物化学も、全然知りませんから僕にとっては同じようなもの。ざっくばらんでいい方だと思ったので平田先生のところに行くことにしました」と。

研究室に行った初日に平田先生からあるものを見せられます。乾燥ウミホタルです。発光実験をする時によく使うもので、日本沿岸にいて海の中で淡い光を出す。その光はルシフェリンという化合物と、ルシフェラーゼという酵素の反応で発光しているということは当時わかっていて、平田先生はこうおっしゃったんです。「アメリカのプリンストン大学が二十年くらいルシフェリンを精製する研究をやってるんだけど、いまだに成功していない。ルシフェリンの構造を決定するために、ルシフェリンを精製して結晶にしてください」と。

当時その物質が純粋かどうかを調べるには、結晶化するしかなかった。平田先生からそれをやりなさいといわれたわけです。「学位のかかった学生には、失敗する可能性があるものはやらせられない。一方、自分なら内地留学で指導に責任はない。だから、こういうことをやらされたんだ。ならば、やるよりほかにしかたない、将来に何も希望のない状態でしたから」と下村先生はおっしゃっています。

ところで、今申し上げたルシフェリン、ルシフェラーゼというのは多くの発光生物の発光形態で、発見したのはフランスの生理学者ラファエル・デュボアです。ヒカリコメツキとカモメガイの発光にこの二つの物質が必要であることを発見しました。その後たくさんの発光生物にも存在することがわかったことから、発光はすべてルシフェリンとルシフェラーゼの反応によるものだと考えられました。これが一九六〇年頃までの定説です。

人生最初の分岐点

一九五六年二月の寒い日のこと、下村先生の人生の最初の分岐点といいますか、大きく前進する結果が生まれます。下村先生の言葉を読みますね。

「あれは偶然なのです。一九五六年二月の寒い日でした、ルシフェリンを結晶化しようと実験していたけれど夜十時ごろにはアイデアがなくなった。実験に使うための、精製してあるルシフェリンが少し残っていたので、アミノ酸分析に回すつもりで濃塩酸を加えておいたのです。黄色いルシフェリンは濃塩酸で濃い赤色に変わりました。加水分解させるには加熱する必要があるのですが、明日の朝やればいいと思って放置して帰ったのです。すると夜の間に室温がどんどん下がって、加水分解させるはずの溶液の温度もどんどん下がりました。翌朝八時ごろに研究室に行ったら、ルシフェリンが無色透明になっています。最初は酸で加水分解したのだろうと思いました。しかし、一番底に針の先くらいの黒いものが沈んでいる。顕微鏡で見てみると真っ赤な針状結晶です。そこで結晶をクロマトグラフィーという方法で調べて、ルシフェリンであることを確認したのです」

平田先生は、「あ、そうですか」とおっしゃるだけ。確かめないといけないことがあるから、劇的な瞬間というわけではなかったのです。この時の研究成果をまとめた論文は日本化学会が発行する欧文誌「Bulletin of the Chemical Society of Japan」の一九五七年三十号に掲載されました。海外の雑誌に投稿しなかったのはなぜかと訊ねましたら、英語が非常に下手だったからとおっしゃっています。

ところが、この論文を生物発光の権威であったプリンストン大学のフランク・ジョンソン教授が読んでいた。謝辞を捧げた三人目の人物です。連絡が来ました。うちに来て研究をしないかと――。

下村先生は一九六〇年に渡米を決意します。ただ一人で行くのはさみしい、誰か一緒に行ってくれる人はいないかと思って、おばさんの紹介でお見合いをすることにしました。同じ大学の後輩でした。実はお見合いとはいうものの、名前を聞いたときに下村先生はそれが誰なのかすぐにわかりました。というのは国家試験のために後輩たちを指導したことがあって、その中に非常に優秀な女性がいた。それが今回の見合い相手でのちに奥様になる明美さんだったのです。結婚式を東京で挙げて、そのままアメリカに行きました。

下村先生が乗ったのは氷川丸です。最後の太平洋横断航海だったそうです。ただ明美さんはビザが下りなくて一緒に乗れませんでした。あとで飛行機に乗って追いかけたそうです。

師が反対することをやってみる

フランク・ジョンソンは下村先生に「オワンクラゲの発光物質を抽出してほしい」と頼みました。ただプリンストンは東海岸ですからオワンクラゲが十分に採集できません。やむなく、プリンストンから五〇〇〇キロ離れた西海岸のフライデーハーバーに行くことになりました。

　こうしてフランク・ジョンソンと二人の研究がスタートします。しかし、これがなかなかうまくいきません。当時、生物発光はルシフェリン・ルシフェラーゼ反応によるものというのが定説ですから、それを前提に発光物質を探そうとしてもうまくいかないんですね。十日ほどやってもダメ。下村先生はルシフェリン・ルシフェラーゼ反応にこだわらず、他の物質が関与している可能性も考えて調査したいと提案するんですが、ジョンソンはうんとはいわない。そのうち気まずい雰囲気になり、同じ部屋で研究しているのに机と机を離していたそうです。

　なぜ自分の師が反対することをやれたかと質問したら、下村先生は、ルシフェリンの結晶化に成功していたことが自信になっていたからだとおっしゃいました。プリンストンの研究者たちが二十年やってもできなかったことを数か月でやったわけですから、確かな自信があったんですね。

　ここから、ルシフェリンという定まったターゲットでなく、何なのかわからないものを探し出さなくてはいけない世界に入ったことになります。クラゲを絞って抽出した発光液を使うんですけれど、発光液はクラゲから取り出すとどんどん光って、次第に光を失ってしまう。そもそもどうしてクラゲが光るのか、どうしたら光り続けさせることができるのかという疑問がわきました。

一週間後、下村先生ははたと気がつきます。「そうだ、pH《ペーハー》だ！」。ルシフェリンの発光に必要なルシフェラーゼは、メタノールで発光を止められた。つまりタンパク質の構造を破壊しない程度に環境を変えてやることで可能となった。ならばタンパク質の溶けている溶液のpHを調節すれば発光を止められるのでは？　たぶん酸性は強い影響を与えるはずだと思ったわけですね。

そうして、酸性のpH4で発光が止まって、中性のpH7で再び光り出すことを発見します。つまりクラゲの発光物質は中性のpH7であれば取り出せるということです。

一日五〇〇〇匹のクラゲを採集

実験を進めたところ、さらに偶然が起こります。抽出した液を流しに捨てた途端、爆発的に発光が始まったんです。流しには海水が付着していますから、下村先生はそれを見て、海水の影響、すなわち、海水に多く含まれるカルシウムイオンの濃度が発光を調節することを発見します。では発光したのはなんであるのか？　正体不明の発光物質を精製する作業に移っていきます。

発光物質というのは精製している過程で非常に多く失われてしまいますから、サンプルがたくさんないといけません。オワンクラゲが光るのは傘のリングの周縁部で、この部分を大量に必要とします。そこでオワンクラゲの採集チームが結成されました。ご家族、明美夫人と二人のお子さん、アルバイトの学生、そしてフランク・ジョンソンです。一日に五〇〇匹のオワンクラゲを採集したそうです。

先ほど申し上げたように、リングの部分に発光物質があるので縁を切り取らないといけないんですが、一日に五〇〇〇匹ものオワンクラゲを切り取るのは大変です。すると今まで協力的でもなかったフランク・ジョンソンがクラゲのリング切断機を開発しました。おもしろいのが、これについて「カットされていることにクラゲが気づかないくらい瞬時に切られる」と下村先生が論文に書いてらっしゃることですね。最終的にイクオリンという発光物質を精製することになるわけですけれども、それまでに八十五万匹も採集されたそうです。

あんまりたくさんクラゲを採って裁断してしまうので、ノーベル賞を受賞されたあと、以前アルバイトに雇われていた女子学生から手紙が届いて、「こんなにたくさん採って大丈夫かと心配したし、抵抗を感じたけれども、結果的に役立ってよかったです」と書いてあったそうです。

こうして、一九六二年、発光物質イクオリンの精製に成功します。クラゲの学名はイクオリアというんですけども、そこから来た名前ですね。イクオリンはカルシウムに反応する性質をもっているので、カルシウムイオンの濃度を測るセンサーとしても利用でき、一九七〇年頃にはカルシウム検出薬として利用されるようになりました。下村先生はミスター・イクオリンとして有名になり、役立つことをしたということで国の研究費もおりるようになったんです。

さらに不思議なことを追い続ける

しかし下村先生は、それでほっとしない方でした。まだ不思議なことがあるんだと。オワンクラゲは緑色に光るのに、イクオリンは青く光る。なぜか？　イクオリンと双子のようにひっついている物質があって、精製しても最後の最後まで近くにひっついているんですね。これはなんだろうと思ったので、下村先生は念のためそれを保存しておいたんです。

同じ一九六二年に、その緑色の物質を単離して、正体がタンパク質であることを突き止めます。グリーンプロテインと名付けたのですが、これが後のＧＦＰです。太陽光を当てるとわずかに緑色に光り、白熱灯の下では黄色、紫外線を当てると明るい緑に輝くと論文に書かれています。しかしながら、なぜそうなのか、なぜ太陽光を当てるとわずかに緑に光り、白熱灯の下では黄色に光り、紫外線を当てると明るい緑に輝くのか。

下村先生の仮説はこうでした。なんらかの仕組みがあってエネルギーがイクオリンからGFPに転移する。つまり、イクオリンの発光を受けてGFPが蛍光を発するのではないかと。

研究を続け、仮説は証明されます。イクオリンとGFPが接近する状況を実験的に作り出して、イクオリンがカルシウムと結合すると自ら作り出したエネルギーで青く光り、GFPはその発光エネルギーを奪って緑に光ることを証明したのです。一九七二年から一九七五年にかけての論文でこうした発光の仕組みについて発表され、一九七九年にはGFPの構造のモデルを提唱されました。これで下村先生は「GFPでやるべきことはやった、生物発光研究に戻る」とGFPからは去ります。

そのまましばらくGFPは忘れられてしまうわけですけれども、遺伝子解析技術が進んで一九九二年、ダグラス・プラッシャーという研究者によってGFPの遺伝子配列が決定されます。先ほど紹介したように、同じ年に下村先生とともにノーベル賞を受賞したマーチン・チャルフィーが生体内でGFPを光らせることに成功します。その二年後にカリフォルニア大学のロジャー・チェンが同時にさまざまな色でGFPを観察することに成功します。ここからはみなさんも知っているように、GFPの効用が急速に発展していったわけですね。

一九七〇年頃、下村先生が仮説を証明しようとされていた時期ですが、実は非常に苦しい論争に巻き込まれていました。ホタルの発光メカニズムについて間違った論文がアメリカの研究者によって発表されたんです。その研究者は米国国立科学財団と関係がある有力者で、他の研究者もその研究者の論文を支持する内容の論文をどんどん出していた。下村先生は長年の研究からこれはおかしいとわかっていたので反論を発表するんですが、相手にされない。これではアメリカで発表してもしかたないということで、六年かけて最後の最後にイギリスの雑誌で論文を発表して誤りを証明しました。そういうことも研究の途中には起こりうるということです。

役立つかよりも真理の探究

ここで少し動画を見ていただきましょう。ヴァージニア・コモンウェルス大学のホームページにあるものですが、ここまで説明したGFPの仕組みをやさしく解説して、現在どんなところで役立っているかがよくわかります。あれ、動きませんね。すみません。パワーポイントの扱いがまだ下手なものですから。動画がうまく再生できないので、各自あとでご覧になってみてください（笑）。動画のタイトルは「A Green Light for

Biology」です。

さて、基礎研究から応用へと広く利用されるようになったGFPですが、そのことについて下村先生はこうおっしゃっています。「人の役に立つことなんか考えていませんでしたよ。完全に、真理の探究です」。

下村先生の言葉、ちょっと長いですが紹介したいと思います。下村先生は、ノーベル賞受賞記念会見では、焦土と化した長崎の写真と原爆体験から話を始められました。その原爆の日からウミホタルの研究まで十年くらい要したわけですけれども、その間、下村先生はどういうふうに自分自身を保ってこられたんですかと私は質問しました。すると下村先生はこう答えてくださいました。

「あの日、僕の人生観は変わりました。変わったというか悟ったというか。原爆の最もひどい惨状は、家内は見たけれど、僕は見ていないのです。ただ、諫早にも負傷した人がいっぱい来ました。ある光景が印象に残っています。原爆から一週間経って、今からどうしたらいいのか先生に聞こうと思って中学に行ったのです。そしたら塀に、白い紙が何枚か貼ってある。名前がずらっと書いてあって、半分くらい線を引いてクロスアウトしてありました。校庭では十人くらいの火傷した男性が半裸でゾロゾロ歩いている。背中が真っ黒です。薬が塗ってあるのかと思ったのですが、凝固した血でした。その黒い背中には白いものがポツポツといる。蛆《うじ》です。しばらくして校門の前を馬が荷車をひいていった。蓆《むしろ》で包んだ死体が重ねて載せてあって、足だけ見えました。ぎょっとしたのは、担架に運ばれている死体の様子をじっと見ている二人の人の姿です。その二人も半裸で、蛆虫が湧いていました。幽霊のようでした。あの光景は一生つきまといます。

半年ほど経ってからでしょうか。汽車で長崎に向かった時のことです。街には戦争の傷跡が残っている。担ぎ屋といって、闇物資を運ぶ人がたくさんいた。その顔や手にはケロイドがあります。でもお互い楽しそうに話をしているのです。なんの苦しみも悲しみもないようにね。そんな人たちを見ているのが苦しかった。人生観は変わってしまった。僕は一生、自分の好きな人と結婚して、貧乏でも平和に暮らしていければそれが一番いいと思った。幸福だと思った。今のようにすべてが平和であってもそれは変わらない。僕の人生は原爆の日から始まったのです」

最初にぶち当たった困難から逃げない

このインタビューは二〇一〇年に行ったものなんですけども、最後に若い研究者へのメッセージもいただきました。先ほど紹介した『Bioluminescence』の最後に「アマチュアリズムはハンディキャップではない、最初にぶち当たった困難をまず解決しろ、一度ギブアップすると次もまたギブアップすることになるだろう」とあります。「先入観に囚われることはハンディキャップです。先生がいったことを鵜呑みにしていてはだめです」ともおっしゃっています。それは下村先生ご自身がそうであったのですねと申し上げると、下村先生はこのようにお答えになりました。「ええ。そして最初の困難を避けちゃいけません。やり始めたらやり遂げることが大切です。近頃は、これはむずかしそうだからという理由で始めない人が多いですね。元気ないなあ。少年よ大志を抱けといいますが、そんな気概はないですね。研究テーマを選ぶにも食べていけるかとか、容易にできるかで選ぶ。ほんと情けないですよ。日本は世界で一番恵まれています。それなのに、これから向かう先がもっと楽であるように、では情けない」と。

最後に興味深いエピソードを一つ。下村先生のお子さん、下村努《つとむ》さんは物理学者で、コンピュータセキュリティの専門家です。『テイクダウン』という本があるんですが、これは一九九五年頃、当時全米で有名なクラッカーだったケビン・ミトニックを下村努さんがFBIに協力して逮捕に繋げた話です。ケビン・ミトニック自身も釈放された後は、FBIの協力者となって現在はセキュリティの会社を作って守る側になったそうです。『テイクダウン』は邦訳されて、映画にもなりました。ちょっと古い話なんですが、ご存じの方もいるかと思います。

今日お話ししたことについては、とてもやさしく書かれた本がありますので二冊紹介しておきます。『光るクラゲがノーベル賞をとった理由』と『光る生物の話』です。興味のある方は読んでみてください。それではまた来週。

2　感染症に賭ける

ゲスト　山内一也

おはようございます。今日は、ウイルス学者で東京大学名誉教授の山内一也《やまのうちかずや》先生にお越しいただいております。ご登壇いただく前に、山内先生のお仕事につながるまでの歴史的経緯を紹介しましょう。

山内先生のお仕事はたくさんあって、なかなかまとめきれないんですけれども、一つは、二大感染症の根絶に貢献されたことです。世界で人類が根絶できた感染症はまだ二つしかありません。天然痘と牛疫です。天然痘は一九八〇年に世界保健機関（ＷＨＯ）が根絶を宣言しました。牛疫は国連食糧農業機関（ＦＡＯ）と国際獣疫事務局（ＯＩＥ）が共同で二〇一一年に根絶を宣言しました。それぞれの根絶にあたって、山内先生は『近代医学の先駆者　ハンターとジェンナー』と『史上最大の伝染病牛疫』という著書をお出しになられています。いずれも専門用語は少なく、一般の方にも読める本だと思います。

それでは、天然痘、牛疫というのはそれぞれどんな病気なのかについて駆け足で説明します。有史以来人類を苦しめた二つの病があって、一つはペスト、もう一つが天然痘です。天然痘は全身に発疹が出て、日本では疱瘡《ほうそう》という名前で呼ばれていました。

天然痘ウイルスは呼吸器から感染して、口の中や気管や粘膜に発疹がまず見つかり、咳などから唾液が飛んで、それが吸い込まれることでどんどん感染していきます。頭痛、筋肉痛、関節痛、発熱などの症状が出て、免疫がない人は三〇パーセントが死亡し、治った人にはみにくいあばたが残る、それぐらい怖い病気です。

紀元前一一五七年に死去したエジプトのファラオ、ラムセス五世のミイラにも、明らかにこれは天然痘であっただろうという発疹が見られます。イギリスでも十八世紀に大流行して人口の二割が死亡したといわれています。

一方、牛疫はどういうものか。牛疫はパピルスや旧約聖書にも記載がある最も古い病気で、水牛やヤギ、牛に感染し、ローマ帝国の衰退をもたらすきっかけにもなったといわれています。牛疫ウイルスは中央アジアが常在地ですが、牛の移動とともに世界中に拡大していきました。十八世紀のヨーロッパでの大流行では二億頭の牛が死んだという記録があります。一九二四年に国際獣疫事務局が発足したのはヨーロッパへの牛疫の侵入がきっかけでした。日本は非常に早い時期に撲滅できた「清浄国」で、最後に発生したのが一九二二年です。日本政府が輸入する家畜の検疫を強化して、ウイルスの侵入防止に努めてきたんですね。一九二二年ですからまもなく一〇〇年、その間、日本では発生しなかったということです。

どのようにワクチンが生まれたのか

この二大感染症が根絶に至ったのは、ワクチンの開発と研究があったからです。ワクチンの生みの親は十八〜十九世紀のイギリスの研究者で医師のエドワード・ジェンナー（一七四九〜一八二三）ですね。ジョン・ハンター（一七二八〜一七九三）という外科医の名前をみなさんご存じかどうかわかりませんけど、ジェンナーはイギリスのセントジョージ病院にいたジョン・ハンターのもとで教えを受けてきた人物です。

先ほど申し上げた通り、イギリスでは半数以上の人が天然痘に罹患《りかん》して、人口の二十パーセントが死亡したといわれています。ジェンナーがどうしてそのワクチンを生み出すことができたのかというと、牛乳を搾《しぼ》る女性の一言がきっかけでした。一七六八年のことです。皮膚に発疹ができた乳搾りの女性が「私は牛痘にかかったことがあるので、この病気は天然痘ではありません」といいました。ジェンナーがまだ十九歳だった時のことですけれど、これが非常に気になって、まもなく牛痘と天然痘の関係について研究をスタートさせます。

　村でも同じようにいう人が多くて、牛痘にかかった人は天然痘にはかからないんだ、と噂《うわさ》してるんです。そこで、ジェンナーは思います。「牛痘にかかれば天然痘に対する抵抗力ができるのではないか」と。二十年以上の研究を経てジェンナーはこの仮説を立て、当時のことですからいきなり臨床にいっちゃうんですね。

　一七九六年に、サラ・ネルムズというやっぱり乳搾りをしていた女性が、指にバラの棘が刺さってそこから牛痘に感染してしまった。発疹ができたので、ジェンナーのもとに治療に来ました。ジェンナーは早速自分の仮説を実行します。牛痘の発疹から膿を採って、それを農場の小作人の息子で八歳の少年、ジェームズ・フィップスという名前ですが、この少年に接種します。当然、牛痘疹という発疹ができるわけですけどもその一か月後、天然痘の患者の膿疱《のうほう》からとった膿を接種します。すると、ジェームズ・フィップス少年には天然痘の症状が出なかった。これがのちに種痘といわれる世界初のワクチンです。医学用語にいい換えると、「牛痘は少年に天然痘に対する免疫を与えた」ということになります。

　ワクチンというのは、メスの牛を意味するラテン語（vacca）から来た言葉で、牛痘はワクチニアと呼ばれていたんですが、ワクチンと呼ばれたのはもっとあと、みなさん名前ぐらいは聞いたことあると思うんですけれども、フランス人のルイ・パスツール（一八二二～一八九五）がジェンナーに敬意を表してワクチンと呼ぶようになったんですね。種痘というのは、江戸時代にオランダから長崎に入ってきた医療技術です。牛痘種痘所というのができて、それがのちの北里研究所にもつながっていくわけです。つまりジェンナーは、人類史上初めて人為的に抗原となる病原体を植え付けることによって、より恐ろしい病原体から身を守る方法を考え出したということですね。

サイエンスとしての免疫学のスタート

ただし、このワクチン、種痘の発見からほぼ一〇〇年近く、他の感染症を予防するワクチンは開発されませんでした。その何十年も後にジェンナーの仕事を受け継いだといわれるのが、近代免疫学・細菌学の開祖であるルイ・パスツールとロベルト・コッホ（一八四三～一九一〇）です。パスツールの方が年上です。コッホはドイツ人ですね。パスツールは、病気は病原菌というものが原因であるということを解明して、ニワトリのコレラ菌の培養や炭疽《たんそ》ワクチンや狂犬病ワクチンを開発します。パスツールのコンセプトは、周辺環境に似た弱い病気が見つからなければ、強い病気を起こすものから弱い病気を起こすものを人工的に作り出して、それをワクチンとして使えばよいというものです。

こうしてサイエンスとしての免疫学をスタートさせました。

コッホはベルリン大学衛生研究所の所長で、培地を使って細菌を純粋培養することに成功しました。純粋培養した菌で動物実験を行うと病原菌を特定できる、という手法を生み出したわけです。その手法で一八七六年にコッホは炭疽菌やコレラ菌などを発見します。みなさんは打ったかどうかわかりませんが、ツベルクリン注射もコッホの発明ですね。

コッホは二大感染症といわれた牛疫にも貢献しています。結果的に効果はなかなか確認できなかったんですけれど、牛に胆汁《たんじゆう》を接種したら免疫ができるんじゃないかと考えて胆汁法というのを編み出しています。一九〇八年には来日していて、和装姿の写真が残っています。

コッホのもとに留学して勉強したのが、日本の近代医学の父、北里柴三郎《きたさとしばさぶろう》です。北里柴三郎は、文政五年（一八二二）、江戸時代にオランダから入ってきて長崎から感染が広がったコレラで兄弟を亡くして、それがきっかけとなって医師を目指した人でした。ただ医師というよりは公衆衛生に努めたいと考えて内務省に入ります。役人としてベルリンに留学してコッホのもとで研究したのです。ここで北里は破傷風菌の純粋培養に成功し、病原体を注射してできた抗体を含む血清《けっせい》を患者に注射することで破傷風を治療しました。

そんな功績から、北里柴三郎は第一回のノーベル賞に名前が挙がっていた人なんですね。政府からの命令で帰国するんですけれど、彼が決意したのは日本に伝染病、感染症の研究所を作ることでした。

牛疫のワクチンを開発したのは日本の人

少し話が飛びますけれど、先ほどコッホの胆汁法という牛疫の治療法を紹介しましたが、牛疫の方はなかなかワクチンができなくて、時代がもっと後になるんですが、そのワクチンを初めて開発したのは日本人でした。一九一七年のことで、蠣崎千晴《かきざきちはる》という研究者です。さっき申し上げたように、牛疫は日本でも江戸時代から流行していて、ほとんどは中国から朝鮮半島を通じて入ったものでした。明治時代には農耕での労役に適した朝鮮牛を輸入していたため牛疫が時々大流行して、獣疫予防法といって、水際で検疫をして防ぐ方法が始まってるんですね。蠣崎は、釜山《プサン》にある朝鮮総督府の獣疫血清製造所で牛疫の不活化ワクチンを開発して、中国と韓国の国境の牛すべてに接種して中国からの牛疫の侵入を防ぐという広大な計画を始めたのです。ほとんど名前は知られていませんが、大変な仕事をされた人なんですよ。実は牛疫についてはこのあとも多くの日本人研究者が貢献して撲滅に寄与しています。

話は北里柴三郎に戻りますが、一八九二年に伝染病研究所を設立します。設立にあたっては福沢諭吉が大変な財政支援をしたそうです。ここでは赤痢菌を発見した志賀潔《しがきよし》とか、黄熱病の研究をした野口英世も研究に携わっています。明治二十七年（一八九四）の話ですが、一度は撲滅されたといわれていたペストがヒマラヤ、雲南省の方で再発生して、それが香港にまで拡がったんですね。北里はこれを絶対に日本に入れてはいけないということで香港に渡り、そこでペスト菌を発見することになります。日本で伝染病研究所の所管が内務省から文部省に替わるという話が出た時に、自分はやはり公衆衛生に貢献する実学を取りたいと考えて、北里研究所を創立します。一九一四年のことです。

北里はのちの伝染病予防法などの成立施行に携わり、日本の近代医学にとって非常に重要なキーパーソンとなりました。伝染病研究所は、文部省所管になった時、東大の附属になるわけですけれども、そこに間借りしていたのが現在の国立感染症研究所です。前身は国立予防衛生研究所、予研といいました。

北里柴三郎は昭和六年、一九三一年に亡くなります。実は、北里が亡くなった同じ年に生まれたのが、現代のウイルス研究に大きな貢献をされた、山内一也先生です。前置きが長くなりました。山内先生、どうぞご登壇ください。（拍手）

将来何になるか考えたこともなかった

最相　山内先生を前にして、専門性の高い話をさせていただいて申し訳ございません。先生が一九三一年に横浜にお生まれになったということで、あら、北里の亡くなった年と同じだと後で気づきました。盧溝橋《ろこうきょう》事件が一九三七年で、日中戦争が始まりますので、まさに戦争が始まった時代に幼少期を送られたんですね。横浜にいらっしゃったのはお父様のお仕事の関係ですか？

山内　ええ、そうです。父が海運関係の仕事をしていたものですから。

最相　お母様はどんな方でいらっしゃったんですか。

山内　母は子どもの頃に田舎から出てきて、当時の助産師の試験に受かって、助産師と看護師の両方をやっていました。とくに伝染病院では大変な仕事をやったことがあったようです。父と結婚してからは仕事を辞めておりました。

最相　先生が今のお仕事に就かれたのは、お母様の伝染病との関係が影響していますか。

山内　ときどき聞かれたり、自分でも考えたりするんですけれども、本当のところ、はっきりとはわからないですね。でも、あったんじゃないかな。ただ私が生まれたのが今ご紹介いただいたように一九三一年、これは満州事変が始まった時で、満州事変、日中戦争、それから太平洋戦争と、ずっと戦争があったものですから、自分が将来何になるんだろうなんて考えたこともなくて、軍人になることしか目の前には浮かんでこなかった、そういう時代でした。だけど高等学校を受ける時に、とくに具体的な目標もなく、なんとなく理科二類を受けました。たぶんどこかに母の影響があったんだと思います。

最相　理科二類というのはどういう分野でしょうか。

山内　旧制高等学校の話ですけれど、理科一類が物理化学系で今の理一と同じだと思います。理科二類は医学とか生物学ですから今の理科二類と理科三類が一緒になったようなところでした。

最相　旧制静岡高校は、中曽根康弘元首相の出身校でもありますね。

山内　そうです。同窓会にいつも出席されていて、九十歳を過ぎても、ものすごく元気がいい。演説に立つと現役の政治家よりも大きな声を出しておられました（笑）。

最相　理科二類、すなわち生物、医学の方向に進まれたということは、それ以前からそういう方面へのご関心があったということでしょうか。

山内　実際のところ、終戦になってからさあ何やるかっていってもまともに考えられないっていうか、見るものみんな興味のあることばかりですから、ただ漠然と追い求めていたんじゃないかな。そんな感じでしたよ。

最相　先生が大学に行かれたのは、ちょうど学制改革があった時ですね。一九四九年に新制東京大学になっておりますけれど、ちょうど一期生ということですか。

山内　ええ、一期生です。中学は五年生まであるんですが、四年生でも高校を受験できる、いわゆる飛び級ですね。じゃあ念のために受けておくかって四年で受けたら、運よく受かってしまった。それで一年分得して入ったわけです。そうしたら一年で旧制高校がなくなっちゃった。四月になっても新制大学はできていなくて、五月になってやっとできることが国会で決まって、入学試験は六月で入学式が七月と、そんな時代です。

最相　当時はそういう方がたくさんいらっしゃったんですね。

山内　そうですね。

最相　東大の理科二類を経て、畜産・獣医学科、獣医微生物学教室に入られる。

山内　ええ。なんとなく生物、それから医学に関心はあったんですね。ただちょうど進学を決める時に結核になって一年休学してしまいました。その頃にドイツ文学に凝って、ゲーテやヘッセなどの本を読んでいるうちになんとなく牧場の生活というものにあこがれて、じゃあ獣医・畜産学科に行ってのんびりやろうかと思ったんです。するとオリエンテーションの時に、獣医学科の越智《おち》勇一《ゆういち》先生といって第二回ウイルス学会会長や学術会議会長などを務めた非常に有名な先生に、畜産なんかおもしろくないから獣医学科へ来いといわれて、つい行ってしまった。それが結果的に私の生涯を決めたということになります。

最相　二十歳になるかならないかというところで、このテーマでいくとはなかなか決められないものなんですね。

やりたいことをやってみる

山内　実際に私は卒業の年になっても何をやろうかと迷っていました。大学院に行ってもやりたいってことはないし、やることが見つからないまま、結局二年間は研究生としてただ籍を置かせてもらいました。やりたいことをやってみたり、あと山に登ったりしてね。でも越智先生は何もいわない。これやれともなんともいわない。

だけど今になって考えてみると、越智先生はやっぱり人を見ていた。たとえば、話は飛びますけど、腸内細菌というのが脚光を浴びていますね。美と健康にいいんだといって。その基盤を日本で作ったのが光岡知足《ともたり》さんという私の一年先輩です。越智先生にニワトリの腸内の、要するにニワトリの糞を採ってきて、その中にどんな細菌がいるかを調べなさいといわれたのがきっかけです。参考にする本もない時代に、彼は自分で腸内細菌の培養方法を考案して腸内細菌学を作り上げた。越智先生自身も、病原菌といっても、日和見感染といって普段は病気も起こさないような細菌は世の中にいっぱいいる、細菌の世界はいったいどんなふうになっているんだろうか、ある時だけ悪さをするんじゃないかといった考えを持っていた、そんなことをしょっちゅう話しておられましたね。

最相　善玉菌、悪玉菌という言葉は私たちも普通に使っていますね。

山内　それは光岡さんがつけた名前です。

最相　非常に古い言葉なんですね。

山内　そうです。

最相　越智先生は自由な研究を支持されていたんですね。学生たちには、なんでもやりなさいと。

山内　そうです。私にも地方の国立大学の助手にならないかなんて話をくれたけど、どうも気が乗らない。そのうちに北里研究所はどうかという話が出てきて、そこでなんとなく「行きます」と即答して北里研究所に入った、という経緯になります。

ワクチンを作るのは肉体労働

最相　越智先生の紹介で入られた北里研究所の獣疫部では、添川正夫《そえかわまさお》先生という方が山内先生の上司でいらっしゃった。

山内 そうです。

最相 添川先生は、どのような方でしたか。

山内 まず一言でいうと、「石橋を叩いても渡らない」、ものすごく慎重な先生でした。エドワード・ジェンナーを大変崇拝していて、日本にジェンナーをくわしく紹介したことで有名な先生でもあります。天然痘ワクチンの歴史についても日本で一番研究してられましたね。ちょうどWHOで天然痘根絶計画が準備されていた時だったので、アフリカのような熱帯でも使える耐熱性の天然痘ワクチンの開発を任されたことが、私の将来につながってしまったということになります。

最相 ということは、それまでは熱帯に行くとワクチンは死んでしまっていたということですか。

山内 ワクチンの成分は生きたウイルスだから、冷蔵庫がないと死んでしまいます。ウイルスが死んでしまえばワクチンの効果がなくなります。

最相 それで耐熱性の天然痘ワクチンの研究を北里研究所でなさったのですね。とても基本的なことで恐縮ですが、そもそも天然痘のワクチンというのはどうやって作るものなのでしょうか。

山内 これは、大変な肉体労働です。牛のお腹で作るんですが、牛をまず仰向けに寝かす。五〇〇キロぐらいの大きな牛の脚を縛って、仰向けにするわけです、何人かで。そして牛のお腹をバリカンの刃の片方だけのような器具で左右縦横と浅い切り傷をつけて、そこに種となるウイルス、要するに膿ですね、それを植え付けておくんです。一週間ぐらいするといっぱい膿が溜まってきますから、牛をまた仰向けに寝かして膿を掻き取る。天然痘ワクチンは最後までその方法で作られました。それで天然痘の根絶に成功したんです。

最相　牛痘ウイルスを植え付けて牛痘を発症した牛から取り出した膿が、天然痘ワクチンになるということでしょうか。

山内　ジェンナーの時代には牛痘を接種していたことから、牛痘ウイルスと考えられてきたんですが、ウイルス学が始まってからは、現在の天然痘ワクチンに含まれるのは牛痘ウイルスではなく、別のウイルスということがわかって、ワクチニアウイルスと命名されています。

最相　牛には麻酔は打つんですか。

山内　何もしない。

最相　となると、大変な肉体労働ですね。

山内　ウイルスそのものが動物でなければ増えないという性質のものですから、それに感染する動物を使わない限り何もできないんです。そんなわけでウイルス学というのは動物実験とともに歩んでいたのです。

なぜ無菌ブタが作られたのか

最相　その後、アメリカのカリフォルニア大学デービス校に留学されますね。こちらは、もともとは農業専門学校だったところですね。

山内　ええ、そうですね。もともと農業専門ですが、獣医学も非常に重要で大きな地位を占めていました。そこでブタのポリオのウイルスの研究を行いました。ここでは初めて動物そのものではなくて、培養細胞で実験する技術を身につけました。ただ、培養に必要な牛の血清がいいものではないとダメなので、とうとう最後には近くの畜場まで行って、自分で血液を採るといったようなことまで経験させられました。

最相　この頃には、初めて無菌ブタの作り方も習われたとか。

山内　そうですね。生まれてしまった子ブタには、母親からの抗体が移っているんです。だから普通に生まれた子ブタにウイルスを打っても免疫があって感染しない。そのために帝王切開して胎児を取って、それを無菌箱の中で育てる、というようなことが実験に不可欠だった。このウイルスがどうして病気を起こすのか、発病のメカニズムを知ることが目的だったわけです。

最相　そうですか。なぜ無菌ブタが作られたのか、その理由がよくわかりました。ちょっと遡りますが、なぜカリフォルニア大学デービス校だったんでしょうか。添川先生のご紹介ですか。

山内　添川先生がデービス校を訪問した際に先方の教授と話をして、留学生を受け入れてもらえることになったのがきっかけです。

最相　一九六一年ですから、すでに三十歳になっていらっしゃいましたが、単身で渡米されたんですか。

山内　その時は、家内と一緒に行きました。

最相　すでにご結婚なさっていたわけですね。アメリカから帰国後に行かれたのが、現在の国立感染症研究所、予研（予防衛生研究所）ですね。こちらでは麻疹ウイルスの研究を始めたとうかがっています。麻疹というのははしかですね。

山内　ええ。ちょうどはしかのワクチンができた時で、ワクチンができると国家検定というものをしなければなりません。その役割を担っていたのが予研、今の感染研でした。そこに麻疹ウイルス部ができて、麻疹ワクチンの国家検定をすることになったので私に来ないかという誘いがあった。自分から進んで手を挙げたわけじゃなくて、突然そういうお誘いがあって、行ったところで麻疹ウイルスと初めて出会った、ということになります。

最相　予防衛生研究所というのは国立ですから、公的な責任がある。国のワクチン行政の中心なのですね。

山内　ワクチンは、人に効かないといけない、そして安全でなければいけない。この二つの大きい柱があるわけですね。ところが安全性というのは、最終的には人に打ってみなければわからない。だけどそういうことはできません。そうすると動物実験でやらなければいけない。だけど、麻疹ウイルスはサルにしかかかりません。しかも麻疹ウイルスは細胞で培養したものを接種すると感染はするけど病気にはならない。サルで病気を再現するのには結構苦労しましたね。

ともかく一応こういう形で検査をすれば安全性が推測できるという結果が得られ、それに基づいてワクチンの検定基準を私たちで作りました。それにしたがってメーカーがワクチンを作っていくわけです。メーカーは自分のところでも検定しますが、そこで合格しても、国家検定に出してみると不合格ということもある。われわれが判断する時に必要なのは、やはり学問的に自分が自信を持って不合格といえることなんですね。そうでなければ検定はできません。

最相　雑誌（「公益産業研究調査会誌」二〇〇四）のインタビューで、本当の意味のウイルス研究は、この麻疹ウイルスから始まったという発言をなさってますね。

山内　はい。サルを使って麻疹ウイルスを研究しても限界があって、研究としてはあまり進められなかった。もっと小さな動物で何かいいのはないかと考えた時に、麻疹ウイルスと同じ仲間の牛疫ウイルスをうさぎに順化した（適応させた）ウイルスを中村淳《じゅん》治《じ》先生という方がお作りになっていたことに気づきました。これは弱毒牛疫ワクチンに用いられていて、牛では病気を起こさないけど、うさぎには非常に強い病気を起こすんです。その病気は、麻疹の人の組織に見られるのと同じ病変を作っている。そこから牛疫ウイルスを取り上げたんです。麻疹ウイルスは、牛疫ウイルスが人にかかって、たぶん一〇〇〇年くらい前に麻疹ウイルスに進化したと推測されています。牛疫ウイルスは、麻疹ウイルスの祖先なんです。

最相　それが牧畜が始まった頃に牛との接触で人間に感染したということですね。

山内　ええ。

スローウイルス研究

最相　予研では、人間のSSPE（亜急性硬化性全脳炎）という病気と麻疹ウイルスの相互作用という非常に重要な研究をなさいましたね。

山内　研究というのは、予想もできない展開をしていくんですね。麻疹ウイルスの研究を始めて数年経った頃、ＳＳＰＥと呼ばれている子どもの難病の原因が麻疹ウイルスであるということがわかったんです。ＳＳＰＥというのは子どもの時に一回麻疹にかかって、ちゃんと治って小学校に入るくらいまでは健康に過ごし、突然発病して、最終的には確実に死亡する、そういう難病だったんです。麻疹ウイルスが脳の中で六年から十年くらい潜伏して、ある時なぜか活性化して増え始めて起こる病気だった。それで当時スローウイルス感染と呼んでいたわけです。

最相　潜伏期間が長く、発症に時間がかかるからスローと。

山内　しかも進行がゆっくりしている。さらに興味深いことがあって、当時クロイツフェルト・ヤコブ病という、今でいうプリオン病もスローウイルス感染と呼ばれていたんです。スローウイルス感染にはＳＳＰＥとクロイツフェルト・ヤコブ病（プリオン病）の二つがあったわけです。その両方の研究領域になんとなく私も入っていったのです。

最相　日本でも二十一世紀に入った二〇〇一年の九月に、千葉県で初めて今はＢＳＥといわれる「狂牛病」に感染した牛が見つかって日本中がパニックになりました。あの時、山内先生はいろんなところに引っ張り出されて、どういうふうに対処すればいいか国家レベルのお仕事をなさったわけですけれども、そういうお仕事も予研時代のスローウイルス感染研究が背景にあったのですね。

山内　そうです。厚生省（当時）の難病研究班としてスローウイルス感染研究班が一九七六年に発足して、それに最初から参加して、三代目の班長も務めました。その頃にはプリオン病にもかなり深く関わっていました。たまたま岩波の雑誌「科学」にプリオン病とは何かという総説を書いて、その一か月くらい後にＢＳＥが見つかったんですね。そんなことでいろいろお手伝いすることに、というか、それにすっかり取り込まれる結果になったわけです。

最相　その結果、日本は世界でも一番厳しいといわれる全頭検査が行われたわけですね。

人獣共通感染症の時代

最相　予研の話に戻りますが、ちょうど山内先生がいらっしゃった時代に、ドイツで非常に重要な病気が発生しますね。マールブルグで発生したからマールブルグ病というそうですが、これはどんな病気でしょうか。

山内　これはアフリカから輸入したミドリザルから、当時の西ドイツやユーゴスラビアで研究者が感染して、何人かが死亡する致死的な出血熱だったんです。今ではエボラウイルスの親戚だとわかっています。私が予研に入って二年経ったところでしたけど、これは大変ショッキングなことでした。というのも、その頃の私たちは麻疹ワクチンとポリオワクチンの検査のためにサルを年間一〇〇〇頭以上使っていたからです。サルにはそのほかにも人に感染するヘルペスウイルスがあって、人がかかると七十パーセントぐらい死んでしまう。ですから安全対策をちゃんとしなければならなかった。私はウイルス専門なので、予研のサルの安全対策に関する委員会で委員長をやっていたんですが、そこへマールブルグ病が発生したわけです。しかもその時ドイツなどで感染源となったミドリザルを輸出した業者が、日本にもミドリザルを送っていることがわかった。日本では患者は出ていないかという問い合わせもありました。

最相　それから十年もしないうちに、今度はスーダンでエボラ出血熱が発生しますね。一九七六年のことです。

山内　そうです。

最相　感染者の半数以上が亡くなりました。

山内　ええ、そうです。実はその前、一九七四年のことですが、予研の霊長類医科学研究センターを設立するために三か月くらいかけてアメリカからヨーロッパの霊長類関係の施設を調査して回ったんです。霊長類の飼育施設だけじゃなくて、安全対策にもかなり重点を置いて、たとえばマールブルグ病対策をどうするかとか、今でいうＢＳＬ４実験室はどうなっているのかということを見て回りました。エボラが発生した時、ＢＳＬ４実験室の実態を知っていたのは私だけでした。翌年、厚生省がＢＳＬ４実験室建設を計画し、私を含めた予研の研究者三人に建物と施設の専門家が加わって、アメリカ、ヨーロッパに視察に行って、その結果をもとに一九八〇年頃にはＢＳＬ４実験室を作り上げたわけです。

最相　ＢＳＬ４というのは「Bio Safety Level 4」といってエボラクラスの非常に危険なウイルスを扱う実験室ですね。みなさんは驚かれるかと思うんですけど、アメリカに視察に行かれた山内先生が方眼紙に施設の原図を描かれて、それをもとにして武蔵村山にＢＳＬ４施設が作られたんですね。施設はあるんですけれども、稼働はしてない。これはなぜ稼働できないできたのでしょうか。

山内　いろいろむずかしい背景があるんですが、要は怖いものは嫌だということもあって稼働できないでいるんです。長い間、厚生労働省は何もしないで放置していたのですが、今どうやって動かすかについての話し合いが始まっています。

エボラ出血熱を日本では研究できない

最相　昨年、二〇一四年に西アフリカでエボラ出血熱が発生して、日本の空港でも検疫が行われていますけれど、たとえ入ってきたとしても日本ではＢＳＬ４施設が使えないために研究はできないということですね。

山内　ええ、研究はダメです。実際これまでにエボラ出血熱とかマールブルグ病の疑いがある患者が日本で出たことがあって、その時にはいつもアメリカまでサンプルを送っていました。厚生省じゃなく、私たち研究者が個人的なつながりで検査してもらっていたんです。今はそれはできなくなっている時代です。

最相　今はどういうやり方なのでしょうか。

山内　今は遺伝子組換えで作ったウイルス・タンパクを用いる検査法や、遺伝子診断によって、ＢＳＬ４を使わないでも検査だけはできます。だけど、患者からウイルスを分離するとか、分離したウイルスはどうなっているかを調べるといった細かい研究はできない。かなり中途半端な状態です。

最相　一九七八年に予研の支所として筑波に霊長類センターが設立されますね。現在、医薬基盤研究所、霊長類医科学研究センターという名前になっていますが、これは実験動物のうち霊長類を使う場合の中心という位置づけですね。

山内　そうですね。野生のサルを実験に使うことは本来間違っていて、ちゃんと人工繁殖してやるべきであるということで、私たちの委員会で、最初に一億円くらいの予算を要求しました。当時一〇〇〇万円台しか予算請求できない時代だったので夢物語のようでしたが、ちょうどたまたま筑波に学園都市ができるので予研も移転させるという話が来た。ところが予研は移転に猛反対で、室長たち全員で厚生省に座り込みまでしました。われわれも厚生技官で厚生省のメンバーなんですけどね。そこで、予研の移転の代わりに支所として霊長類センターを筑波に作るということになったのです。一億円の予算要求が三十五億円にもなって、研究や検定に使うための品質のいいサルを作る体制ができたわけです。

最相　現在も霊長類を研究で使う場合は、筑波の霊長類医科学研究センターからサルを供給してもらうことになるんですね。

山内　そうです。研究者ができるだけ限られた数のサルを使うように研究計画を立てて、その中で品質のいいものを、センターが提供しているということです。

遺伝子工学の時代へ

最相　予研の次に山内先生が行かれたのが、東京大学医科学研究所です。こちらでは実験動物研究施設の教授、施設長としての仕事をされるわけですけれども、医科研に入られた頃というのは、遺伝子工学が急成長していた時期ですね。中でも医科研というのは日本の中心でした。そこで山内先生はこれまでの仕事の延長線で、病気の発病機構を遺伝子レベルで研究されていくことになるのですね。

山内　ええ、そうですね。実は医科研に行くという話も、医科研の教授会のメンバーの一人から、教授に選ばれたと突然いわれてびっくりしたんです。けれども、あとでよくよく考えてみると、北里柴三郎からずっと繋がっている何かがあるみたいな感じがしました。北里柴三郎は、最相さんが説明されたように、伝染病研究所を作り、そこを辞めてから北里研究所を作った。伝染病研究所は、終戦後、進駐軍のアドバイスがあって二つに分けられて、一つは予防衛生研究所、もう一つは伝染病研究所、今の医科学研究所になる。つまり、全部、北里柴三郎がスタートだったんです。そんなことで不思議な縁がまず感じられました。

ただ、実験動物研究施設というのは初めて教授のポストが付いたところで、さあ何をやるのかと大変迷いました、結局、予研時代の動物モデルを中心としてのウイルス学、つまり、動物実験による牛疫や麻疹ウイルスの発病機構を遺伝子レベルで研究することにしました。もう一つは研究所の大きな柱が遺伝子工学だったので、遺伝子の働きを知るための遺伝子導入マウスを作る体制の整備に取り組みました。

最相　そこで山内先生は、組換え牛疫ワクチンを開発されるのですね。

山内　ええ。この時に一つ思いついたことがありました。当時、牛疫の根絶計画が進んでいて、最後まで牛疫が残っていた場所というのが、やはり天然痘根絶計画で根絶されずに最後まで残っていた場所と同じだったんです。天然痘は耐熱性のワクチンで根絶できた、ならば、牛疫に対してその天然痘ワクチンをベクターとして、つまり天然痘ワクチンを牛疫ウイルスの遺伝子の運び屋として使えばよいのではないかと考えたのです。つまり昔の研究の経験がここで組換え牛疫ワクチンの開発につながったわけです。

最相　牛と格闘されていた頃のご研究が、時を経て牛たちに還元されたというわけですね。大変興味深いことです。そうして山内先生は国連食糧農業機関と国際獣疫事務局の両方の専門家として牛疫根絶計画に参加なさいました。

動物福祉を考える

最相　ここまでお話をうかがってきてわかったのは、山内先生は何もなかったところから実験動物をどういうふうに安全に科学的に研究すればいいかという施設の大きな枠組みと、それを実行するための仕組みをお作りになったということです。医科研では倫理審査委員長をされていた時代もありましたね。ちょうど山内先生が委員長だった時に、日本で初めて脳死肝移植を承認なさった。実際に脳死肝移植が行われるにはさらに九年待たねばなりませんでしたが、脳死移植において重要なきっかけとなる決断をなさいました。

もう一つ大事なのは、動物を研究に利用するにあたってさらに動物福祉の問題に取り組まれたことです。私が山内先生に最初にお会いしたのは一九九八年、クローン動物や遺伝子組換え動物が医学研究を目的に作られていた頃で、実験動物についての考え方をインタビューさせていただいたことがきっかけでした。

山内　ええ、サルをはじめいろいろな実験動物を対象として研究するにあたって、動物福祉は非常に重要な問題でした。日本ではあまり理解されていないんです。よく動物愛護と呼びますが、動物愛護という表現は英語にはないんですね。一方、動物福祉というのは、動物を使うことがやむをえない時には、人道的に、苦しみを与えないように扱うという考え方です。動物実験自体は反対ではなく、やるのであれば一定の規範に従って行うということです。ですから、動物福祉は私としては避けられない課題であったわけです。

一方で、人を使った医療実験とか医療処置についての議論は、もともとはナチスに対するニュールンベルク裁判から始まっていて、世界医師会はヘルシンキ宣言という人体実験に対する道徳的な規範を作っています。その中に、人間の患者の福祉と、動物の福祉の両方を同等に考えなくてはいけないということが明記されました。これを受けてWHOが人を対象とする研究に関する国際指針を作ったのですが、その委員会に医科研の田中寛《ひろし》教授が参加されていて、彼がその指針をすぐに翻訳して一九八一年、日本で最初に医科研に倫理審査委員会を作ったわけです。彼が委員長で私が副委員長になりました。私は動物福祉の専門家として選ばれたのです。彼がやめたあとに今度は私が委員長になった。そこに脳死肝移植の話が出てきたので、取り組むことになったわけです。

最相　日本は動物福祉が非常に遅れているというお話がありました。ここでちょっと、みなさんに知ってほしいのですが、欧米の科学誌では、福祉の基準を満たしていない論文は受け付けないというルールがあります。3Rといって、一つ目のRはリプレイスメント。置換、置き換えるという意味で、動物はできるだけ使わずに試験管内で実験ができるものはそちらでやるということです。もう一つのRはリダクション、削減するという意味ですが、動物の数や、実験の回数を最小限にするということ。三つ目のRはリファインメント、洗練するという意味です。動物たちに与える苦痛を最小限にしなくてはならないということですね。この3Rが研究者にとって大切な基準になっています。

バイオセーフティとバイオハザード

最相　山内先生が東大を退官されるのは一九九二年ですが、その後は日本生物科学研究所でさらにご研究を続けていかれますね。こちらでも引き続き、組換え牛疫ワクチンを研究されていたのでしょうか。

山内　そうですね、日本生物科学研究所というのは先ほど少し申し上げましたが、牛疫ワクチンを開発した中村稕治先生が創立されたところなんです。朝鮮総督府家畜衛生研究所を終戦でやめて日本に帰ってきて、そこで日本生物科学研究所を作った。中村先生のワクチンのおかげで、アジアからアフリカまでの主な地域の牛疫の撲滅がかなり進んだんです。中国も韓国の牛疫も中村ワクチンで撲滅されました。

最相　中村先生の功績はもっと国際的にも評価されてほしいですね。組換え牛疫ワクチンは中村先生を継ぐお仕事ですが、日本の研究環境でこれを行うのはむずかしかったのではありませんか。

山内　ええ。日本では強毒《きょうどく》の牛疫ウイルスの使用は禁止されていたため、私たちの組換え牛疫ワクチンの開発研究はインドとイギリスの研究所と共同で行いました。現地では、牛にワクチンを接種した後、強毒ウイルスで攻撃して、ワクチンが発病を防ぐことを確認してきました。

最相　日本生物科学研究所におられた時、二〇〇一年九月十一日にアメリカで同時多発テロが起こりますね。その後、炭疽菌のテロも発生するわけですけれども、これをきっかけに日本でも感染症だけでなく、細菌やウイルスを用いたバイオテロの危険に備えてどのような基準が必要かという議論が始まっています。山内先生は二〇〇一年一月に設立された日本バイオセーフティ学会の第一回シンポジウムでこれまでの経験をふまえて、医師や獣医師は当然ながら、施設の管理者や消毒の業者さん、臨床検査技師や保健行政の関係者に対して基本的な歴史的経緯と、細菌やウイルスを取り扱うことがいかにむずかしいかを講義されましたね。

山内　バイオセーフティの問題は、マールブルグ病の頃からあって、当時はバイオハザード（生物災害）といっていました。実験に伴う危険をどのように防ぐかということがバイオセーフティ。バイオセーフティとバイオハザードは表裏一体の関係にあります。先ほどのBSL4実験室を作る時にも、バイオセーフティの問題に取り組んでいたつもりだったので、歴史的なことも含めて説明をして、日本での体制作りのお手伝いをしてきたということになります。

ウイルス学とともに半世紀を過ごしてきた

最相　山内先生は一般の方向けに説明責任を果たすお仕事をたくさんなさっています。人と動物との接触によって引き起こされる人獣共通感染症についてなど、書籍もこの頃からたくさんお書きになられていますね。これまで見ていただいたように二つの感染症の根絶に始まり、その後の、様々なルール作り、システムの整備、教育、社会に対する説明責任まで、科学研究が市民社会に開かれていく道のりに、そのまま山内先生の人生が重なるように私は思っております。

山内　定年になってから考えてみると、ウイルス研究の世界に入ったのが、日本ウイルス学会が発足した頃だったんです。ウイルス学の進展とともに半世紀を過ごしてきた。その経験をもとに語り部的な役割を果たした結果になったんですが、自分のバックボーンになってきたワクチンなどについても本にまとめましたので、そろそろ語り部としての役割は終えて、これからは自分の興味があるウイルスの世界を眺めていたいと思っています。一つの例だけ申し上げますと、人間の体は六十兆の細胞からできているんですが、そこに腸内細菌が六〇〇兆から一〇〇〇兆くらいいる。その細菌の中には、さらにその十倍くらいウイルスがいるんです。これは細菌の中で増えるウイルスです。みなさんの体にもウイルスがいる。みんなウイルスに取り囲まれているんですよ。

最相　ウイルスというのはそもそも病原体だと思われていたんですけれど、必ずしもそれだけではないのですね。ご著書『ウイルスと地球生命』に、ウイルスには胎児を保護する役割もあると書かれてあって大変驚きました。

山内　現役で研究していた時は、ウイルスは全部、病気の原因、病原体としてしか見ていなかったんですが、フリーになってからは広くいろんなものを考えられるようになってきました。そうすると、ウイルスというのは、本当にとてつもなく広大な世界を作っている、というかウイルスの世界の中にわれわれがいる、みたいなことがわかってきたんですね。

きっかけとなったのはインターネット講座（日本獣医学会「連続講座　人獣共通感染症」）で、ある読者から、細菌に善玉と悪玉があるように、ウイルスには善玉はないんですかという質問があったことですね。今はもうすっかりそちらのほうにのめり込んでいて、ウイルスがいったいどういう存在なのか、ウイルスの世界はどうなってるのかということで知的好奇心を満たしているところです。

最相　生涯をウイルス研究に捧げてこられた山内先生にして、まだまだ好奇心が途絶えないというのはすばらしいことですね。

エボラ出血熱の流行を前にして

最相　今日は最後に、山内先生にエボラ出血熱の解説をしていただこうと思います。先ほどご説明があったように、現代は動物との接触による感染症が国境を越えて拡大しています。鳥インフルエンザ、口蹄疫、SARS《サーズ》もそうでした。では、エボラ出血熱はいつ頃どんなふうに見つかって拡大していったか、ぜひうかがいたいと思います。

山内　エボラウイルスは一九七六年にザイール、現在のコンゴ民主共和国で初めて見つかりました。アメリカ疾病制圧予防センター（CDC）のカール・ジョンソンと、彼の奥さんのパトリシア・ウエブ、そしてフレデリック・マーフィー、この三人で見つけたんです。それ以降、これまでのエボラはほとんど中央アフリカに限局して起きていたんですが、昨年（二〇一四）発生したエボラは西アフリカでした。発生直後にはドイツを中心とした調査団ができて、疫学的な調査が行われました。そこで最初の患者は、ギニアのゲケドゥ県メリアンドゥ村のエミールという二歳のよちよち歩きの子どもだったことを突き止めます。母親や姉も続けて亡くなっていました。じゃあエミールはどこでエボラにかかったのかを調べていくと、家のそばにある大きな木の洞《ほら》で遊んでいて、そこにコウモリがいっぱい生息していたため、そこで感染した疑いが濃厚になった。サンプルを集めにかかったんですけど、木は燃やされていたから、灰や土を集めてその遺伝子を調べた結果、アンゴラオヒキコウモリというコウモリのものと完全に一致したわけです。

最相　エボラウイルスをもっていてもコウモリでは病気を発症しないのですか？

山内　コウモリでは発症しません。以前にコウモリへのエボラウイルス感染実験が行われていて、ウイルスに感染して病気にならないということもわかっています。ですからまず間違いないだろうということですね。

　ここで一つ忘れてはならないエピソードがあります。シエラレオネでは今でも患者が出て大きな問題になっているんですけど、一九七六年に、アメリカがケネマ政府病院という病院にラッサ・ユニットという研究組織を作っていたんです。ラッサというのはエボラやマールブルグと並んで、三大出血熱といわれるウイルスです。二十年足らずの間に内戦が起こってその病院は閉鎖されたんですが、実際にはシエラレオネの人が残って活動を続けていた。今回（二〇一四）、そのメンバーのシェイク・フマール・カーン医師が中心となってシエラレオネでの最初の患者を発見し、さらに多数の患者のサンプルを集めて患者の血液一滴ずつをマイクロチューブに入れ、ウイルス不活化剤を加えて共同研究をしているアメリカに送ったのです。ゲノム、要するにウイルスの遺伝情報を調べるためです。エボラウイルスには約一万九〇〇〇の塩基がつながっているんですが、そのうちの四〇〇くらいの塩基に遺伝子変異があることが判明しました。しかし、彼はこの活動中にエボラに感染して死んでしまいました。「ネイチャー」誌は二〇一四年の世界におけるニュースメイカー、科学の世界で話題になった十人のうちの一人に彼を選んでいます。現在はほとんど収まってきていますけれど、流行が一番激しかった頃は大変で、最終的に何十万人もの患者が出るんじゃないかという予想がありました。

最後にお見せするのは、フランスのリヨンにあるBSL4の実験室の写真です（写真1と2）。今回のエボラでも活躍しているところで、敷地は狭くて、隣が高等師範学校で反対側が高速道路に面しています。地下七メートルまで埋めた巨大な三本の柱に支えられて、研究所の建物の上にBSL4の実験室があり、この中で実験をやっているわけですね。日本ではBSL4の実験室が使えないものですから、医科研の研究者らも、レベル4のウイルスの研究はここへ来て共同でやっています。実験室内では宇宙服のようなスーツを着て実験をします。アメリカのものは、ブルースーツと呼んでるんですけど、フランスのものよりずっとかっこ悪い（写真3）。重さもアメリカのものは五キロくらいある。フランスのスーツは二キロくらいなのでずいぶん違いますね。実験が終わったあとは、頭から消毒薬を浴びて消毒したのち、スーツを脱ぎます。

最相　エボラのアウトブレイクを描いた映画「ホットゾーン」で見た実験室そのままで

1　フランス・リヨン BSL4
実験室外観（撮影／山内一也）

2　フランス・リヨン BSL4
実験室内部（撮影／甲斐知恵子）

3　アメリカ疾病制圧予防センター
（CDC）のブルースーツ
（提供／ CDC）

4　CDC の BSL4 実験室。メンテナンスのために
消毒済みの室内。（撮影／山内一也）

すね。短い時間で説明していただき、ありがとうございました。
最後に、これから研究生活に入っていく学生も多いと思いますので、先生から何かメッセージを一言いただけますか。
山内　そうですね、私はやっぱり、自分の研究人生がセレンディピティというか、偶然に導かれてこんなふうに進んできたと考えています。だから自分は何をやりたいというよりも、自然にその方向が決まっていった。その中で、柔軟に、その時に応じて研究してきました。学問も進んではいきますが、世の中はどんどん変わっていきますから、それに対応できる柔軟性を持つことが必要ではないかと私は思います。
最相　山内先生、今日は貴重なお話をどうもありがとうございました。（拍手）

＊注　二〇一五年八月七日、厚生労働省は感染症法に基づき、国立感染症研究所村山庁舎にある施設について、エボラウイルスやラッサウイルスなど危険性の高い病原体を扱える「バイオセーフティレベル４（ＢＳＬ４）」施設に指定した。塩崎恭久《やすひさ》厚労相は、国境を越えてどのような感染症が入ってくるかわからない時代だから、今後は地域住民の安全と安心を最優先に運営していくと話している。

3　偉人伝から遠く離れて

マリー・キュリーと弟子・山田延男

おはようございます。今日はあまりにも有名なマリー・キュリーについてお話ししますが、マリー・キュリー、キュリー夫人の伝記を読んだことがあるという方、手を挙げていただけます？　数名ですね。子ども向けの伝記もあるので、みなさんも昔読まれたかなと思ったんですけど、最近はそうでもないのでしょうか。

今日は最初に、映画「キュリー夫人」を見ていただこうと思います。これは日本が戦後初めて輸入したアメリカ映画二本のうちの一本です。一九四六年二月に上映されて、大変な人気になりました。この映画の下書きになったのは、マリーの次女エーヴ・キュリーが書いた伝記で、その伝記を読んだ女性たちの中に、女性物理学者第一号の湯浅年《ゆあさとし》子《こ》がいました。

故国ポーランドからパリに移り住み、パリ大学で学んでいたマリーが、のちに夫となる共同研究者のピエール・キュリーの研究室に助手として採用され、二人はピッチブレンド鉱石の解析を開始する。〇・〇一％の純度を求めて作業する様子は、ほとんど肉体労働である。途中、マリーの手がクローズアップされ、炎症が映し出される。手に炎症が起こるということは細胞が破壊されているということ。二人は、これががんの治療に役立つのではないかと考え、ラジウムによる放射線療法の可能性に気づく。（概要）

マリー・キュリーとその家族

マリー・キュリーが生まれた一八六〇年頃のポーランドは、ロシアとオーストリアとプロイセン、のちのドイツ帝国に占領され、分割統治されていました。マリーの住んでいたワルシャワはロシア領で、ポーランド人には選挙権も被選挙権もない。マリーは物理の先生になるんですけれど、そこには祖国独立の力になろうという強い意志があったためだといわれています。彼女の発見したポロニウムというのはポーランドの国名から来ているんですね。

夫のピエールとの間には娘が二人いて、長女のイレーヌは、母と同じ研究に進み、ノーベル化学賞をとります。マリーの伝記を書いた次女のエーヴはジャーナリストで、非常に長生きしました。亡くなったのは二〇〇七年、一〇二歳でした。

第一次世界大戦中、マリーはせめて第二の祖国フランスのお役に立ちたいと思い、レントゲンを搭載した移動X線車を作って前線に行きました。負傷した兵士の体をX線で撮影すれば弾丸の位置や骨折がわかり、治療に役立つと考えたんですね。途中からはイレーヌを同行させました。レントゲンやMRIの技術につながる発明ですが、これに対して、マリーは特許をとりませんでした。特許をとっていたら、大変儲かっただろうにといわれた時、人生最大の報酬は知的活動によって得られるものですと答えたそうです。

長女イレーヌは、のちに、夫のフレデリック・ジョリオ・キュリーと一緒に世界初の放射性同位体を作りノーベル化学賞を受賞します。先ほど紹介した湯浅年子は、フレデリック・ジョリオの弟子でした。イレーヌとジョリオの人工放射性同位体元素発見を機に、新元素の発見競争が激化していきます。

オットー・ハーンという研究者はウランに中性子をぶつける研究をしている中で、核が二つに分裂して大変なエネルギーが出るということを発見してしまいます。フレデリック・ジョリオは、これが危険な使われ方をしたら大変なことになる、ドイツ軍に渡すわけにはいかないと考えて、核分裂の連鎖に使われる重水をイギリスに運び出したそうです。

イレーヌは一九五六年に白血病で亡くなり、夫のフレデリック・ジョリオも一九五八年、イレーヌの二年後にやはり白血病で亡くなります。キュリー研究所には、マリーの書斎が当時のまま保存されているんですが、放射能汚染がひどいため長らく閉鎖されていて、最近になってようやく除染されて開放されました。マリーが使っていたノートについた指紋も放射線に汚染されていたそうです。

伝記で明らかにされた新事実

最初に申し上げたように、マリー・キュリーについては大変多くの伝記が出ていて、次女エーヴ・キュリーの書いた伝記を子どもバージョンに焼き直したものもあります。一九九五年に、スーザン・クインという記者が出版したマリー・キュリーの伝記は大変なベストセラーとなります。日本ではみすず書房から翻訳版が出ていて、帯文には、聖女のベールを剝ぎ取って人間マリーが躍動する、と書いてあります。娘のエーヴが書いた伝記では伏せられていた新事実がいくつか書かれているぞ、という意味ですね。

一つは、ピエールが馬車の事故で死んでしまったあとのことです。マリーは悲しみのあまり、なかなか実験も手につかなかったんですが、数年後に、ピエールの弟子、ポール・ランジュヴァンという男性と、この人は妻帯者だったんですけれども、不倫をしてしまいました。これが大変な問題になるんです。フランスの右翼紙には、まっとうなフランス人家庭を壊した悪い外国人女みたいに書かれて、男性ばかりのフランス科学アカデミーに推薦されて入会した時にも厳しく批判されました。この不倫騒動の渦中に、マリーは二回目のノーベル賞を、今度は化学賞でとるんですが、授賞式に出るなということまで周囲にいわれます。いや、今こそ出たいということで出席しましたが。こんなエピソードは当然、娘たちにとっては都合の悪い事実ですから、エーヴとその孫たちはクインの評伝について非常に複雑な思いを抱いているだろうと思います。

スーザン・クインの伝記にはもう一つ、私が非常に気になっている記述があります。「ジャパニーズ サイエンティスト ネイムド ノブ・ヤマダ」についてのエピソードです。ノブ・ヤマダという日本人が帰国して二週間目に突然気を失って倒れて、その病床からイレーヌに手紙を出した、そこにはこう書いてあったとあります。「病気の原因はまだはっきりしません、長い外国生活でとても疲れているのはたしかです、でも、エマネーションからの中毒の可能性もあります。こちらでは十分な量の放射性物質がありませんので、その結果、これらの物質による中毒の報告はみあたりません」（『マリー・キュリー』）。

イレーヌが、母マリーに出した手紙にもヤマダの名前があります。一部だけ原文から訳しますと、「ヤマダはウィルソン装置（霧箱《きりばこ》）を独創的な方法で作り、今まで使用していた線源よりも九倍以上に強力で故障しない実験装置を完成した」とあります。ヤマダとはマリーの弟子で、イレーヌの共同研究者だったんですね。イレーヌはこの手紙でマリーに対して、ヤマダの仕事を非常に素晴らしいと高く評価しています。

一九二七年、先ほどの手紙が出された二年後に、ヤマダは死んでしまいます。ヤマダの未亡人はマリー・キュリーに手紙でこう書きました。「彼は帰国した時、神経衰弱を患っていたようです」。「しかし、ある日、彼は突然意識を失いました。それ以来、すっかり病に伏し、あらゆる努力や医学治療にもかかわらず、亡くなってしまいました」（『マリー・キュリー』）。

これに対してマリーは同情する手紙を送り、ヤマダは優れた才能の持ち主であったと書いています。研究所には他の若い研究員の中にも体調を崩す人がいましたが、マリーは明白な症例以外は、これが放射線に関連するものだと認めようとはしませんでした。

しかし、いよいよマリーらが放射線障害というのは非常に深刻なものではないかと感じつつあることを示す記述があります。イレーヌからマリーへの手紙の中の言葉です。「ソーニャ・コテルの具合が悪い。胃痛や脱毛などの症状は、ポロニウムを扱っていたヤマダと似ている。濃い溶液を蒸発させる時にポロニウムがどれくらいの量、空中に発散しているか調べる必要があるでしょう。ポロニウムを呑み込んだにちがいありません」

（引用者訳）。

ソーニャという弟子もヤマダと同じように、若くして亡くなっています。

マリー・キュリーの弟子ノブ・ヤマダ

さて、ノブ・ヤマダとは誰なのでしょうか？　今日、お話ししたかったのは実はこちらの方なんです。

略歴を紹介しましょう。山田延男、一八九六年、神戸生まれ。父親が税関の職員で、日本占領下にあった台湾の高雄《たかお》税関に異動したため家族で台湾に渡ります。台湾にいた頃、とても優秀だった山田を支援する人がいました。沢全雄《さわたけお》という大日本精糖に勤めていた人です。沢は会津の生まれで、東京高等工業高校出身だったということもあったのでしょうか、山田も中学卒業後は東京高等工業高校応用化学科に行きます。現在の東工大のことですね。

東工大では片山正夫《かたやままさお》に可愛がられました。片山正夫は、液体の表面張力と温度の関係式の片山式で知られているのでご存じの方もいらっしゃるかもしれません。のちに東北大学に異動するんですが、それに伴い山田も呼ばれて東北大学の理学部化学科に移ります。片山はその後アメリカに留学して、帰国後、東京帝国大学に赴任します。その時、東大に航空研究所、今のＪＡＸＡができまして、そこにまた山田を呼びます。山田はそこで、天然ガスの中のヘリウムとその他の成分の含量について研究しました。

なぜヘリウムだったかというと、第一次世界大戦中にドイツが飛行船を利用して、燃料のヘリウムが注目されていたためです。山田はそれを天然ガスの研究試料として採取していたんですね。航空研究所というのは、みなさんも想像されるとは思いますけれども、軍事研究所でもありました。ただ一九二三年、大正十二年九月に関東大震災が起こり、研究所は壊滅してしまいます。駒場《こまば》に移転するのですが、混乱の最中、山田は日本政府からフランスに派遣されて、キュリーの研究所に行くわけです。

山田延男に関する資料は、関東大震災と東京大空襲で焼失してほとんど残っていなくて、写真も遺族がフランスに調査に行って得られた一枚しかありません。放射線検出器のウィルソン霧箱を使っている山田延男の姿です。山田はこの時、イレーヌと共同でα線の飛距離の分布を調査し、ポロニウムから放出されるα線が原子崩壊の過程で出現していること、これがα粒子の発光分析法によって示されることをいち早く確認したんですね。のちに、この写真を見た放射線研究者は、「こんな軽装ではどれほどの放射線を浴びたことか」といったそうです。

この頃、山田が妻の浪江宛てに絵葉書を送ってるんですけれども、裏がキュリー夫人の写真になっています。まだマリーが生きていた時なのに、こういう絵葉書があったんでしょうか。その葉書には、「マダム・キュリーの写真をごらんにいれます。何時もこのような黒い洋服を着ております。この頃は週に一度、キュリーの講義を聞いておりますが、年をとられているが、なかなか頭は良いようです」と書かれています。

山田には、フランス科学アカデミーの雑誌に掲載されたイレーヌとの共同論文が三つあります。単独でも執筆していて、同じくフランス科学アカデミーの雑誌に掲載されています。三つ目の「ポロニウムおよびトリウムとラジウムの放射性沈積物より放出される長飛程粒子について」がフランスでの最後の論文なんですけれども、最後に「三年間の研究でマリー、イレーヌ、そして共同研究者のみなさまに大変お世話になりました」と謝辞が書かれている。山田が帰国したあと、イレーヌがラジウム研究所の助手のフレデリックと結婚して二人でノーベル化学賞をとりますが、授賞理由である「人工放射性元素の研究」の過程に山田の研究があったということはもう間違いありません。

山田延男からの手紙

山田は帰国途中、アメリカに行ってヘリウムガスをどうやって採取しているかを視察してきてくれという指令を東大から受けて、アメリカに立ち寄ります。しかし体調が悪化したため、一九二六年二月に横浜に到着するとそのまま東大病院に入院します。ここでは脳腫瘍と診断されるんですけど、はっきりいってよくわからないという状態でした。退院して御殿場《ごてんば》で療養し、そこでフランスでの仕事をまとめて、東京帝大の理学博士号をとっています。先ほどスーザン・クインの伝記のところで紹介しましたが、この時に山田はイレーヌに博士号を取得したことを報告する手紙を書いていまして、フランスで放射性元素から発するエマネーション中毒にかかった人の症例が載っている医学雑誌があったら教えてほしい、自分の症状と比較してみたいと頼んでおります。イレーヌからの返事は焼失してしまったようです。

山田は一九二七年、昭和二年に再入院し、手足の自由も失って聴力も視力も減退して容体が急変し、十一月一日に亡くなりました。三十一歳でした。葬儀には妻の浪江と小さな三歳の息子がいたそうです。東大総長が弔辞《ちようじ》を読みました。総長は古在由直《こざいよしなお》という農芸化学者で、足尾銅山鉱毒事件で銅の汚染を実証して農民の立場に立って支援した人です。今でいう環境化学の先駆者といえるでしょうか。弔辞にはこうあります。

「君は大正十二年、官命により欧米に留学してもっぱら物理化学の蘊奥《うんおう》を究め、十五年二月帰朝（中略）海外に於いて発表せる放射性物質研究論文は最も著明にして、このほかX線光線分析の研究あるいは天然ガスの研究論文など、その研究業績にして学会の貢献せるもの甚だ多し」

のちに東北大学の大内浩子先生が山田のパスポート・ケースの放射線汚染を確認しました。山田延男は放射線研究に従事した初めての日本人の犠牲者だったのです。

ただ、本当に放射線障害だったかどうかというのは当時はなかなかわからなくて、科学的な見解が発表されたのはそれから三十年後です。飯盛里安《いいもりさとやす》という、理化学研究所の研究者が山田の症状を調べました。それによると、当時の放射線観測は旧式のシンチュレーション直視観測法だったために長い年月の中で眼底から脳にかけて強いガンマ線を受け、そのために悪性の脳腫瘍が引き起こされたのだろうと発表しました。

最初の日本人研究者だった

ここまで紹介した山田延男の生涯は、葬儀の時に三歳だった息子の山田光男さんから提供していただいた資料に基づいています。実は山田延男の妻、浪江はのちに再婚しました。そのため、婚家に気遣ってか、光男さんには父親のことをほとんど話さなかった。お母さんが亡くなってから光男さんは自分の本当のお父さんがどういう人だったんだろうと気になって、関連資料を探しますがなかなかわからない。このまま父親のことを知らずに一生を終えるのだろうと思っていたところ、一九九五年にキュリー研究所の古文書館の館長から、山田延男はラジウム研究所に来た最初の日本人研究者であるという手紙をもらい、それから本格的にお父さんの足跡をたどる研究をされたわけです。

　マリー・キュリーの孫、イレーヌの娘のエレーヌ・ランジュバン・ジョリオと光男さんの写真があります。一九九八年、ラジウム発見一〇〇周年記念という式典が東京の科学技術館で行われて、エレーヌが講演した時のものです。彼女は原子核物理学者で、オルセー原子核研究所の研究部長でした。エレーヌ・ランジュバン・ジョリオという名前でお気づきかもしれませんが、ランジュバンというのは先ほどお話しした、マリー・キュリーが不倫した相手のポール・ランジュバンと同じ苗字ですね。実は、彼はエレーヌの義理のお父さんなんです。ちょっと複雑なことになってるんですけど。エレーヌもスーザン・クインの伝記はあまりよく思っていないそうです。

　私が山田延男のことを知るきっかけとなったのは、名古屋工業大学の川島慶子先生が書かれた『マリー・キュリーの挑戦』というフェミニズムの視点から見たマリーの伝記です。この本の書評を新聞に書いた時に山田延男について言及したんです。すると、山田光男さんからご連絡をいただきまして、父のことはほとんど知られていないので、新聞に一行でも名前が出たことが非常に嬉しかったというお手紙をいただきました。それから何度かお手紙を交換しました。ジャン・ピエール・ポアリエという研究者が二〇〇六年に出版した『Marie Curie et les conquérants de l'atome（マリー・キュリーと原子の覇者たち）』（未訳）という評伝があるのですが、ここでは、数ページを費やして山田延男の研究とその生涯、放射線障害の実情が紹介されています。山田の死については、キュリー夫妻が発見したポロニウム210をはじめとする元素の研究に携わったことが直接の原因だろうとあり、光男さんはルーツ探しに一つの成果が得られて非常に嬉しかった、感慨深いとおっしゃっていました。

二〇一〇年三月に、光男さんから手紙をいただきました。ノーベル賞授賞式が行われる十二月十日早暁《そうぎょう》、NHK深夜ラジオ番組「明日へのことば」で放射能研究に殉じた山田延男の足跡をたどるというテーマで番組が放送されるというお知らせと、もう一つ、最近は高校の物理教科書でもキュリー夫人や放射能研究の歴史などは勉強しないと聞いて日本の科学の将来を心配しております、とありました。ノーベル賞授賞式というのは根岸英一先生と鈴木章《あきら》先生がクロスカップリング反応でノーベル化学賞をとられた時のことですね。

山田延男の死から七年後の一九三四年、マリー・キュリーは再生不良貧血で亡くなります。一八九〇年以降の論文や、彼女の料理本などについた指紋から放射線が検出されていて、長年鉛の箱に保管されて公開されませんでした。

ちなみに、晩年のマリー・キュリーの映像をインターネットで見ることができます。アメリカの放射線学会からゴールドメダルを受賞した時のもので、ACR（American College of Radiology）、アメリカ放射線科医学会のページに掲載されています。まだ六十代なのですが、九十歳ぐらいかと思うほど老けて見えます。

「ヒロシマ・ナガサキに原爆が投下された時、母がこの日を見ずに済んだのはせめてもの救いだ」とイレーヌはいったそうです。

最後に、『マリー・キュリー　フラスコの中の闇と光』にある、マリー・キュリーの言葉を紹介しましょう。

「偉大な発見は、いきなり完全な姿で科学者の頭脳から現れるわけではない。膨大な研究の積み重ねから生まれる果実なのだ」

4　原子核物理から心理の道へ

ゲスト　佐々木玲仁

おはようございます。今日のゲストは、九州大学大学院人間環境学研究院准教授の佐々木玲仁《れいじ》先生です。佐々木先生は、学生時代は原子核物理の研究をなさっていて、その後、紆余曲折があって、現在は心理学を専門とされています。この講義は、「生涯を賭けるテーマをいかに選ぶか」というテーマを大上段に掲げているわけですけれど、世の中には、一つのテーマを貫く人もいれば、途中で道を転換する人もいる。今後みなさんの中にもこれまで思いもしなかった方向に舵を切る人が出てくるかもしれません。ロールモデルといっては失礼ですけど、こんな生き方をしている方もいらっしゃるということで、今日はわざわざ福岡からお越しいただきました。

簡単に佐々木先生のプロフィールを紹介しましょう。一九六九年、昭和四十四年東京生まれでいらっしゃいます。東北大学大学院理学研究科修士課程を中退し、公務員や土木コンサルタントの会社を経て、札幌学院大学人文学部で臨床心理学を学ばれました。

その後、京都大学大学院教育学研究科博士後期課程を修了、京都大学大学院で博士号を取得し、京都文教大学臨床心理学部専任講師を経て九州大学に着任されます。専門は描画法と臨床心理学研究法で、「風景構成法研究の方法論について」など二つの論文で日本心理臨床学会奨励賞を受賞されています。

二〇一二年に出版された『風景構成法のしくみ』は、風景構成法の研究についてまとめられたご著書です。風景構成法というのは一九六九年に精神科医の中井久夫先生が創案されたもので、言葉で意思疎通が図りにくい病気の患者さんとコミュニケーションをとるために開発された描画法です。とくに統合失調症の患者さんですね。それ以外の患者さんの治療や、心理アセスメントといって患者さんがどういう症状を持っているかを評価する場面や面接でも使われることがあります。

具体的には、川、山、田、道、家、木、人、花、動物、石、そのほか患者さんが好きなものを順番に描いて最後に色を塗って風景に仕上げていきます。言葉で説明しても今一つわからないかもしれないので、DVDを見ていただきましょうか。風景構成法が実際どのように行われるか、さわりを見てみてください。ここに登場するセラピスト役の山中康裕《やすひろ》先生は、佐々木先生の京都大学時代の先生です。

DVD「〈風景構成法〉への誘い――たましいの原風景」を視聴。セラピストがさまざまな年齢のクライエントに絵を描いてもらい、それに基づき解説するという内容（図1参照）。

科学的に説明できないのになぜ効くのか

最相　それでは佐々木先生をお迎えしたいと思います。よろしくお願いします。（拍手）

佐々木　よろしくお願いします。

最相　今みなさんにビデオをご覧いただきました。どうして絵を描くことで人の心がわかるのかと思われたでしょうが、それはおいおいお話しいただくとしましょう。現在の臨床現場では保険診療が受けられる認知行動療法が中心です。認知行動療法というのはエビデンスを証明する論文がたくさん発表されているアメリカ発の心理療法です。その一方で、絵を描いたり、箱庭の上に小さなおもちゃを置いたりといった、どちらかというとアナログな心理療法があります。佐々木先生はどうして今、あえて風景構成法に取り組まれたのでしょうか。

佐々木　いろんなレベルで話ができるんですけれど、今おっしゃったみたいに、私はもともと物理学をやろうとしていた人間だから、世の中は全部、科学で説明が付くと思っ

図１　風景構成法（著者）

ていたんですよ、自然科学少年だったんで。それで紆余曲折あって心理に来た時にですね、科学的に解決つかないものはあるなと思ったんです。風景構成法に出会ったのは偶然なんですけど、現場でやってみると、どうみても効いてるんですよね。説明できないのに効いてるということがおもしろかったのが、今振り返ってみれば一番大きかったかもしれませんね。

最相　風景構成法というのは、セラピストの「川を描いてごらん」「山を描いてごらん」という声かけにしたがってクライエントが一つずつ絵を描き加えていって、最後に色を塗りますね。そういうものは百人百様の絵が出てきてしまいますので、研究するにはなかなかむずかしい対象ではないかと思うんですけれど、いかがですか。

佐々木　そうですね、でも、広い意味でのサイエンスの研究は、普遍性を求める方向と、多様性を求める方向があると思ってるんですよ。これはもしかしたら段階の話かもしれない。僕は半ば真面目に、半ば自分たちを揶揄《やゆ》しながら、これを「博物学的段階」と呼んでるんです。要するに、決まった方法でやってるのに、みんな違った絵を描くんですよね。ここにおられるみなさんにも同じ方法で描いてもらったら、みなさん一人ひとり自分にとっては当たり前の絵ができるんですけど、その絵が全部違うんですよね。たしかにそれは狭い意味での科学の対象にはならないかもしれないんですけど、どのくらい違うのかとか、どこが似やすいのかとか、そういうことは十分、研究の対象になる。いろいろな蝶を集めて分析するみたいな、そんな研究ならできるかなと思うんです。

最相　なるほど。研究の方法には、質的研究と呼ばれるものと数量的研究と呼ばれるもの、大きく分けるとこの二つがあって、質的研究というのは事例ごとに一つひとつ研究していって、書かれた文脈を大切にして、そこから考えていくという、いわゆる方法論があってないようなものですね。一方、数量的研究というのは、数量化して統計的手法を用いる。そのことによっていろんなケースを解釈できる、一般性が出てくるというメリットがある。ただ、その中ではセラピストとクライエントがどのような関係性にあるのかとか、個々のプロセスの中でどんな変化が出たかというのはどうしても捨象《しゅしょう》されてしまいますね。つまりどちらにもメリットとデメリットがあると思うんですけれども、佐々木先生がとられた方法はどちらですか。

佐々木　基本的には質的研究といって問題ないと思います。でも質と数量とくると、質は数字は使わないように見えるんですけど、数字も使うんですよ。今ここでいっている数量的方法というと、推測統計という少数のサンプルから全体を推測するためにとる方法になっちゃうと思うんですけど、それはやらない。なぜかというと、推測統計をやるためにはランダムサンプリングといって全体を代表するようなものを抜いてこないといけないんですけど、そんなサンプルなんか実際にはとれないです。それよりは、一つひとつ詳しく調べていって、調べた人のことはわかるけど調べていない人のことはわかりません、といった方が正直だなと。むしろその方が、本当のことがわかるかもしれないと思っているんです。

絵で何がわかるのか

最相　佐々木先生が実際に行われた研究の一例をスライドで拝見していますが、これらの絵をどういうふうに見ればいいのか解説していただけますか。

佐々木　これは本当は解説なんかできないんですよね。この絵を描いた方は研究のために来ていただいたんで実際のクライエントさんとは違うということもありますし、絵の特徴といえるものはいくつかあるんですけど、占いじゃないので、こういう絵を描いたらこういう人ですというのはすごくいいにくい。絵の特徴を指摘するのはすごく簡単ですが、それがその人のこういうところを反映してます、とはいいにくいですね。

最相　絵を見ていたら、なんだか不思議なものが描かれているな、ああ釣りをやってるなとか、左下に小さな子どもがいるな、人が人じゃないというか、マッチ棒みたいに描かれてるなとか、気になることはたくさんあるんですけれども、だからといってその人の性格傾向や病がわかるわけではないということですね。

佐々木　そうですね。さっきおっしゃったように、この絵のこういうところがこの人のこういうところを表しているといったら、この人は何回描いてもそれを描かなくてはいけないわけですよね。この研究の時は同じ人に六回来てもらって描いてもらったんですけど、ある表現が毎回出てくることも、一回きりのことも両方あるわけです。

最相　つまり、同じ人でも時間の経過や描く枚数によっても変わっていく。一回こっきりならどうかとか、量を描けば描くほどどうかという変化もある。一人の中でも変化があるし、人によっても違いがあるということですね。えーっと、こちらの絵はまた別の方ですね。これは？

佐々木　そうですね。比較すると特徴がよくわかると思うんですけど、一枚目の人は全面塗っているけれど二枚目の人は余白を残している。一枚目の人はなんとなく画角が寄り気味で、二枚目の人は引き気味かなとか。それから個々の特徴が一番よく出るのが、色の塗り方のタッチですね。タッチは何回描いてもほぼ変わらない。ただタッチをデータ化することと、タッチが何を意味するかっていうことはものすごくむずかしい問題なので、ほとんど誰も研究してないですけどね。

どのように科学的に見るのか

最相　佐々木先生の本には、同一人物の中での変化、安定性、描画時間、それからアイテム一つひとつの違いなどをずっと順に追っていった研究データが書かれているんですね。だから、本来科学的に取り扱えないけれども、その中で、にもかかわらず科学的に見られる角度というのを追究されているなと感じました。

佐々木　科学的に扱えないものがあるというのは、二つの場合があるんですよ。それは科学的な追究の仕方が十分でなくて見えないという場合と、本当に何をどうやってもそれを扱えないという場合で、僕ら臨床心理学の人は現場の人間なので、がちがちの方法論とかはあまりやれていなくて、これは科学的にはならないといってはいても、実は研究法の扱い方が上手でなくて見えてなかったということだったりするんですよね。だからとことん数量化していって、最後までできないのは何なのかということを僕は知りたいんです。僕の研究グループの人たちは、アホかってくらい数量化をしています。

最相　私自身、『セラピスト』という本を書くにあたって、中井久夫先生に直接、風景構成法をしていただいたことがあるんですけれども、その時はやはりその場の空気、日中にやるのか夜にやるのか、陽がさしているのか暗い部屋でやるのか、それから何かを飲みながらやっているのかどうかとか、猫だとかペットがまとわりついてきている中でやっているのかとか、それから先生の語りかけがどうであるか、描いている時に相槌を打ってくれて心が休まったりとか、そういうお互いの関係性や場の雰囲気がとても大きな要素になるなって思ったんです。それはおそらく数量化して科学的に捉えることがとてもむずかしい部分ですよね。だけど佐々木先生のお話では、世の中というか、世界は両方あるってことなのですね。

南極越冬隊員の心理研究

最相　佐々木先生の研究テーマは、これだけではなくて、おそらくみなさんがとても関心があるだろうと思われるテーマが、南極越冬隊員の心理研究です。これはどういうご研究ですか。

佐々木　これは僕がメインの研究者ではなく、研究グループの一員としてもう十年くらいやってることですね。南極越冬隊というのは、三十人前後で何か月間かを一緒に過ごす。外から人が入ってこられないし、天候によっては外へも出ていけないという状況です。各国何十か所も南極基地がありますから、いろんな基地で研究はやられています。

南極越冬隊って全職種の人が行くんです。映画にもなりましたが、調理の人もお医者さんもいる。お医者さんには心理アセスメントを持っていってもらいまして、向こうで気分などを書いてもらいます、そういうのを年に六、七回やってもらって、それを分析して、こういう状況になった時にどういう気持ちになるのかとか、帰国された時に、結果を分析して隊員の方にそれをお渡しして、インタビューもするということを続けて、心理状態を研究しようというやり方ですね。

最相　極端な閉鎖環境であるとご説明いただきましたけれども、具体的にいうと人間関係が変わらない、それ以上増えたり減ったりしないということと、それから白夜もありますし、逆に極夜《きょくや》というずっと闇が続く季節もありますね。今はインターネットで相手の顔を見ながら会話できるようになりましたけど、愛する人たちと離れて暮らすということですよね。これは宇宙ステーションでも同じような課題を抱えてるはずですよね。他の国と比べて日本隊の特徴というのは何かありますか。

佐々木　いろいろと複雑で簡単にはいいにくいんですが、問題があった時にどう対処するかという方略では、他の国の隊に比べて、問題に対して直接的に何とかしようと行動するのと、もう起こったことだからと受け容れるのと両方が高いというのが特徴ですね。この両方が高いというのをどう解釈するかというのが重要だなと思っているんですが。たとえばアメリカはいくつか基地を持っているんですけど、中には定期便でいつでも飛行機が飛んでいるところもあるんですね。南極点にも基地を作っている。基地同士がわりと近くて行き来ができるところもあります。昭和基地は例外的に孤立してるんです。ものすごく隣と距離がある。そういうところでやっているので単純に比較ができない。つまり、日本人の特徴なのか昭和基地の特徴なのかが簡単には分離できないんです。

へこたれないでいるための心構え

最相　そういう閉鎖環境に耐えられる、へこたれないでいる人たちの性格傾向というのはあるのでしょうか。

佐々木　いろんな人がいますとしかいえないんですけど、ただ実際の気分調査票とかパーソナリティーなどを見ると、標準値よりずいぶん頑強な方が多い傾向があるといえるとは思います。一般市民との比較研究もしてるんですが、一番特徴的なのは「分析的でありつつ実際的である」とか「淡々としていつつロマンティックである」という二面性があることなんじゃないでしょうか。ただし、隊ごとの特徴もすごくあって全然違います。時期の違いもあります。

最相　研究者もテーマによっては極寒の地や、熱帯とか過酷な状況に何年も行かなくてはいけない、しかも研究者は限られていますから、いつも知ってる顔と向き合うだけで、学会だけが唯一気分転換みたいな生活を送る可能性もあるわけですけれど、へこたれないための心構えのようなものがあったら教えていただけますか。

佐々木　そうですね……あの、臨床心理の人間はすぐに役に立つアドバイスをいえないという特徴があって、人によって違うでしょと思ってしまう（笑）。でも傾向としては、閉鎖空間、まあ空間に限らずなんですけど、長期的にやっていく時に第三四半期現象というのがあって、全体を四つに分けた時の三つ目の時期、真ん中を越えて後半の内の前半がしんどいんだという説があります。でもそれにしたって、第三四半期現象はあるという説と、ないという説がある。ここからは、科学者というより心理の人っぽい発言になりますが、あろうがなかろうが第三四半期はきついんだと思っていると、実際に第三四半期になった時にちょっと過ごしやすいというのはあると思いますね。

最相　その言葉をうかがって思い出したんですけど、佐々木先生の著書の中に、自動車に乗るのにメカニズムは知らなくてもいい、しかし、より性能を引き出したいのなら知っておくべきだというような一節がありました。すなわち、こういう苦難が訪れる、しんどい時期があるんだとあらかじめ知っておいて心の準備をしておけば、そうしなかった場合に比べると、多少は楽になると。

佐々木　多少は楽になるんですけれども、何がしんどくなるかはその時になってみないとわからない。全部のことを予想しておくわけにはいかないですからね。ただ一般論としてそういうものがあると知っておくというのは悪くないかなと思います。僕の学生時代のようにみなさん単純じゃないかもしれませんけど。自然科学をやっている人間は、自分がやってる自然科学を自分にも適用しちゃうということがあるので記憶の話をする時にはついコンピュータにたとえてしまったりするんですが、「メモリがいっぱいだ」とか「クロック数が落ちてきた」とか、そういうふうに考えていくと、ちょっと解決できない問題が出てきたりする。でも、そうでない見方も存在するんだということくらいはわかっておくと、だいぶ楽なんじゃないかなとは思います。

最相　二〇一五年の二月に初めて南極大陸で日本の隊員がお亡くなりになりました。ご本人はもちろんご家族は辛い思いをされるわけですけれども、それと同時に一緒にいた隊員の方たちもこれまでなかった事態に直面する。いくら心構えをしていても、実際に事が起こると、何がどうなるかはその時にならないとわからないということになりますよね。

佐々木　その時にならないとわからないんですけど、「その時にならないとわからないことが起こるかもしれない」と思っていると、楽とはいいませんけど対処しやすいかもしれませんね。びっくりするようなことっていうのは必ず起こるんですよ。ただ、びっくりすることが起こることにはびっくりしないというか、そんな感じだと思うんです。

紆余曲折の道のり

最相　佐々木先生には非常に興味深い研究がたくさんあって、今日だけでは紹介しきれないのが申し訳ないんですけれども、なぜこの道に進まれたのかということをお聞きしたいなと。そもそも学生時代には原子核物理を勉強されていたんですが、大学院を途中でおやめになったんですよね。非常にうかがいにくいことなんですけど、この講義ではとても大切なところなのでお話しいただけるとうれしいんですが。たしか修士の二年目でやめられたと。

佐々木　そうですね。M2（修士二年目）で一年休学して、その後やめました。何があったかっていうと、簡単にいえば挫折したわけです。一つは、この専門をやっていてふっと気づいたんです。私は物理の勉強は好きだけど研究はそんなに好きじゃないなってことに。つまり、誰かが今まで調べたことを、それは本や論文や、今なら電子データになってたり、そういうのを勉強していっておもしろいなっていうのはあったんですけども、自分がその知識を増やす側になった時に必要なこと、具体的には徹夜とか、労力をいとわず何がなんでもやるという感じにはなれなかった。しんどい方が多くてね。

それにどうやら私は人間の方に興味があったらしく、そういう研究をやっていると、それこそ自分がマシーンの一部になっていくという感覚があって、しかも頭を使うという環境がだんだんしんどくなってきた。わりと真面目だったので、今よりもずっと、やんなきゃって気持ちだけはある。しかし効率は上がらず先生には怒られ、というようなことが積み重なっていって、ある時これは無理だって決めたような感じですね。

最相　大変なご決断だったと思うんですね。やはり理系の学生さんというのは、将来は大学であれ民間の研究機関であれ研究者になろうという方が結構多くいて、選択肢は限られていてその道に特化している。それが突然、その道を絶つわけですよね。本当に大変な決意でしたね。しかも、佐々木先生がおやめになったのはちょうど就職氷河期の始まりの時期です。マスターで二年目といったら、二十四、五歳で、新卒でないから今よりもっと就職しにくいですね。そんな中で佐々木先生はどうしようとお考えだったんでしょうか。

佐々木　しんどくてやめる時は、次のことを考えないですね。考えられない。とにかくここでは無理だという一心で逃げた。先ほどプロフィールで紹介していただきましたけれど、そういう時に考えたのが公務員になろう、安定しようということだったんですよ。自然科学少年だったので、自然科学ができないと僕の人生は終わった、残りは余生だみたいに思ってたんですよね、若造が生意気にも。だから公務員になって安定した生活を送って静かに生きようという感じで移っていってますね。

最相　その時は、もう結婚はされていたんですか。

佐々木　はい、してましたね。

最相　ということは生活をどうするかということもありましたよね。

佐々木　ありましたね。一時、主夫をしていました。

最相　主夫をされていたんですね。その後、佐々木先生は公務員になって市役所にお勤めになられるのですね。どんなお仕事をされていたんですか。

佐々木　生活保護のケースワーカーですね。

最相　まったく違いますね。

佐々木　あまりに違うのでびっくりしてしまいますね。

最相　ここではどんなご経験を？

佐々木　うーん、人間ってこんなにいろんな人がいるんだなって思いました。一番大きいのはそれですかね。生活保護のケースワーカーがどんな仕事をするかというと、生活保護費を計算して出すわけですが、それ以外に家庭訪問もするんです。七十軒以上を担当していまして、それを一軒一軒回る。一軒一軒がそういう状況ですから、大変じゃない人は一人もいないんですよね。一軒一軒それぞれの事情があって、それぞれ困っていて、でもそれぞれ生きていて、そういう人たちが住んでるのは、ふだん僕らが住んでる町なんです。だからその仕事を始めてからは、町の景色が違って見えました。こういう世界があったんだなと思ったっていうのが、市役所にいる間に感じた一番大きなことですね。あまりかっこいい言い方したくないんですけど、それぞれが生きてるんですよね。でも、こういう当たり前のことは気づかないなあと思いましたね。

最相　それは現在の先生のお仕事につながる重要なご経験でしたね。

佐々木　そうですね。

最相　でも、結局その市役所はお辞めになってしまうわけですよね。それはやはりしんどかったということですか。

佐々木　一瞬で、一年ちょっとで辞めてしまいました。これは、むしろその間に今の専門の臨床心理学の本を読んだんです。こんな世界があったのかと感動したんです。わりと感動しやすいので。その時に思ったのが、自然科学少年でしたから、それまでは自然科学で世の中すべて割り切れると思ってたんですけど、ああ半分しか見てなかったなって。この世界、まだ残り半分あるわって思ったんですよ。

それでやっていくうちに臨床心理学っておもしろそうだなって。臨床心理学って一人ひとりを大切にするんです。これは言い方がむずかしいんですけど、福祉などは必ずしもそういうふうにできないという面があるんですよね。社会の方に一人ひとりを合わせるというか。ましてや役所の仕事ですから。それで、ちょっと違う方向を考えようかなと。ただ、やはり役所にいると周りに求められていることにきちんと応えていくということが仕事になるので、そういうところでやっていくのがあまりにもしんどくなったということも正直あります。

一つとして同じものはない

最相　それで、さらに別のお仕事を選ばれるわけですね。土木コンサルタント会社におられたということですが、臨床心理学に興味を持たれたにもかかわらずなぜ土木の仕事を選ばれたのですか。

佐々木　心理をやるにしても大学院に行くのには試験や準備がいりますからね。たまたま誘われて行ったアルバイト先が土木関係だったというだけで、きっかけとしてはそれ以上のことは何もないです。

最相　将来的に臨床心理学の方向に進むための学費を作るために、サラリーマンをしたということですか。

佐々木　アルバイトですね、この時は。役所を辞めたし、どうしようかってフラフラしてたらたまたま拾われた。普通は大学院行こうとか考えるんですけど、僕は決心が固まっていなかったので、はじめはなんとなく仕事をしに行ったという感じです。

アルバイトの立場で関わっているので責任者でも立案者でもないという前提で聞いていただきたいんですが、この時にやっていたのは、川です。川って、洪水対策などで、曲がりくねったところをまっすぐなズドーンとした川にしちゃうことがあるんですよ。でも、まっすぐな川にしちゃうと流速が一定で、大雨の時なんかにはものすごい流速になって、溝に水を落とすみたいなことになるんですね。そうするとたくさんいる鮭の稚魚がみんな流されちゃうんですよ。ですから、水の勢いや流れの方向を変える水制《すいせい》というものを川に入れることによって、蛇行した流れを作りだす。

最相　佐々木先生が以前おっしゃっていたことで興味深かったのは、川というのは一つとして同じものはないと。ということは、シミュレーションはできるけど、一つひとつの川に対してゼロから物事を考えていかなくてはいけないということですよね。

佐々木　そうですね、僕もこの会社に行って上司の人にいわれるまで気づかなかったんですけど、それこそ、風景構成法で「川」を描いてくださいといったら、みんなそれぞれ、これが川だというつもりで描くわけですけれども、現実のそのへんの川一つとっても同じ川というのは一本もない。当たり前なんですけど、いわれないと気づかないっていうことですね。だから毎回、一からそういう経験をさせてもらったわけです。

自分の「色」は自然に出る

最相　今は臨床心理のお仕事をなさっていますが、お話しいただいたようなご経験とお考えをもつ方が、じゃあ、現場でどんなことをなさっているのかは興味深いものがありますね。目下、佐々木先生が進めているプロジェクトがあって、私はこのお仕事はこれからの日本のカウンセリングの形を変える可能性があると興味をもっているんです。九州大学は今ある箱崎《はこざき》から糸島《いとしま》という海に近い所に、医学部以外が移転を始めています。

理系はすでに移転を終えていて文系はまだ更地なんですけど、そこに「森の相談室」という新しい試みの心理相談室ができるということです。安定するには、五年、十年かかるでしょうか。今の段階ではあまり具体的な話はできないということなんですけれども、心理の世界というのは本当にいろいろ問題があるものですから、閉塞した状況を突き破るような新しい形のカウンセリングがここで行われることになるのではないかと注目しています。

佐々木　ありがとうございます。

最相　あっという間に時間になってしまったのですが、最後に佐々木先生からここにいる学生に一言いただけますか。

佐々木　今日インタビューをしていただいて、話しながら思い出したことがたくさんあるんですが、まあ、いろいろ寄り道したけどそのつどやっていることそれぞれが、今の仕事に直結してるなあと改めて思いました。さっき絵について話した時に、「それぞれの絵はその人にとって当たり前の絵だけれど、それぞれに全然違っている」ということをいったんですけど、それにつなげていうと、人から見て紆余曲折でも、自分にとっては必然的にとってきた道が結果的には紆余曲折のようになったということだと思うんですね。なので、あまり「自分の色を出そう」というふうに思わなくても、自然にやっていたら勝手に出てくるのがそれぞれの「色」なんじゃないかなと思うんです。色を出そう出そうと思わなくてもまあそれなりにやっていけるものだっていうのが、いろいろなことをやってきて、今の仕事もやっていて思うことですね。

最相　とても胸にしみるメッセージでした。今日ははるばるお越しいただき、本当にありがとうございました。（拍手）

*注　国立大学の枠組みではさまざまな制約があり、残念ながら「森の相談室」は実現されなかった。しかし構想は潰えたわけではない。時代の要請がある限り、佐々木先生の挑戦は続く。

5　遺伝子工学と知らないでいる権利

ウェクスラー家の選択

おはようございます。今日はある家族のお話をしたいと思います。世の中には遺伝性疾患、すなわち、遺伝的な理由によって発症する病気があります。では、その病気はどんな病気でどう治療していけばいいのか、患者さんのケアはどうしたらいいか、診断を受ける際に何に注意したらいいのか、などについて、一つの雛形というかモデルを作るきっかけとなった家族です。

その前に、一枚の写真を見ていただきましょう。二〇一四年八月十一日付の日経新聞に掲載されたものですけれど、IT企業のディー・エヌ・エー（DeNA）取締役（当時）の南場《なんば》智子さんと、東大医科学研究所の清野《きよの》宏所長（当時）、同じく東大医科研のヒトゲノム解析センター長の宮野悟《さとる》先生ですね。DeNAと東大医科研が新しいビジネスに参入しますよという記者会見の写真です。東大医科研というのは国際ヒトゲノム解析計画を先導した中心的な機関の一つです。そんな研究機関とITの先進企業が手を組んで、一般の方に向けた遺伝子検査ビジネスを行うというニュースですね。東大との産学連携共同研究「予知と予防による健康長寿社会実現」で、文科省と科学技術振興機構が推進する「革新的イノベーション創出プログラム（COI STREAM）」に選出されました。

具体的には、日本人の遺伝子情報を集めてそれをもとに日本人に特有の疾病のリスクモデルを構築したり、利用者の行動変化を解析したりして、論文で発表して世界に発信していこうというプロジェクトです。入口は、私たち個人の遺伝子検査ですが、最終的にはその情報がもっと一般的なこと、日本人とはどういう民族であるのかとか、他の民族と体質や病気の傾向がどう違うのかといった情報を得ようとするものです。

ヤフーも同じように、二〇一四年三月に東大の研究者が起業したベンチャー企業のジーンクエスト社と手を組んで遺伝子検査ビジネスを始めています。こういう大手ＩＴ企業が参入した背景には、これまで遺伝子検査ビジネスが無法地帯になっていたことがあります。みなさんもタクシーに乗ってチラシを見たことがあるかもしれませんが、十年以上前からいろんな形のビジネスが始まっていて、レベルの高いものから怪しげなものまであったんですね。どうせやるなら信頼性の高いものを築き上げようということで、大手企業と専門性の高い大学の研究機関が手を結び始めたわけです。

こういうことが可能になったきっかけは、二〇〇一年にできたある指針が改正されたことです。「ヒトゲノム・遺伝子解析研究に関する倫理指針」といって、データをどういうふうに守るかとか、データの利用に対する制限、たとえば、倫理委員会を設けなければいけないとか、遺伝子解析を行うにあたって研究者が何を守ればいいのかをまとめた指針です。これが、二〇一三年に改正された。改正ポイントは二つあって、一つ目は、遺伝子解析のデータが個人を特定する情報と連結されない形で匿名化されていれば、データは個人情報とはみなさずに利用できます、となったこと。

二つ目は、昔採取した血液や体液などの個人のデータを利用する場合、インフォームドコンセントを取り直すことが極めてむずかしい場合は改めて取り直す必要がないということ。インフォームドコンセントというのは、ある医療を受けることや試料を利用することに対して患者さんがあらかじめ説明を受けた上で同意する、ということです。

以上、大きくこの二点の改正があったことで、個人のゲノムを解析することが格段にやりやすくなって企業が参入してきたわけです。

遺伝子検査の中身

では、遺伝子検査はどのように行われているのか。宣伝になってしまいますが、大事なことなので当事者が発表した資料を見ていきましょう。ＤｅＮＡが一般向けに販売している「マイコード」という商品があります。一番高いのが二万九八〇〇円のフルパックで、肺がん、胃がんなどの複数のがん、糖尿病、高血圧などの生活習慣病をはじめとする最大一五〇の病気の発症リスク、それから血圧や肌の質、肥満の指標ＢＭＩなどの体質がわかると、ＤｅＮＡライフサイエンス社のホームページの商品説明に書かれています。

たとえば、二型糖尿病の例のところに「マイコード太郎さんの遺伝子型の発症リスクは日本人平均の０・８３倍です」と書かれていますが、これは太郎さんが二型糖尿病を発症するリスクが八十三パーセントということではありません。日本人の平均値を一として、それよりも少し低いところに太郎さんはいますということで、〇・八三倍という数字が出るわけです。日本人全体の発症リスクの中でどれくらいのレベルなのか、ということです。

この分布はハップマップの「日本人の頻度データ」を利用して算出していますと、小さく書いてありますね。こんなふうに書いても一般人にはなんのことやらという感じですが、ハップマップというのは、ＳＮＰ《スニップ》をマッピングした地図のことです。ＳＮＰというのは、日本語では一塩基多型といいます。ヒトゲノムは三十一億塩基対あって、一人ひとり〇・一パーセントずつ違うんですね。非常にわずかな違いなんですけれども、これによって人の容姿とか体型とか体質の個人差となって現れるわけです。これをSNPと呼んでいて、それをマッピングしたものがハップマップです。

ヒトゲノム計画の延長線で行われた、SNPの国際プロジェクトが各国の協力で行われて二〇〇五年に完了しました。これによって、病気のかかりやすさとか薬の効きやすさとか、副作用は人によってずいぶん違うということもわかるようになった。オーダーメイド医療を実現するには不可欠の研究です。太郎さんの二型糖尿病の発症リスクもそうした民族全体の発症頻度をもとに算出されるというわけなんです。

このようにいろんな病気とか体質を知る手掛かりになる検査なのですが、マイコードには次のようなことわりが付いています。読んでみますと、これは医療行為ではありません、ということ。次に、お医者さんのカルテに書かれた診断を否定したり肯定するものではないということ、それから、未成年は対象としないということ。出生前診断を目的とするサービスではありませんとも書かれている。出生前診断というのは、羊水や受精卵、血液などを検査して、胎児が病気になるかどうかを見つけるもの。赤ちゃんが生まれる前の診断ということです。中絶につながる可能性があることなので議論も多いのですが、マイコードの遺伝子検査はそういうことを目的としませんよ、あくまでも検査であって、そのデータをもとに病気の診断をしたり、治療を行ったりする「遺伝子診断」ではありませんということですね。それから、現在の健康状態や病気を調べるサービスでもない、血縁関係を調べるものではない。いわゆる親子関係、DNA鑑定ではないということです。

そして、今日の講義では次のことわりが大事です。遺伝的要因による発症可能性が高い遺伝性疾患や家族性腫瘍、精神疾患は対象外――ということです。どういうことか。これらを対象外とするのはなぜなのか。ヤフーのほうもそうですけど、遺伝子解析のビジネスがなかなか踏み込めない、というか、安易に踏み込んではいけない領域だからなんです。

女優の決断

一つの具体例を示しましょう。女優のアンジェリーナ・ジョリーが、ニューヨーク・タイムズ二〇一三年五月十四日付に、「マイ・メディカル・チョイス」という記事を寄稿しています。これが非常に話題になりました。ここでアンジェリーナ・ジョリーが何をいっているかというと、自分は両乳房の予防的乳腺除去手術を行ったということ、そして、なぜ病気になったわけでもないのに、そんな手術をあえてしたのか、ということです。

彼女のお母さんは十年間の闘病生活を経て、乳がんと卵巣がんで亡くなっています。五十六歳でした。おばさん、つまり、お母さんの妹さんですけど、彼女もやはり六十一歳で亡くなっています。子どもたちに、おばあちゃんはこういうことで亡くなったと説明した時に、じゃあお母さんも同じ病気で死んじゃうの？　と聞かれた。最初は大丈夫と答えたのですが、本当は自分にもその危険があるということを子どもたちに説明しなくてはいけなくなった。そこで、遺伝子診断を受けたところ、乳がんのリスクが八十七パーセント、卵巣がんのリスクが五十パーセントと説明されたんですね。

アンジェリーナ・ジョリーがなぜこんな診断を受けたかというと、親族にがんが多い家系だったからです。がんといっても、多くのがんは遺伝しません。九十パーセント以上のがんは遺伝性ではないといわれています。後天的な生活習慣によって、遺伝子の変異ができて蓄積されていくものです。彼女のいうがんは、遺伝性の乳がん、卵巣がん、子宮がんという女性のがんです。ごく一部に子孫に遺伝していくがんがある。がんを発症しやすい遺伝子の変異が遺伝するとか、いろんなケースがあるんですけれども、周囲にそういうがんが多い場合は、もしかしたらうちの家系はそうではないかと心配になるわけです。

アンジェリーナ・ジョリーの場合は、まわりに乳がんが多かったので検査してみたところ、そういうことがわかったのです。

彼女の行動は医学界では非常に歓迎されたんですね。CNNの二〇一五年三月二十五日の放送では、「アンジェリーナ・エフェクト」と報じられました。それまでの遺伝子検査の受診率は一年に三五〇人だったのが、彼女のカミングアウト以後五〇〇人になったと。四十パーセント検査を受ける人が増えましたという報道なんですね。

これは、すべての人が受けるわけではありません。親族に多いということが一つの目安になるわけですけれど、乳がん、卵巣がんの場合はBRCA1とBRCA2という二つの遺伝子に変異がある場合にそういうがんになりやすいといわれていて、アンジェリーナ・ジョリーの場合は、BRCA1に変異があったんですね。それで発症する可能性が高くなった。乳腺の切除手術を受けた結果、八十七パーセントだったリスクは、五パーセントに下がったそうです。

二〇一五年に入って報道されましたけれども、卵巣と卵管も切除したようです。両方ともまだ病気になってないのに女性にとって非常に大切な部分をとってしまった。彼女の場合は子どもがいるからいいんですが、出産年齢にある女性には非常に辛い選択です し、生活の質、クオリティ・オブ・ライフといいますが、それについても影響が出る選択です。

でも、彼女のような遺伝子診断を受けるメリットというのは、病気の原因となる遺伝子が判明している場合はその発症の可能性を知ることができる、それによって生活習慣を改善したり、アンジェリーナ・ジョリーのように手術によって事前に切除したり、定期的な健診をきっちり受けてがんになったとしても早いうちに対策をとることができるということですね。

一方、デメリットもある。アメリカでは遺伝子情報差別禁止法がありますが、重大な疾患の場合は、結婚や就職で差別を受ける危険性もあります。病気だったら保険もなかなか加入できないわけですけども、結婚というのはとくにセンシティブな話です。さっきいいましたけど、出生前診断ができるわけですから、産む産まないの選択も迫られるかもしれません。

もう一つ非常に重要なのは、遺伝子疾患の原因遺伝子を持っている場合は、自分だけじゃなくて、他の血縁者にも影響が及ぶということです。診断を受けた場合、リスクがあるのは自分だけじゃなくて血縁者すべてにあることがわかります。

ここが今回のテーマにつながるわけですけれども、この問題に直面した家族というのがウェクスラー家なんですね。

ウェクスラー家

ウェクスラー家は東ヨーロッパからのユダヤ系移民で、ちょっと検索すれば出てくると思いますけれども、アメリカでは非常に有名な家族です。科学者ではない立場から科学に歩み寄って科学者と対話し、科学者の研究を支援して、遺伝性疾患ハンチントン病の解明と遺伝子診断に向き合いました。

お父さんのミルトン・ウェクスラーは臨床心理学者、お姉さんのアリス・ウェクスラーは作家で、歴史学者でもあり、ラテンアメリカ史が専門の方です。妹のナンシー・ウェクスラーも臨床心理学者で、現在コロンビア大学の教授。非常に優秀な一家です。亡くなったお母さんのレオノア・ウェクスラーは動物学者でした。

今日の話は姉のアリス・ウェクスラーの書いた本、『マッピング・フェイト』、運命をマッピングするという意味ですが、一九九五年に出版されたこちらの本を参考に紹介していきます。七年後には邦訳版『ウェクスラー家の選択』も出ていて、その翻訳をなさったのは東大医科研教授の武藤香織先生と文科省科学技術・学術政策研究所の額賀《ぬかが》淑郎《よしお》先生です。残念ながら絶版になっているんですけれども非常に重要な本です。

ウェクスラー家がどんな歩みをたどった家族なのかをざっくりとですが駆け足で見ていきます。ウェクスラー家が登場する前に一人の重要な人物のことを話さねばなりません。一九六七年に亡くなったフォーク歌手ウディ・ガスリーです。みなさんボブ・ディランはたぶんご存じでしょうけど、ボブ・ディランが非常に影響を受けたアメリカの国民的フォーク歌手です。「わが祖国」という曲は、ちょっとさわりを聞いたら、ああ聞いたことあるなと思うような有名な曲です。この人が亡くなったことがハンチントン病において重要なきっかけとなります。ウディ・ガスリーはハンチントン病で亡くなったんです。

翌年、ウェクスラー家の姉妹のお母さんが、五十三歳でハンチントン病と診断されます。その同じ年にお父さんが、遺伝病財団を設立します。遺伝病財団というのは、あとで改めて説明しますが、研究者の支援を行う患者とその家族の団体です。発症から十年後に、お母さんは六十三歳で亡くなり、その翌年に、ヴェネズエラ・プロジェクトが始まります。ヴェネズエラで行われたハンチントン病の調査、研究です。その結果、一九八三年にハンチントン病のＤＮＡマーカーが発見されて、その十年後に原因遺伝子、この遺伝子があればハンチントン病になるという遺伝子が発見されます。九四年には発症前遺伝子診断に関するガイドラインが作られて、診断を受ければ病気になるかどうかがわかるようになりました。それから九年後ですが、日本にも日本ハンチントン病ネットワークという患者家族会が、先ほど紹介した武藤香織先生と当事者を中心に設立されます。二〇〇三年のことです。

ハンチントン病とは

　ではハンチントン病とはどんな病気なのか。厚生労働省と難病情報センターのホームページを参考に、大きく三つに分けて説明します。まず第一に、脳の線条体の細胞が失われて症状が引き起こされる神経難病です。線条体というのは大脳基底核の一部で、神経細胞が集中していて筋の緊張の調整を行うところで運動機能との関わりが知られています。通常は三十代半ばから五十歳くらいで発症するといわれていますが、子どもの時に発症する人たちもいます。日本では特定疾患に認定されていて、患者数は非常に少なくて百万人に五〜六人、実際の数はもう少し多いんじゃないかといわれていますが、厚労省のホームページにはそのように書いてあります。海外ではとくに白人に多くて、十万人あたり四〜八人の割合で存在するといわれています。

　二つ目の説明ですけれども、ハンチントン病が医学的に初めて報告されたのは一八七二年、ジョージ・ハンチントン医師によります。「遺伝的な舞踏病」と報告されて、舞踏というのは不随意運動を意味します。不随意運動というのは、自分の意思にかかわらず体が動いてしまうということです。ただ、それは病気の症状の一部に過ぎないので、現在ではハンチントン病と呼んでいます。

どんな症状を引き起こすかといいますと、主に三つあります。まず、物事を認識する力、思考・判断・記憶の喪失です。次に、動作をコントロールする力の喪失、さっきいったように意思にかかわらず体が動いてしまったり、食べ物を飲み込むのが困難になったりする。さらに、感情をコントロールするのがむずかしくなる。抑うつ的になったり、感情が爆発したり、いらだったりということです。

病気の三つ目の説明としては、次の世代に伝わっていく常染色体優性遺伝だということです。常染色体というのは、人間には四十四本あります。あと二本ずつが性染色体で、XXが女性、XYが男性ですね。ハンチントン病は常染色体に原因遺伝子があって、どちらかの親がその遺伝子を持っていれば、半分の確率で子どももその遺伝子を受け継ぐということです。つまり患者さんがいたら、両親のどちらかは患者さんです。ですから、その遺伝子を持っているかどうかを調べると、将来発病するかどうか、今発症しているかどうかがわかるのです。

最初に申し上げたように、この病気は遺伝子を調べることで、すぐに結果が判明するので、慎重に診断を進めなければなりません。そこで、一九九四年に研究者と家族が一緒に議論を重ねて、遺伝子検査の国際的なガイドラインが作られました。このガイドラインが、のちにさまざまな遺伝性疾患におけるガイドラインのモデルとなっていくわけです。

一九六八年にお母さんがハンチントン病と知った時、ウェクスラー家の家族は呆然自失となってしまいます。アリス・ウェクスラーの『ウェクスラー家の選択』にこう書かれています。両親は病のことを前から知っていたのか、なぜ自分たちを産んだのか、その後ろについていくのが自分たちの運命なのか。「すべてのことがこの病気を前提に再構成される必要があった」と。お母さんが病気になったということは、自分たち、アリスやナンシーも病気になるリスクがあるということです。英語ではアット・リスク、リスク保持者です。

アリスにはボーイフレンドがいたんですけど、自分は病気になるかもしれない、結婚しても子どもが作れないかもしれないということで非常に苦しみます。ボーイフレンドと一度別れて、また戻ったりと、いろんなことがあるわけなんです。そして、診断から一年後にお母さんが自殺未遂を起こしてしまいます。その時、娘たちははっと気づきます。目をそむけるんじゃなくて、お母さんの応援をしなくちゃ。なぜ治療法がないのか、どういう仕組みで病気になるのか、ハンチントン病について知ろうと動き始めるのです。

当事者と家族の財団を設立する

お父さんもすごい方で、お母さんが診断されたその年に遺伝病財団を設立します。最初に紹介しましたけれど、フォーク歌手のウディ・ガスリーが亡くなった後に、元妻のマージョリー・ガスリーがやはり遺伝病のための団体を作ってロビー活動を始めるんですね。ウェクスラー家のお父さんも最初は彼女と一緒に活動してたんですけれども、マージョリー・ガスリーは議会を動かして、アメリカの研究費の予算を配分する、わりと政治的な活動をしていた。一方、お父さんは、自分は研究をきっちり進めてほしいんだと考えてマージョリーと分かれて、遺伝病財団を設立します。こちらは遺伝性疾患の解明、治療法や診断技術の確立を目指し、寄付金を集めて、研究者を支援することを目的としました。

パーキンソン病は、脳内物質のドーパミンが減少して体が動かなくなってくる病気なんですけれど、ハンチントン病は逆にドーパミンが増えるからじゃないかとか、脳のニューロン間での伝達を抑制するGABAという神経伝達物質があるんですけど、GABAが影響してるんじゃないかとか、あるいは免疫が原因じゃないか、ウイルスが原因じゃないか……など、いろんな方向から仮説を立てて、それを検証して、病気の原因を探っていくわけです。

この研究に集められたのは、先入観のない若手の研究者たちでした。全国の大学でワークショップを開いてみんなで議論することを積み重ねていく。今だと、そんなこと当たり前じゃないかと思うでしょうが、一九六〇年代初期に著名な大学教授ではなく、若い研究者たちが自分の専門の枠を超えて集まり、議論するというのは非常に画期的だったんですね。その中に臨床心理学を専攻していた妹のナンシーも入って、研究計画を立てたり資金調達をしたり、臨床と基礎研究をつなげたりなどして大活躍する。ナンシーが科学者の中に入っていくということは、他の研究者たちにとっては目の前に催促状があるようなもので、とにかく急がなくてはならないと協力します。

そうして、ナンシー・ウェクスラーは、のちにいろんな遺伝子疾患を考えるうえで古典とされる論文を、一九七五年と一九七九年に発表します。「死とともに生きること――ハンチントン病、悲しみ、そして死」と、「遺伝子の〝ロシアン・ルーレット〟――ハンチントン病発病リスクの経験」です。ナンシーは患者や家族をたくさんインタビューして歩きました。苦しんでいる人たちに会って、カウンセリングもしました。彼女自身リスクがあるということはこの場合とても重要でした。ピア・カウンセリングという言葉があって、末期がんや精神疾患もそうですが、自分がその病を持っている、あるいは病を克服したという人たちが、カウンセリングの仲間に入っていくと非常に効果があるということで、今注目されているのですが、そういう言葉もない時代に、彼女は一人のカウンセラーとして患者さんたちに接した。その臨床の知見を基礎研究の人たちに提供して、コミュニケーションをどんどん発展させていったんですね。

村全体を調査したヴェネズエラ・プロジェクト

大きな結果を出したのが、一九七九年から始まったヴェネズエラ・プロジェクト研究計画です。ヴェネズエラにはマラカイボという非常に大きな湖があるんですけど、マラカイボ湖の周辺にはハンチントン病の人が多いんですね。今のように情報通信や交通が発達して人間が交流する時代じゃありませんから、遺伝性疾患が村に集中するということはあるわけです。

そこでハンチントン病の研究者たちはここを徹底的に調べて患者さんをインタビューして家系図を作ろうとしました。小さな村ですから十世代くらい遡ると、そういえばどこそこのおじいさんが正体不明な病気で死んだみたいなことが、家族の中に語り継がれている場合がある。そうすると、統計学的にも有意な数字が出てくるんですね。神話や民間伝承もありますし、病気になったとしてもどうやって生きていけばいいかみたいな知恵も彼らにはあった。

研究者のグループは、彼らの血液と皮膚を採取して歩きました。血液を採られることには彼らも抵抗を感じるのですけど、そんな時にナンシーは、自分もアット・リスクで、血液を提供しているんですと袖を捲《まく》りあげて傷を見せた。すると彼らもだんだん理解して同意してくれるようになったんです。研究者たちも、血液をもらって終わりではなく、将来的に発症するだろうと思われる人たちのリストを作って、彼らのフォローを現在も続けています。

コロンビア大学メディカル・センターのホームページには、ナンシーの写真が載っています。彼女が抱いているのは若年性のハンチントン病、子どもで発症した人ですね。現在に至るまでヴェネズエラ、マラカイボ湖の周辺の人々一万八千人以上が、このプロジェクトに協力しました。聞き取り調査には姉のアリスも参加していて、ヴェネズエラの人々と語り合ううちにこんなことを感じたと綴っています。「病気になるかもしれないということは、発病の可能性のない人たちや、ハンチントン病を患っている人たちの持つ感情とは違っていた。事態そのものが、不安定な精神状態なのだ。曖昧なことに対してうまく寛容になれないアメリカ人よりも、ヴェネズエラ人はそのことをよく理解しているようだ」。

病気であることとも病気になる可能性がないということとも全然違う。病気になるかもしれないというのはすごく不安定な状態なんだということです。

このプロジェクトの結果、一九八三年にハンチントン病のDNAマーカーが発見されます。これは「ネイチャー」の八三年十一月十七日号の論文で、筆頭筆者はジェームズ・グゼラ、マサチューセッツ総合病院、ハーバードの先生で、財団の支援を受けた若手研究者の中の一人だった人です。ジェームズ・グゼラが筆頭筆者で、二人目がナンシー・ウェクスラーです。

ただし、ここで発見されたのは、あくまでもDNAマーカーです。DNAマーカーとは何か。ハンチントン病の人たちやその家族の試料を採取して調べていくと、患者さんたちに特有の塩基配列があることがわかるわけですね。患者さんとそうでない人を比べた時に、患者さんにだけある塩基配列がある。その遺伝子の領域をDNAマーカーというんですけれども、そのマーカーはハンチントン病の原因遺伝子であると思われるところと一緒に連鎖的に遺伝している。つまり、マーカーを調べたら、原因遺伝子を持ってるかどうかをかなり高度な確率で調べることができるというわけです。

マーカー発見はニューヨーク・タイムズやワシントン・ポストなど大手メディアで報道されて、熱狂的に迎え入れられました。今まで致死的な病といわれていたハンチントン病が、ついに治るかもしれないという期待が膨らみました。しかし、DNAマーカーには不安定なところがあります。受精によって遺伝子の組換えが起こる可能性があるんです。組換えが起こるということは、原因となっている遺伝子とDNAマーカーが離されてしまう場合があるということ。つまりDNAマーカーをもっていても、原因となる遺伝子がない可能性もある。逆に、DNAマーカーがなくても、原因遺伝子をもっている可能性がある。どちらの可能性も捨てきれない。検査を受けたとしても、一〇〇パーセントわかるわけではないということです。

ただマーカーの発見によって診断技術は発展して、いろんなところで発症前の診断が始まりました。しかし、受ける人たちは世界を見渡してもあまりいませんでした。発見から五十年くらいで約一四〇〇人です。つまりそれはどういうことか。今までもっと曖昧だったけど、受けたとしてもまだ曖昧であることには変わりはないため、受けない選択をした人が非常に多かったということです。受けたのは自分は発症するだろうと思っていた人が多かったこともあって、発症前診断をしてもあまり効果は上がらなかったんですね。「検査を推進すべきだとは、私には言い切れない」「このような死の判決を受け止める方法はない」「私は子どもが欲しい」「ストレスは耐えきれないものになってきている」。アリスはそう書いています。

実は、遺伝病財団を作ったお父さんも、娘たちがこの発症前診断を受けることに猛烈に反対しました。娘たちには遺伝していないという、なんの確証もない心理が父にはあったとアリスはいっています。

治療法もない、ケアの環境が十分に整備されてない、検査を受けてしまうとその結果が家族にまで影響する、いったん検査を受けてしまうと後戻りはできない、知らなかった時の自分には戻ることができない、そういう曖昧な状態の中で、アット・リスクの方たちは待っていたわけですね。

知らないでいる権利

ＤＮＡマーカーが発見された十年後の一九九三年、原因遺伝子が見つかります。これも先ほどのジェームズ・グゼラたちの研究によるものです。ＩＴ15という遺伝子です。第四染色体にあるＣＡＧ（シトシン・アデニン・グアニン）という塩基の長いくり返し配列があって、このくり返し配列が正常な人よりも長いために遺伝子の機能に障害が起きて、脳の神経細胞にダメージを与えるということがわかりました。

原因遺伝子発見の当面の成果は、発症前遺伝子診断の過程の合理化と簡素化です。費用もかなり安く、単純な血液検査と同程度で遺伝子の有無がわかるようになりました。しかし治療法はまだありません。この九三年の原因遺伝子の発見というのは、「タイム」

誌のベスト・サイエンス・オブ１９９３に選ばれて大きく報じられたのですが、これはマーカーによる診断とは違います。血液を採って調べれば遺伝子があるかどうかというのがその場でわかる。つまり遺伝子があるということは、ハンチントン病の場合、発症するということです。

検査をすれば発症することはわかる、けれども治療法はない。アリスはこう書いています。もし発病する可能性があるとわかったとしても、「ナンシーが言ったように、検査は結局、曖昧なものを明確にするというものではなく、いつ病気の症状が現れるかは結局わからないのであって、唯一わかっているのは、将来においていつか発病する、ということだけなのだ。数年後かもしれないし、数十年後かもしれない。それまでに自分の人生を棒に振るかもしれないのだ」。「検査を受けないという決心が法的な選択として守られ、検査を受けないことで勇気がないとか、タイム誌が書いたように『無知でいたい』欲求などと言われずにすむのであろうか？」。

「タイム」誌は、検査を受けないということは、無知でいたいのかと書いた。アリスは、いや、そうではないと書いています。検査を受けないということは、理性的で現実的な選択だと。マスメディアに時々あおられるように、真実や事実から逃げているのでもなく、勇気がないわけでも、責任逃れや無知でいることを選んだわけでもなく、自我の強さに欠けているのでもない。アリスとナンシー、ミルトン・ウェクスラーが提唱したのがこの言葉でした。「Right Not To Know」——知らないでいる権利です。これは主体的な意思表明です。無知でいたいということではなく、知らないでいるという行動を選択したのです。

これは、出生前診断などでも使われる言葉ですけど、初めていったのは彼女たちなんですね。とても大事な言葉です。検査ができるからといって、検査を強制するようなことになってはいけない、それは尊重されなければいけないということです。検査を受けたらそのリスクは家族にも影響するということで、もし治療法があるんだったら予測するということには意味があるけれど、そうでない間にはリスキーなものでもあると。

知らないでいる権利というと、こういう問題と離れていろんなところで使われがちなんですけれども、そうではなくて、さまざまなリスクをわかって、あらゆる情報を手にして、同意するかしないかの選択をぎりぎりのところまで迫られて、そこまで追い詰められて初めて使える言葉。それくらいの大きな意味を持つ言葉だったわけです。

アリス・ウェクスラーは、過去に二度来日していますが、私は二度ともお会いして、なぜこういう決断ができたのかを質問しました。それに対する彼女の言葉を紹介します。

「実際には、この検査を受けた人の方が少ないという点をまず申し上げておきたいと思います。アメリカでも発症リスクをもつ成人のうち、発症前遺伝子検査を受けた人は全体の三パーセントでしかありません。私を含めて大半の人がこの検査、診断を受けないことを選択していますん。その一番の理由は、現段階では医療的なメリットがないということ。遺伝的な変異があるとわかっても薬はありませんし、いつから症状が始まるかもわからない。今の不確実な状態から解放されるために検査を受けたらといわれることもありますが、それはまた別の不確実性とバーター取引きすることでしかありません。遺伝子の変異があるとわかっても、症状がいつ始まるかは結局わかりませんから。ただ、子供を産みたいという人や成人に近づきつつある子供が心配だという親御さんもいるので、その人たち次第かと思います。しかし私たちが強くいっているのは、技術があるからといって使わなければいけないということではないということ。医師から、検査を受けなさいというのも不適切です。検査を受ける場合は遺伝カウンセリングを用意すべきであって、そういう人たちは、検査を受けるにしても保険会社には知られたくないという理由で自己負担しようとしますので、その点の支援も必要ですね」（『いのち　生命科学に言葉はあるか』）

遺伝病財団の行動力から生まれたもの

ウェクスラー家の活動と遺伝病財団の働きは、科学者たちに大変評価されました。DNAの二重らせんを発見したジェームズ・ワトソンは財団の祝賀会でこういっています。「人類遺伝学の発展をふり返ると、遺伝病財団は一九三〇～四〇年代にロックフェラー財団が分子生物学の発展のために果たしたものと同等の役割を果たしてきたと私は思う。それは悠長に待ってはいられない人々が作った小さなグループだったけれど、賢明な判断によって適切な人々に財政支援した」（二〇〇五年十一月一日、遺伝病財団ホームページより）と。

遺伝病財団が成し遂げたことは、大きく五つあります。一つ目は、人類遺伝学のさまざまな分野の研究が、ハンチントン病の研究をきっかけに切り拓かれたこと。二つ目は発症前遺伝子診断の議論が、すべての病気の遺伝子診断に関する議論、倫理的な問題も患者さんに対するケアも、アフターフォローやその不確実性に対するケアも含めて、大変重要なモデルとなったということ。三つ目は、ワークショップですね。さまざまな分野の研究者が集まって議論するというスタイルは、他の研究分野に大きな影響を与えました。四つ目は発病リスクを抱えることの確実性と不確実性を問い直すきっかけとなったということ。最後、五つ目は、科学の領域において科学者ではない人たちが実は積極的な役割を担っているんだということを社会に気づかせたということですね。科学だからといって科学者だけがやればいいという話ではないということです。

しかしながらやはり治療法は見つかっていなくて、DNA二重らせん発見五十周年祝賀会の時にナンシー・ウェクスラーはこういっています。「ハンチントン病は多くの病を先導した。だが、母が亡くなった一九七八年以来治療法にはなんら進展がない」。うつ的な状態を改善する抗うつ剤とか、けいれんを抑えたりする薬ですとか、症状を抑えるような対処療法はあるんですけど、病そのものの発症を抑えるような薬はまだできていません。

アリスは私にいいました。「私たちは、病を突き止める技術が、病を治す力より先走る時代に生きている」。

そういう時代に生きる限りは、病気をどのように受け止めるかについてたくさんの人たちと議論しなくてはならないし、カウンセリング体制もきっちり整備しなくてはいけない、介護や看護の環境も整えなくてはならない、そういうことも同時に考えてほしいというメッセージも含まれています。

彼らの活動に刺激を受けて、十年ちょっと遅れてなんですけれども、東大医科研の武藤香織先生や当事者家族の方々を中心に、日本ハンチントン病ネットワークという患者と家族の会が設立されました。なぜ日本が遅れたかというと、あまりにも社会情勢が違うからと武藤先生はおっしゃっていて、遺伝性疾患に対する偏見もありましたし、ウェクスラー家のような、当事者として活動するバイタリティや人的ネットワークやマネジメント力のある人たちが日本にはなかなかいなかった。それからアメリカのように莫大な研究予算がないということも大きいでしょう。いきなり日本で導入しようとしても壁があったということです。でもその後、手探りで患者さんとのネットワークを広げておられて、手作りの新聞が定期的に発行されています。

そろそろ時間となりました。今日は科学者の人生ではありませんでしたが、科学者ではない立場から科学に歩み寄って、一つの大きな革命を成し遂げる、そういうことが私たちにはできるんだということをウェクスラー一家の活動から知っていただければと思い紹介しました。

6　禁断の不均衡進化説

ゲスト　古澤満

おはようございます。今日は、ちとせ研究所最高科学顧問の古澤満《ふるさわみつる》先生にお越しいただいています。メインテーマである不均衡進化説については先生から説明していただきますけれども、その前に、進化に対する考え方が歴史的にどんな道のりをたどってきたかを駆け足で私から説明したいと思います。

まず古澤先生のプロフィールを紹介しましょう。一九三三年大阪生まれ、金沢大学理学部生物学科を卒業されています。一九五七年に大阪市立大学大学院生物学科発生研究室に入られて、大阪市立大時代には赤白血病細胞の赤血球への分化の研究で高松宮妃癌研究学術会賞などを受賞されています。その後、第一製薬（現・第一三共）が分子生物研究室を立ち上げた時に中央研究所の室長として招かれ、大阪市大から第一製薬の時代にかけて、細胞工学に関する新しい技術の開発、発見をなさっています。

たとえば、肝炎の治療に使われるインターフェロンという医薬品を聞いたことがあると思いますが、インターフェロンを増産するために、蚕《かいこ》の幼虫を使う方法を開発された研究者の一人です。また、赤白血病細胞の再分化――がん細胞が再び正常な細胞に分化する――の仕組みを解明し、当時はまだ三十代だったと思うんですけど、「ネイチャー」誌だけでも六本の論文を発表されています。

そのあと、第一製薬時代には科学技術振興事業団、現在のJSTの「ERATO」といって、卓越したリーダーの下でその分野の優秀な研究者を集めたチームを作って、何年間もかけて目標を達成するプロジェクトの統括責任者をされました。一九八七年から九一年の「古澤発生遺伝子プロジェクト」といいます。

ERATOのプロジェクトからはいろいろな成果が発表されていて、その中の一つを挙げますと、生殖細胞の分化を支配する遺伝子の探索とか、cDNAライブラリーという現在のゲノム研究では欠かせない技術があるんですけど、その作成法をプロジェクトメンバーの一人である洪実《こうみのる》先生が開発されました。

そして、このERATOのプロジェクトで古澤先生が提唱されたのが、進化に関する不均衡仮説です。この仮説に基づいて二〇〇二年にはネオモルガン研究所（現・ちとせ研究所）を設立し、目下、実用化に向けてさまざまな技術開発をされています。不均衡進化説の最初の論文は、一九九二年の「ジャーナル・オブ・セオレティカル・バイオロジー」一五七号に発表されました。DNAには二重らせんといって二つの鎖がありますが、それぞれの鎖の突然変異数が不均衡であることが進化を加速するという内容です。これはあとでくわしく説明していただきましょう。

進化論の歴史

生物が進化するという考え方は古代ギリシャの頃からありましたが、これを科学的な視点から解き明かそうとしたのは、十九世紀フランスの博物学者ラマルクが最初だといわれています。昔あった雑誌「サイエンス朝日」に掲載された進化理論の年表を参照しますと、一八〇九年刊行のラマルクの「動物哲学」、その次が一八五九年に刊行されたダーウィンの「種の起源」。それから一〇〇年あまりを経て、ワトソンとクリックがDNAの二重らせん構造を解明します。これが一九五三年ですね。その間さまざまな進化説が唱えられましたが、その最新のところに古澤満・進化の不均衡説、一九九二年と書いてあります。

それぞれの説についてはあとで簡単に説明しますけれど、ダーウィンの『種の起源』が一八五九年、染色体が発見されたのが一八六五年ですので、ダーウィンは染色体すらわかっていなかった時代にこれを書いているということですね。では、ダーウィンが『種の起源』で何をいっていたかというと、非常にざっくりと要点だけ申し上げますと、生物は突然変異と自然選択によって進化するということ。生物の変異というのはランダムなもので、環境が変化した時にたまたまそこに適応した生物が繁栄し、それを長い時間をかけて積み重ねて、現在見られるような多様な生物が存在するようになったということです。つまり生物の進化には長い時間が必要で、存続するか絶滅するかは自然が決めるということですね。

生物に有利な変化はほとんどない

突然変異というのはそもそも、生物に対して有害か中立なものがほとんどで、生物に対して有利な変化というのはほとんどないといわれています。変異率が大きいとがんになって死んでいく、あるいは、種は絶滅する。逆に変異率が小さいと大きな進化は期待できず、環境の変化についていけなくて絶滅する。ここで一つ、疑問がわくのは、致命的な変異を蓄積しない程度しか変化せず、かつ環境の急変に対応できるほどに変異するという絶妙なバランスが数十億年にわたって保たれたという幸運はありうるか、ということです。

そんな問いがなぜ出てきたのかといいますと、ダーウィンの理論では説明できない現象というのがいくつかあるわけです。その中で大きいものが、カンブリア紀の爆発です。古生物学者によって、五億四二〇〇万年前から四億八八三〇万年前の地層に突如として多様な表現型をもつ動物化石が発見されました。この間は五三七〇万年なんですけど、地球史の長さから考えると、たった五三七〇万年です。それまではくねくねした幼虫みたいな動物だけだったのが、突如、殻をかぶったアノマロカリスみたいなものが生まれてきたわけです。現存するすべての動物種の原型がこの時代に現れたとされています。

それからもう一つ特徴的なのは、哺乳類とか鳥類は、他の生物に比べて異常に変異率が大きいということが分子生物学の進展によってわかってきていることです。ある時期、ある生物だけ突然に、中立でも有害でもない突然変異が多発する現象については、ダーウィンの理論ではうまく説明ができないのです。

ではどんなに変異が入っても、環境が変化すると結局生物は淘汰されてしまうのか。もっと生物そのものに変異率をコントロールできる仕組みがあるのではないかということで、ダーウィンに対する異議申し立てがたくさんなされました。ダーウィンより古いので異議申し立てとはいえませんが、その代表的なのは、「種の起源」に先立つことちょうど五十年の、ラマルクの用不用説（一八〇九）です。キリンの例が有名ですね。高い木の葉や実を食べているうちに首が伸びてそれが子孫に伝わったという獲得形質の遺伝が知られていて、誤解も生まれています。今の科学ではありえないことなんですけれども、ただ、ラマルクは生物そのものに進化する要因があるということをいった点でダーウィンとはまったく違うわけです。

アイマーの定向進化説（一八八五）は、進化の系統樹に沿って、一定の方向に生物が進化していくという考え方。今西錦司《きんじ》の今西進化論（一九七〇年頃）は科学的には否定されているんですけれど、同じ動物ではなく、同じところに棲み分けている動物の集団を「種」と呼んで、それが共存のバランスの中で進化していくという考え方ですね。遡りますが、一九三〇年代には集団遺伝学という考え方が出てきています。非常に多くの研究があるんですけれども、基本的には生物を個体ではなく集団として扱って、その集団に存在する遺伝子が時の経過によってどう変遷していくかについての法則性を見つけようという学問です。研究には数学者が関わることもあります。

それから画期的だったのが木村資生《もとお》という日本の研究者が提唱した進化の中立説（一九六七）で、突然変異の大部分は有利でも不利でもない中立のものであるとする説です。自然選択の影響を受けないので、大きな自然の変化には大して影響されないという考え方ですね。その中立変化が溜まってある小集団に広まった結果、自然へのロイヤル・ストレート・フラッシュというそうなんですけれども、小集団ががっと変化する。それでも結果的には自然環境の影響は受ける、自然によって淘汰されるという点では、最終的にはダーウィンを否定できないんですね。

では最初の問いに戻りますけれども、生物そのものは最終的にはあくまで受身であるのか、生物そのものに進化の仕組みがないのかということを考えたのが、古澤先生の不均衡進化説です。ダーウィン進化論のもつ疑問を解決する唯一の学説ではないかといわれています。古澤先生の著書に『DNA's Exquisite Evolutionary Strategy（DNAの美しい進化戦略）』という本があって、カンブリア爆発を発見した古生物学者のサイモン・コンウェイ・モリスが推薦文を書いています。訳すとこんな意味になります。

「DNAの二重らせんは今日の生物学のアイコンといえるが、その秘密のすべてが明らかになっただろうか？　本書に示されたアイデアは驚くほどシンプルだが、おそらく核心をついている」

ではここからは、古澤先生ご本人に説明していただこうと思います。それではご登壇ください。よろしくお願いします。（拍手）

進化に興味をもった理由

古澤　おはようございます。ご紹介にあずかりました古澤です。禁断の不均衡進化説、自分で禁断のというのもおかしいですが、これは最相さんがつけたのでしかたなしに使っています（笑）。

なぜ禁断かというと、ダーウィンの説を一言でいえば、サルと人間は祖先を同じくするということです。それでキリスト教から弾圧を受けたわけなんですけど、僕の説のほうはもっとひどくて、進化を加速するなんて神を冒瀆《ぼうとく》しているのではないかと。これはまずいんですよ。ダーウィンの時代だったら僕はたぶん殺されているんじゃないか。つまりわれわれ自身がまだ進化できる、それを実験的に示してやろうということなんです。

今日お話しすることは本当にシンプルです。小学校の生徒でも理解できるような、それくらいシンプルです。単純な方が真実だと僕はいつも思っているので。今日は関西弁で話していますが、子どもの頃は東京に住んでいまして、その時代に初めて進化に興味をもちました。原っぱでかくれんぼしてたら、イトトンボが飛んできました。イトトンボってご存じですよね？　ちっちゃなトンボ。子どもにとっては大きなオニヤンマを捕ったら英雄なんですけど、僕は捕ったことないんです。でもイトトンボとオニヤンマの二つを見て、よく似ているなと、もしかしたらイトトンボがオニヤンマになるんじゃないかと、ほんまに思ったんですね。

その次に僕が興味をもったのは、よくある生物の進化絵です。アメーバから始まってダーッといろんな生物が並んでいて、途中にクラゲみたいなんがあって、シーラカンスもある。そこまでは何億年かかかってるんですけど、これが陸上に上がって恐竜になって、最後は鳥になる。実は鳥は恐竜から進化したんです、これは間違いない。また別の方で、陸に上がったわれわれの祖先が、がんばって人になる。こういう絵を見た時に、えーっ、アメーバから人間ができるんや、とびっくりしたんです。

結論からいいますと、これは嘘やと思っていた。アメーバから人間ができるっていうのは実は科学的には間違った表現なんですけど、当時はアメーバみたいなものから人間ができるっていうのが信じられなくて、よし目の前で進化を見てやろうと、子ども心に思ってしまった。そのまま研究を真面目に続けていればよかったのですけど、途中でスポーツ少年になって、それ以来五つのスポーツをやってだいぶ時間を損しましたね。スポーツは今でもやってるんですけれども。では本題に入りましょう。

ロールスロイスとトラクター

DNAというのは、親のDNAの二本鎖が分裂して子どもの二本鎖DNAが二つできますよね。リーディング鎖とラギング鎖っていうんですが、これって、まことに不思議ですけど、リーディング鎖は分裂する方向に向かってスーッと簡単に合成されていくのに、ラギング鎖は分裂方向とは逆に向かって切れ切れに合成されていきます。これを見つけたのは分子生物学の岡崎令治《れいじ》先生です。この方は早くに亡くなりました。原爆の時に何も知らずにお母さんを助けに広島に入ってしまったんですね。それが原因で亡くなられた。生きておられたら間違いなくノーベル賞をもらっていたといわれています。

もう一人がアーサー・コーンバーグ博士で、岡崎先生をはじめ多くの日本の生物学者がこの人のところに勉強しに行ったといわれる偉い学者です。この方はＤＮＡを構成する酵素を見つけてノーベル医学生理学賞をもらった。でも実はこれ、間違いやった。見つけたのは、ＤＮＡのダメージを修復する酵素だったんです。ところがこの方が偉いのは、そこからがんばって、ほとんどのＤＮＡ複製酵素を発見して、ノーベル賞の仕事を完成したことなんです。

僕は博士の講演を直接聞いたんですけど、この博士のいうことが本当なら、二本の鎖のうち、ラギング鎖の方がゴジャゴジャしているから突然変異率が高いのではないかと思いました。このことを本人に質問したのが私の進化説の始まりです。図１を見てください。シンプルに説明しますと、元の親ＤＮＡがあって、片方のリーディング鎖はスーッとロールスロイスが走るごとく複製するのに、もう一方のラギング鎖はトラクターのようにカチャカチャと逆方向に、しかも切れ切れに進んでいますね。これ、直感的におわ

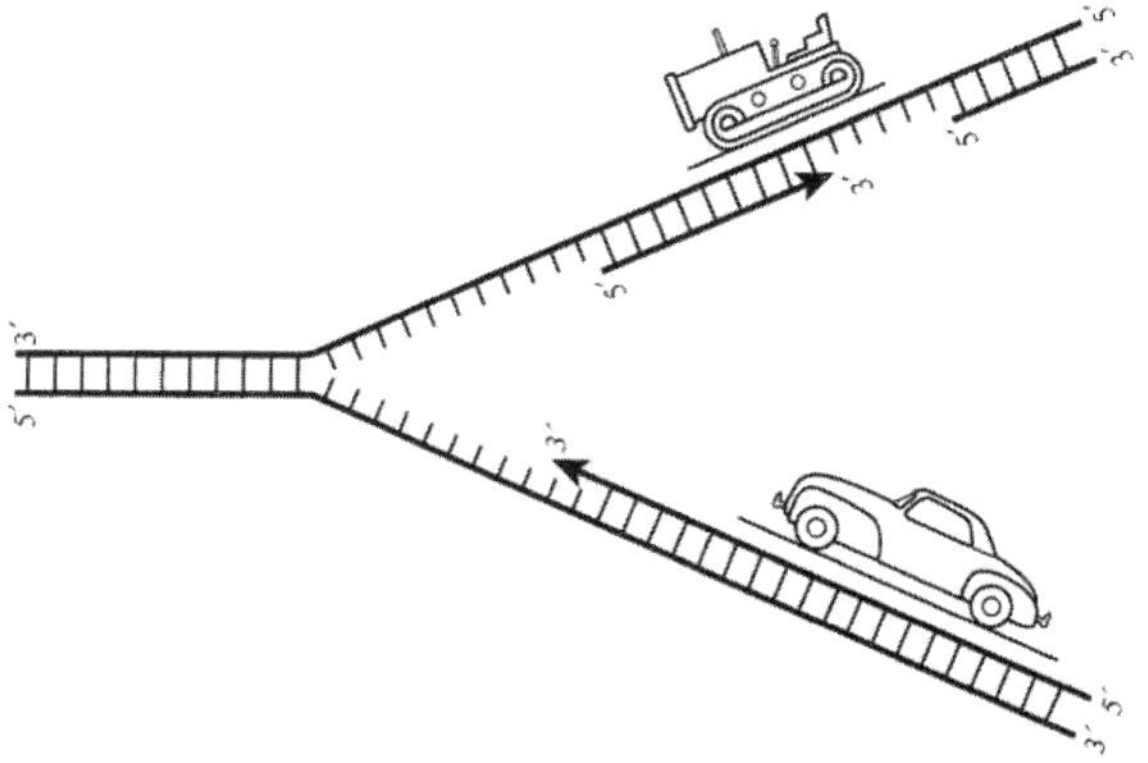

図１　リーディング鎖とラギング鎖
（Mitsuru Furusawa “DNA's Exquisite Evolutionary Strategy”）

かりになるでしょう、ラギング鎖の方が間違いを起こしやすいと思いませんか？　僕はそう思った。全世界の研究者は二本の鎖は両方とも同じように間違うと思っていたけど、僕は一九九八年に、これは違うんじゃないかな、間違ってるんじゃないですかという内容の論文を書いた。シンプル、と表現したのはそういう意味なんです。

進化は突然変異が原因です。つまり間違わないと物事は変わらないのですが、じゃあなんで突然変異が起こるか、原因は何ですかという質問をしたら、みんなは化学物質や放射線といいますね。マスコミの責任もあるんですけど、あんなもんは進化に何の関係もありませんよ。あったとしても数パーセントです。

じゃあどこに原因があるのか。たぶん学校で習ったと思いますけど、DNAは、A（アデニン）とT（チミン）とG（グアニン）とC（シトシン）という四つの塩基で構成されているわけですね。CとGは三本の水素結合で腕を組んで、AとTは二本の腕で組んでる。じゃあ間違いようがないじゃないですか。でもなんで間違いが起こるのか。まことに不思議ですけど、A、C、G、Tの分子の中で、何もしなくてもプロトンっていう水素原子核が動いてるんですよ。これは量子化学の問題です。それで、三本の水素結合のところが二本になることがごくたまにあるんですね。一万分の一くらいの確率です。そうするとCが三本の腕で手を結んでいたGのところにAが来るというようなことが起こってしまう。これが進化の原因なんですね。

つまり生物というのは賢くて、天然にある量子化学的ゆらぎを利用して進化している。もっといえば、われわれは同じところに留まっていることができないということになります。われわれには常に変異が入っているということです。これが進化の原因なんです。変異の放射能や変異原物質（変異を誘発する物質）のことはいったん忘れてください。変異の中には有害なものもいっぱいありますけど、たぶん進化にはあまり貢献していないでしょう。これが新しくみなさんに覚えていただきたい大事な点です。

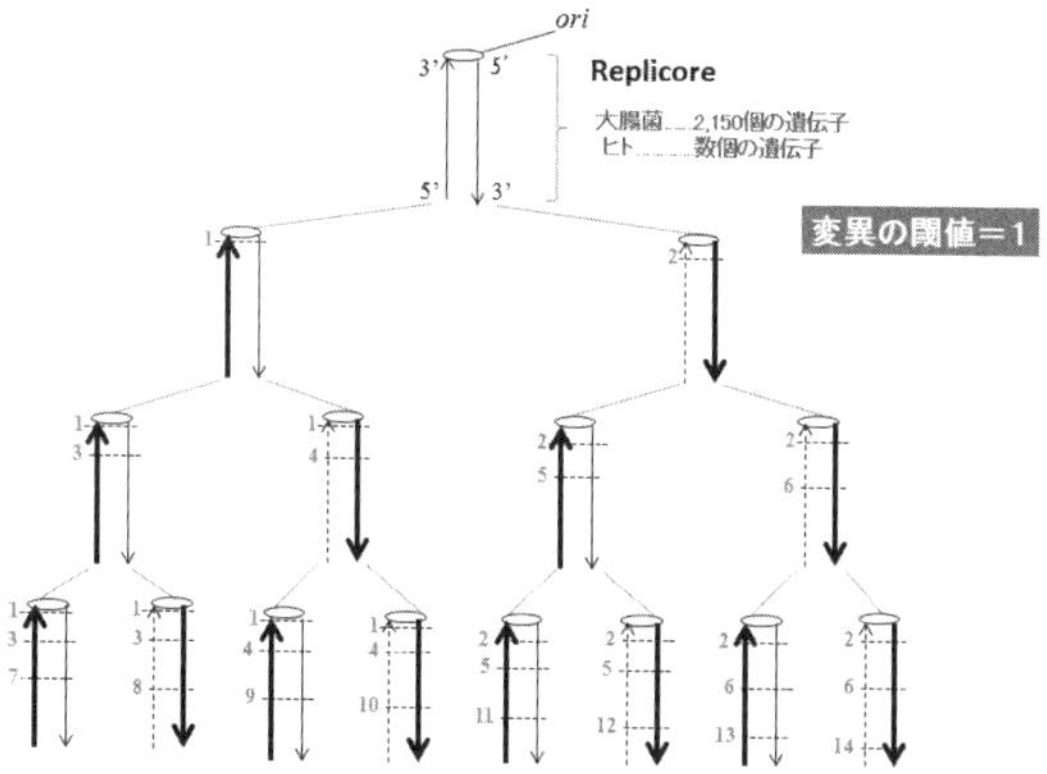

図２　DNAの家計図　均衡モデル
（Furusawa & Doi, (1992) J.thore.Biol. 157, 127）

ＤＮＡの変異はそもそも不均衡

古澤　さて、一九九二年に発表したこの図２をちょっとご覧ください。ＤＮＡの分子を細かく描くとややこしいのでシンプルに二本の線で表しました。ピラミッドの頂上がスタート地点です。いいですか、一回分裂しました。リーディング鎖の方はロールスロイスで合成されました。一方、点々で書いてあるのはトラクターで合成されたラギング鎖です。ラギングはのろのろしているという意味です。今までの考え方だと、ロールスロイスとかトラクターとかは関係なく、二匹の子ＤＮＡに一つずつ変異が入ります（変異１と２。変異は横棒の点線で表している）。いいですか、２の下の子どもたちはみんな２というところに変異が入ってますね、変異2は遺伝してます。ご覧になったらわかりますけど、三回分裂して子どもが八匹できますが、八匹全部に三つずつ変異が入るわけですよね。変異の入り方はそれぞれ全部違う。同じものは一個もない。これが今までの考え方なんですよ。ロールスロイスもトラクターも関係なしに平均して変異が入ると考えるとこうなるんですよね。

そうしたら何が起こるかっていうとね、この集団はすぐ死滅します。なぜかというと、一〇〇〇回分裂したら、変異が一〇〇〇個入りますね。変異の多くは生物にとって有害ですから、一〇〇〇個も溜まれば、この集団は生きていけないことになります。つまり変異の閾値《いちき》が一を超えると死滅することになります。一回の分裂で、ゲノムに一個変異が入ったら危ないっていうことなんですね。じゃあわれわれはなんで生きてるのかってことになります。私たち人間は一世代に約七十個の変異が入ります。七十個ですよ、一個でも危ないっていうのに。七十個も変異が入って、われわれ生きているわけないじゃないですか。

最相　その変異というのは生殖細胞に入るんですか?

古澤　ええ。生殖細胞に入りますが、体細胞にも入ります。七十個なんて恐ろしいことです。そんなわけがないやないかと。これは前世期末から始まった集団遺伝学上の大疑

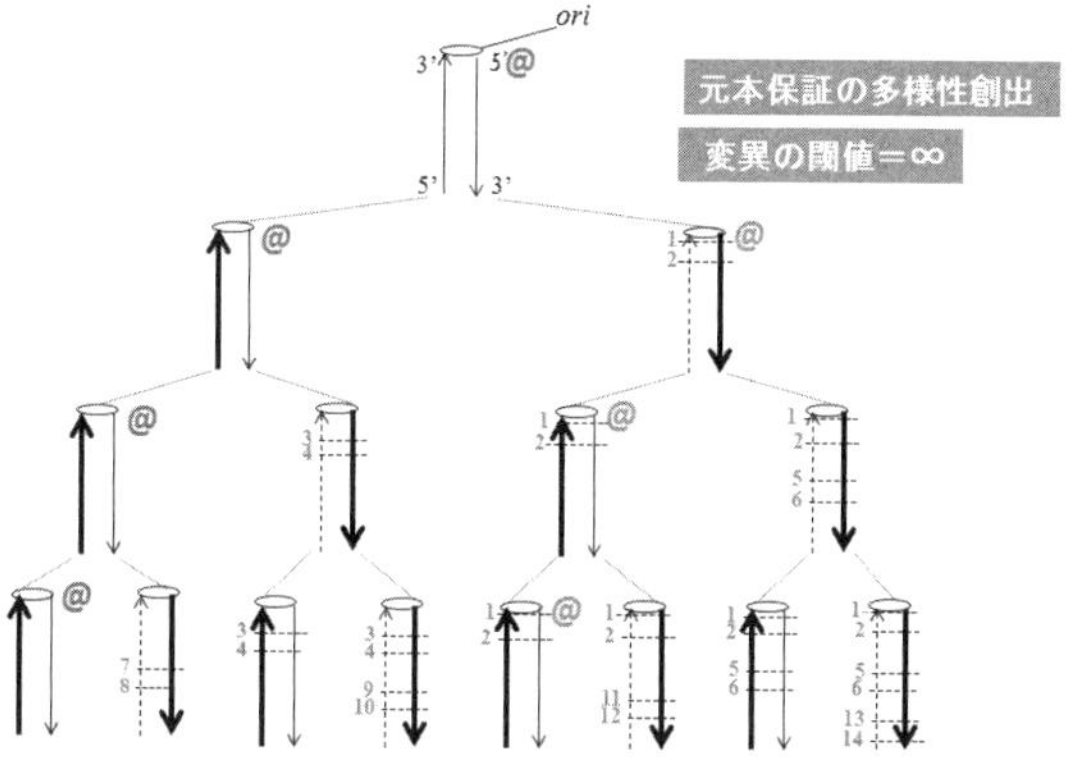

図３　DNAの家計図　不均衡モデル
（Furusawa & Doi, (1992) J.thore.Biol. 157, 127）

問だったわけです。この問題に私は一つの回答を与えたことになります。

私のモデルは簡単なことで、変異はトラクターの方にしか入らないと考える。図３をご覧ください。一回目の分裂を見てください。トラクターだけに変異が入ると考えていますから、片側だけに変異が二個入ります。なんで二個にしたかっていうと、均衡モデルと数を合わせただけです。三回分裂すると八匹の子どもができます。一組の二匹の子どもの片方には、それぞれの親と同じ変異をもったものが見事に残っていますね。図でいうと、何度分裂しても左側の子は全部親と同じものです。でも右側の列を見てください。これはある意味悲惨で、変異がどんどんと入ってくる。

つまり、不均衡の場合は同じ数だけ変異が入っても、僕の言葉でいえば、元本が保証されてるというわけです。証券会社にお金を預ける時に、元本を保証するといったらみんな飛びつきますよね。万が一損をしても元本保証してくれたら誰でも預けますよね。それを生物がやっているということになるわけです。これ、おわかりですよね。

このシステムがすごいのは、この図は複製ごとに一〇〇個の変異を入れても成り立つということとです。いい換えれば、いつまで経っても、たとえ一億年経っても同じものが存在するということ。つまり、シーラカンスは同じ形で今も存在しうるということです。生物界がこうなっていると考えれば、変異率なんか関係ない。一回の複製で変異が一〇〇〇個入ろうが一万個入ろうが、変異が不均衡である限り生物は死なないということです。これが私の進化説の基本コンセプトです。今までの議論はゲノムの複製単位での話ですが、ゲノム全体に拡張しても議論は成り立ちます。

真実はシンプル

最相　ご説明ありがとうございました。私は一九九九年にこの説を知って、これはすごいというか、真実というのはシンプルであるとよくいわれますけど、これほど根源的なところに私たちの美しくて単純なシステムがあったんだと大変びっくりして古澤先生に

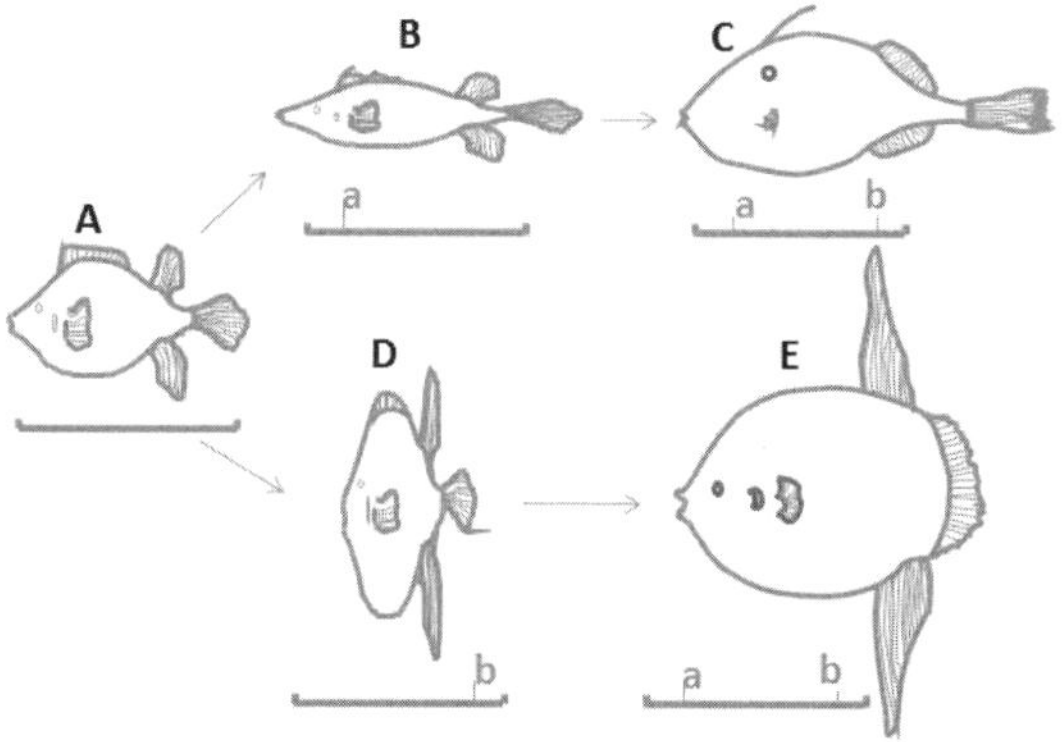

図４　突然変異の“歴史性”と形質との関係（思考実験）
（古澤滿『不均衡進化論』）

会いに行きました。それ以来、この進化説が実験によって次々証明されていく様子を拝見してきました。そんなわけで今日は、情報理論と進化説が関係することをご説明いただこうと思って、次のような図もお持ちいただいています。

古澤　この図４は頭の中で考えただけのロジックなんですけどね。そもそもなぜ僕が進化を促進したいと思ったか理由をいいますね。僕はもともと発生学者なんです。しかも形態学なんです。分子のことは何も知りません。ＤＮＡも触ったことがありません。でもそんなの何も関係ないです。発生をやろうと思うなら、ゲノム、あるいは遺伝子と形の関係が知りたいと誰でも思うわけですよ。ところが残念ながら今でも明快な答えはありません。なぜこのゲノムをもっていたら、たとえば大腸菌になるのか。もし、ここにものすごい量のＤＮＡのシーケンスのデータを見せられて、では、この生物はどんな格好していますかって聞かれても誰も答えられません。つまりゲノムを解析しても生物の形を説明する答えは出てこない。

それをどうやったら解決できるかと考えて、進化を加速することを思いついたのです。この図4は、単なる思考実験です。右端の現生の生物ＣとＥを見てください。両方とも突然変異ａ、ｂが入っています。つまり、ゲノムを調べたら同じなんですよね、だけど、この二つは形が全然違うでしょ。こういう奇妙なことがありうるということを今から説明します。

昔Ａという魚がいました。そこにａという変異が入りました。そしたらＢという魚になりました。これはどなたも了解できますよね。これノーといわれましたら、生物学が成り立たなくなるので了解してください。それで、今度は同じ魚Ａにｂという変異が入りました。すると、違う魚Ｄになりました。これもオッケーですよね。だけど次に、魚Ｂのゲノムに変異ｂが入り、さらに魚Ｄに変異ａが入ったら、どうなるのでしょう。こういうことは起こりえますよね。図に示すように、最終的にできた魚ＣとＥは同じゲノムをもっていますが形がまったく違う。つまりＣとＥでは変異が入る順番だけが違う。

どちらの変異が先に入るかというだけでまったく違う生物ができる。DNAの遺伝情報は情報理論に従います。情報理論の基本ですが、「初期値が違えば情報が同じでも答えは違う」ということです。ここでいう初期値はBとDの形態の違いです。情報ってそういうものです。CとEは両方とも遺伝子型は同じだから、ゲノム情報からだけでは形の差（種の差）は議論できないのです。なぜなら変異の歴史性を無視しているからです。

もっと現実的な話でいえば、オバマ大統領がドクトリンを発表する時に、今日発表するか、明日発表するかで世界の株価は全然違うということ。オバマ・ドクトリンという〝DNA情報〟が同じでも、今日の経済状況（初期値）か、明日の経済状況かによって世界の株式市場の反応はまったく違いますね。それと同じことが生物でも起きるはずです。この絵の意味するところはきわめて深遠、かつ深刻な問題を含んでいます。

以上の文脈がもし正しいとすれば、ゲノムを調べる研究の限界をまず知っていただきたいのです。これを克服するにはおそらく進化を加速するしかないんですよ。二本鎖のうちラギング鎖側に変異をたくさん入れて、違う形をもったものができるまで実験を続ける。その途中でDNAの情報と形の変化を調べていけばいいわけです。つまり進化を加速させたら、ゲノムと形の問題は解けるというのが僕の哲学です。

美しくなければ進化ではない

最相　現在のゲノム解析というのは、魚Cと魚Eを調べているわけですね。本来は魚Bと魚D、魚Aを調べなくてはいけないんですけども、現存しないから、CとEしか調べられない。つまり、過去に向けては研究できないのだから、古澤説の場合は、自分たちで実験的に進化をさせて変化を見るということですね。

古澤　そうです。じゃあそれが本当に進化なのかといえば、僕の答えははっきりしています。出てきた形が美しかったら、進化したといっていいと思う。つまりわれわれが生物を見て美しいと思うじゃないですか。そういう哲学（美学）でもない限り、永久に禅問答になる。現在の生物から類推して許せる範囲のものだったら、進化したといっていいかなと個人的には思います。

最相　このような実験を実際にやる中で、古澤先生はネオモルガン研究所というベンチャー企業を設立されました。現在のちとせ研究所ですが、平均年齢三十代半ばで非常に若い会社ですね。社員は何人ぐらいいらっしゃるんですか。

古澤　たぶんグループで七十人を超えてると思います。

最相　最初私がうかがった頃はまだ七、八人いらっしゃるかどうかというところでしたね。それが今では大手企業と組んで、次世代エネルギーの開発を目指して植物の藻を使った油を生産しようとしている。

古澤　陸水性の小さい藻なんですが、ガソリンを作るんです。藻の体重の半分ぐらいがガソリンです。ジェットエンジンにそのまま使えるといわれています。値段がまだまだ高くてリッター一〇〇〇円ぐらい。やっぱり一〇〇円台ぐらいまで落とさないとダメかなと。培養条件の工夫や、こういう進化加速化法などを組み合わせて生物を改良しているわけです。一般的に、進化の加速にはむずかしい理屈はないんですよ、不均衡変異体を培養して適当な選択圧をかけていればいいんです。変化した遺伝子がなんであろうがあまり詮索しない。結果が良ければその過程はあまり問わないというのが特徴です。

最相　さらにこの理論をくわしく知りたい人は、古澤先生の『不均衡進化論』を読んでいただければと思います。

やりたいことを頭の中に浮かべておく

最相　古澤先生は子どもの頃にトンボを見た時に感じた進化への問いをずっと貫いて研究を続けておられるわけですけど、最後に学生たちにメッセージをいただけませんか。

古澤　僕は生きたいように生きている気ままな人間なんですが、自分がやりたいことが決まったら、それを常に頭の中に浮かべておくことが大事なんやないかなと思っています。僕は進化の加速をやるって子どもの頃から決めていたわけですけど、それをずっと頭の中に思い描きながら生活するということ。先生に怒られても、野球やっててデッドボールくらっても、頭の中ではすぐにそこに戻ってくるようにしとかないといけない。

なんか発見してやろうと思って考えてもロクなことないです。天才はそんなこと平気でできるんでしょうけど、われわれ普通の人間は無理やりに、頭にいつも目標を描きながら生活するしかない。僕の場合は遊ばないと絶対ダメなんで、昼間のスポーツから夜の遊びまでめちゃくちゃがんばりました。今でもスキーとテニスは現役でやってるんですけどね。なんでそこまでやるかというと楽しいからですけど。でも、僕の場合、遊びと研究の切り替えが絶対に必要なのです。

最相　学会にもあまり、というか、ほとんど行かれないんですよね。

古澤　学会は五十歳くらいから一回も行ったことない。招待されたらもちろん行きますけど、自分からは行かない。バカにしているんじゃないですよ。おもしろい話を聞いたら、自分の考えがどこかいってしまうのが怖いんですよ。自分から聞きに行かなくても、いつか誰かが教えてくれる。世界に五、六人そういう友人がいて、古澤くん、この論文読んだか、というメールが来る。それで今までやってきたんです。そういうチェックポイントがなかったら怖いことは怖いですね。

最相　短い時間でしたけど、今日みなさんにお話しいただいて、すごくよかったと思ってます。どうもありがとうございました。

古澤　ご清聴ありがとうございました。（拍手）

＊講義終了後に学生から寄せられた質問に、古澤先生が回答してくださいました。以下に紹介します。

①進化した生物が今までに見たこともない形態だったら、それは進化したものか見極められますか？

講義でも申し上げたように、その生物の外観が美しければ進化したと考えます。日頃見かける生物は美しいです。イボイノシシ、オキノテズルモズル、ムカデだって美しいです。私が見て異常で醜悪なものは、やはり進化ではなくて異常個体とみなします。要はここまで来ると美学の問題です。生物学的には、新しい生物はお互いに交配可能で、もとの親種とは交配不可能になるという条件を満たす必要があります。

②ダーウィンは均衡モデルを提唱しているのですか？

ダーウィンの時代には遺伝子の概念はなく、DNAもわかっていませんでした。同時代にメンデルは遺伝子の概念を提唱していましたがダーウィンはその論文を読んでいなかったといわれています。当時は遺伝、変異体という概念はありましたが、均衡モデルという概念は存在しません。その後、私が不均衡モデルを提唱するまで、連続鎖／不連続鎖間の変異の差を明確に進化と関連付けて議論した論文はありません。つまり、それは誰もが均衡モデルを信じて疑わなかったということです。

③生きている生物を使った進化の加速実験って生命倫理に反しないのですか？

生命倫理とはいったい何なのでしょう。ある種の宗教（たとえばキリスト教の一派）では進化そのものを認めていませんので、ましてや〝進化の加速実験〟は神を冒瀆するものとみなす方もおられるでしょう。ところで、交配で雑種を作るのは生命倫理に反しないのでしょうか？　交配実験は遺伝子操作と違って、二種類のゲノムを丸ごと混ぜ合わす行為ですから、まさに自然の原理に反するといえませんか？　野菜や家畜、ペットはみな交配実験による試行錯誤の結果です。

私は進化の機構は全生物に共通なメカニズムでしかも単純な機構と考えています。そうでないと、一種類のバクテリアから、かくも見事な生物界を創り上げることは不可能であったでしょう。主としてラギング鎖合成に働くポリメラーゼδ《デルタ》の校正活性部分の一、二個のアミノ酸を変えることで進化速度が調節できるというのが不均衡進化論の骨子です。つまり、交配よりも明らかに自然の法則に沿った進化の加速実験だと思っています。だからといって、進化の加速実験の倫理性の質問には少しも回答になっていませんが。この問題は私の一生の課題です。

（最相より補足。私自身、古澤先生の説明にすべて納得しているというわけではないのですが、このように議論をいとわない先生の姿勢に心から敬意を表しております。）

④太古の昔では昆虫や恐竜などが現代と比べると巨大です。つまり進化するにつれて小さくなっています。これから先、人間は小さく進化すると思いますか？　小さくなればエネルギー問題や食糧問題が少しばかりは克服できると思います。

普通、生物は体が大きくなると体重に対する体の表面積の比が小さくなるので、個体あたりの相対的な消費エネルギーが少なくなるとされています。したがって、動物では象やホッキョクグマのように大型化しています。もちろん、種を構成する個体の数が増えるとたくさんの食糧を必要としますから、有限な食糧を考えると問題はそう簡単ではありません。さてヒトは小さく進化するかという問題ですが、答えるのは極めて困難です。今の私には答えることはできません。太古の生物が巨大なのは、ニッチェ（生態学的隙間）が大きかったので食糧が有り余っていたという説明もあります。

⑤変異する、しないはどのように決めているのですか？

変異するかしないかは、生物は決められません。変異はＤＮＡの構成要素である塩基の互変異体（量子化学的な現象）の存在に依存します。互変異体が生ずる原因は塩基内のプロトンの移動で誰も止めることができません。互変異体は、Ａ：Ｔ、Ｇ：Ｃの塩基の対形成のルールを壊し（たとえばＣ：Ａ）、変異の原因となります。生物ができることは変異の修復です。変異の度が過ぎると修復作業が追いつかず変異として残ります。

なお、不均衡変異理論はＤＮＡの複製でできる二つの子の変異率が違うことを主張しています。これも生物ができることの一つです。ロールスロイスとトラクターの変異率の差が大きいほど進化のスピードが速くなることはわかっています。放射線や化学物質も変異原となりますが、これらは生物にはどうしようもありません。もちろん修復することは可能ですが、これらの変異原が進化に貢献することはほとんどありません。塩基レベルの変化以外に、染色体レベルの変化や交叉《こうさ》が進化に貢献することはよく知られた事実です。

7 実践ショートショート　星新一と要素分解共鳴結合

ゲスト　江坂遊

おはようございます。本日、ゲストにお招きしているのは、ショートショート作家の江坂遊《えさかゆう》さんです。星新一が生前唯一自分の弟子と認めた方で、本業はシステムエンジニアを長くやっておられました。二足のわらじというか、どうやって仕事と作家業のバランスをとっておられたのかという話なども最後の方でうかがいたいと思ってます。

私が星新一の評伝を書くにあたって遺品整理をしている時、ちっちゃなメモがたくさん見つかりました（拙著『星新一　一〇〇一話をつくった人』参照）。創作のためのアイデアメモだったと思いますが、その紙にどんなことが書かれていたのか。大量にあるメモの中の抜粋ですが、いくつか読んでみますね。

「流水のくさらぬわけ」「ケッコンは人生の酒場」「ネゴトで話しますから少し待ってください」「みしらぬ人たちからすごい親切にされる」「大学入試ホケツ入学」「ある休日の午後」「ユーレイヤシキ」「キケン地区」「マンション一階」「その気になればその病気

にきく物質が体内で合成される」『銃の流体力学的解法」『TV局のハプニングカメラ」『金持ち女とケッコン、実はケチ女」「全人種キオクソーシツ」「インスタントカミサマ」「消音生物」「需要あればなんでも発生企業」「振り向くたびに景色が変わる」「アリバイホテル」……。意味がよくわからないけど、なんだかおもしろそうという気がしませんか。

星新一は、こんなことをメモしていた理由を『できそこない博物館』という本に書いていまして、次のようにいってます。「アイデアとは異質なものを結びつけるところから発生する」。「大変なのは異様なシチュエーション。それができれば、ストーリーはなんとかなる」。「異様な出だし。この段階が最も苦しい。無から有を取り出すのだから、当然だろう。しかし、なにかしら出てくるのだから、ふしぎである。どうなっているのか、説明しようがない」。

どうしたら他にないものを発想できるか

先日みなさんに、「私ならドローンをこう使う」という課題を出しました。そんな時は、自分が思い浮かぶことはだいたい、人も考えていると思った方がいい。じゃあどうしたら他にないものを発想できるか。やはり視点をどこか別のところに飛ばしてあげることが大切なんですね。星新一の創作法というのは単に物語作りのテクニックということだけではなくて、みなさんがこれから何かを発明・発見するかもしれないという状況に立った時に、ぜひ実践してみてほしい方法でもあるんです。それ以前に役に立つものですので、今日はぜひ江坂さんに解説していただきたいと思いました。江坂さんが名付けた「要素分解共鳴結合」という創作秘法です。

その前に江坂遊さんのプロフィールを紹介しましょう。江坂さんは一九五三年、大阪府生まれ。早稲田大学出身で、大手システムインテグレータのシステムエンジニアとしてIT産業の草創期のシステム基盤構築に尽力されました。本業の仕事としては発電所基幹重点システムの開発、サイバーモールの設計構築運用、「ファンタージエン」という電子商店街、のちのアマゾンとか楽天などに発展するようなサイバーモールの先駆け、草創期のネットショップの基盤作りなどをされました。

一方、作家としてのプロフィールですが、一九八〇年に「花火」という作品で星新一ショートショートコンテスト最優秀賞を受賞して、星さんに高く評価されました。二〇〇五年頃だったと思いますが、私が星新一の評伝を書いた時にお弟子さんということでお話をうかがったんですけども、その時点で、毎週一本ずつ携帯電話のショートショートのサイトに作品をアップロードされていました。これはすごいことなんです、毎週一本ショートショートを書くっていうのは。一見誰でも書けそうな感じがするんですけど、もしかすると誰でも二本くらいは書けるかもしれませんけども、それ以上に書き続けるっていうのはやっぱり大変なことなんですね。これは私が多くの作家さんにインタビューした時におっしゃっていたことで、司馬遼太郎も「短編小説を書くというのは、空気を絞って水を滴らすほどのエネルギーがいる」といってます。

星さんは文明批評的であるとか、ちょっと虚無的な作品を書いているんですけど、江坂さんの方は、大阪弁が多いということもあるからでしょうか、庶民的で、生活臭いものであるとか、掛け合い漫才風であるとか、日本昔話風であるとか、怪談風であるとか、本当にいろんな作品があります。星新一は自分の亜流はいらないといってましたので、だからこそ江坂さんという才能を見出されたのかなと思っております。

二〇〇七年に江坂さんから年賀状をいただいた時に「七四五編」書いたとおっしゃってましたけど、今は何編……（江坂「一一一二」です）、一一一二、すごい、星さんを抜いたんですね、これはすごいことだと思います。お仕事をされながらこれだけの作品を生み出されたというのは本当にすばらしいことです。それでは、ご本人に登壇していただきます、江坂遊さんです。（拍手）

江坂劇場はじまりはじまり

江坂　関西弁なのでお聞き苦しいところがあると思いますが、許してください。勉強した東京弁も交えてお話をしたいと思います。今日はですね、何人かみなさんからもお話を訊きたいと思いますので、プレゼントを用意してきました。

では改めまして、ご紹介にあずかりました江坂遊と申します。「ええ作家」は「遊」んで暮らせると思ってこの名前を付けたんですが、現実的には別に仕事を持っていなければ食べていけない「えせ作家」です。学生時代、あまり勉強してませんでした。それでみなさんには、「勉強しろよ」とはなかなかいえないんですけどね、まあ大学時代の勉強を社会人になってから取り返す、社会人になってから勉強させられたので、世の中うまい具合になっています。

今日は星さんの秘伝、奥義を紹介しなさいということなので、さっさと本題に入っていきたいと思います。「要素分解共鳴結合」といいますが、要するに、要素を分解して、共鳴する物を結びつけちゃう。それだけの話です。今日のお話はこの一点。おもしろい話とはつながりそうにないものが、うまくつながっていたということなので、いかに二つの項目を設定しそれをつなげるのかというお話です。

友だち同士で、こいつおもしろいやつだなっていう人は、たいてい「たとえ話」がおもしろい人ですね。とんでもないたとえ話を持ってきて、その見立て方がうまく本質をとらえていると絶賛を浴びる。

実はショートショートの根源的な問いかけというのは、「それは何なんだ？　それらはどういうふうにリンクしているんだ？」というものですが、苦労しそうな二項を任意に設定し、そのつながりを何としてでも見つけるというのが、ショートショート創作の一番単純なお作法なんですね。それだけですからちょっと放り投げたところがある。当たり前でいい換えただけのつまらない奥義といえなくもないですね。秘伝っていうのはそんなもんだと思います。マジックの種も聞いてみればそんなもんだったんだということと多いでしょ。同じですね、物語創作も。

星さんも、そもそもアイデア捻出の原則は一つしかない。異質なもの同士を結びつけよ、である。これだけですから。さて、先ほど最相さんからご説明があったメモに書かれたものは、不思議なことが連なったワードでしたね。そういうワードを作るのに星さんはどんなことをやっておられたかというと、結びつきそうにない二つのものを設定して、苦労しながら何とか結びつける、これをやっておられたのです。どうして結びつけられたかまで語っておられない、それはあくまで著書ではということですが。

もうちょっと今日は親切に説明をしていくつもりですからご安心ください。

さて、銀座で飲みながら星さんとお話をしています。私が知ってる星さんと、作家の新井素子《あらいもとこ》さんが知ってる星さんは別人、アバターだったようです、どうやらね。というのも私は酔っ払っておかしな話を連発される姿しか知らないのですから。

星さんのアバターはこういうこともおっしゃっていました。

「まず、ものにこだわることです。異質なものを見つける。これを結びつけるためにものをそれぞれ要素分解していく。おかしなものですな、全然ちがうものなのに似た部分や関連したつながりが見えてくるようになる。もっとも共鳴しあってくれるまで止めないからなんだが」

まず、ものにこだわれといわれています。異質なものを見つける。遠いものを結びつけなさいと。大喜利《おおぎり》などでむずかしいお題をいくつかいただいて即興で作るお噺《はなし》と同じです。演者は結びつけるためにまず、ものを要素に分解していく。切り刻んでいく。もの、オブジェクトにはいろんなものが絡まっているから、それを解きほぐしていく作業をしていきます。すると、全然違うものなのに、似た部分や関連したつながりが見えてくるようになる。

もっとも、一番大事なのはここですね。「共鳴しあってくれるまで止めないからなんだが」。これは二つの項目の間にちゃんとした結びつきができるまで、それをやめちゃいかん、ということをおっしゃっているんですね。一番大事なのはこれかもしれない。

実践・要素分解共鳴結合

江坂　じゃあですね、どんなふうに結びつけるんだという実験をみなさんと一緒にやってみたいと思います。たとえば、望遠鏡という言葉を分解すると、「遠くが見える」「筒」というふうになります。炊飯器だと、「早く炊ける」「釜」ですね。じゃあせっかくだからやってみましょうか。テレビは、何々足す何々と分解できるでしょう。えー、どなたか勇気のある方は手を挙げてみましょう。だいたい手は挙がらないんだよね。こういう時は、真ん中より左側の人を当てることになってるんです。だいたいこのあたりに優秀な人たちが並んでるんじゃないかと思うんですけど、二番目の列の、なんで一番目じゃないんだって顔してますけど、答えてくれそうだったので（笑）。テレビというのは何々足す何々、分解してみてください。

学生A　えーっと、「動く」「画面」。

江坂　いいじゃない。まあそのまんまだけどね（笑）。どうですか。次は、あなた。当たらないと思ったでしょう（笑）。今日一番最高のプレゼントをあげます。星さんが書かれた「ボッコちゃん」の生原稿を絵葉書にしたやつ。

学生B　「情報を伝える」「箱」。

江坂　テレビは情報満載の箱ですね。ありがとう。おめでとうございます。えーと、どんどんいきましょう。私の答えは古臭いのですが、テレビといえば「電気」足す「紙芝居」というようなものです。紙芝居ってみなさん知らないかもしれないけどね。

次、スマホいきましょうか。「賢い」「電話」かな。でも、スマートフォンそのままだよね。こんなふうに分解できるということは、逆に分解された要素からものを作ればいいってことにもなる。思いがけない言葉の組み合わせを考えれば、この世にまだない発明品ができるというわけです。小説も同じなんですね。つまり逆転の発想です。

えーと、じゃあやってみましょうか。また当てていいですか。組み換えA表を見てください。

たとえば、「タイムマシン」「玉手箱」とか、「洗う」「トイレ」とかね。「かがやく」「目」とか「非接触型」の「カード」とか。これ並べるだけです。思いついた単語を二列にして記入していけばいいでしょう。トリビアですが、書棚にある短編集の目次から抜いていくと手っ取り早いでしょう。言葉やものの要素を分解して書きだしておき、今度はそれをたすき掛けで読み上げていきます。たとえば「タイムマシン」「トイレ」とかですね、きっとトイレに入った瞬間に江戸時代とか行っちゃうんだろうね。うかうか物思いにふ

新鮮なアイデア（発明品）を考える　　要素分解共鳴結合

組み換えA表
（かざり言葉とモノをとりかえてふつうではない、ありえない組みあわせをつくろう）

A1	タイムマシン	B1	玉手箱	A8	未来	B8	カー
A2	洗う	B2	トイレ	A9	電気	B9	紙芝居
A3	かがやく	B3	目	A10	かしこい	B10	電話
A4	欠けた	B4	月	A11	マイ	B11	国家
A5	非接触型	B5	カード	A12	地球から来た	B12	男
A6	ネット	B6	吸血鬼	A13	小さな物語の	B13	つくり方
A7	クラウド	B7	悪魔	A14	動物	B14	農場
A15	モバイル	B15	エイリアン	A18	二つの	B18	かげ
A16	ウェアラブル	B16	コンピュータ	A19	ギザギザの	B19	かぎざき
A17	ナノ	B17	チューブ	A20	大阪港の	B20	観覧車

組み換えA表　© 江坂遊（以下同）

けってられない（笑）。出だしができれば、とんでもないお話が書けそうでしょ。こういった形でちょっとありえない組み合わせ、常識ではありえない組み合わせというのを考えてもらいたい、と思っています。

ここでみなさんに、また質問ということになります。ちょっと時間を差し上げますので、自分で小説に書けそうな、ありえない組み合わせを作ってみてください。できれば手を挙げていただけますでしょうか。これは小説になるんじゃないか、ショートショートとして書けるんじゃないかってね。（最前列の学生を当てて）ということで、ご縁があるね、一番前に座ったら当たるよって思うよね。えー、どうでしょう。

学生C　「ナノ」「男」みたいな……（笑）。

江坂　ちっちゃい男なんだね、なるほど。これどうしておもしろい話になりそうだと思ったの？

学生C　なんか、普通はそんな人いるわけないけど、みたいな。ありえないからなんかおもしろくなりそうかなー、みたいな感じです。

江坂　おもしろいよね。ありがとうございます。みなさんいろいろ考えてみたと思うんですね。「ウェアラブル」「カー」とかね。車を着ようとかね。そしたら靴のあたりにタイヤかなんかついてて歩きやすいのかもしれないし、パッと着たらこの袖あたりにタイヤが出るのかもしれないけど。「ウェアラブル」「トイレ」とかどうなってるんでしょうね。高齢化社会にはこういうのが必要かもしれない、というような話ですね（爆笑）。「ギザギザの」「かげ」とかね。「タイムマシン」「観覧車」、おーっと、「タイムマシン」「観覧車」ですね。えーと、みなさんに事前にお配りしたとんでもないお話は、実はこの「タイムマシン」「観覧車」、観覧車がタイムマシンだったらどうだろうというお話を書いたものです。（「高層階にて」Ｐ２０９に掲載）

みなさん、画廊とか美術館に行かれると思います。今、東京でルネ・マグリット展をやってますが、絵というのは、二次元のものを三次元にいる私たちが覗き込んで、おもしろいとか変わってるとかって評価するんですね。一方、小説っていうのは、点のつながりという意味で一次元の世界です。

まあ、もちろんいろんな次数のカウントの仕方がありますが、荒っぽいカウントをすると、私たちの記憶というのは左脳の中で一次元の論理的な組み合わせを行いながら、右脳の二次元の映像的なものを合わせて、左脳と右脳で三次元のものを認識してるんじゃないでしょうか。一次元と二次元、一足す二は三という単純な計算です。

アイデアは明後日から取ってくる

江坂　この図1をご覧ください。お父さんは左脳的で、突き詰めて論理的に考える。で、お母さんは結構感情的なんですね。そういう一般化した言い方をすると女性から非難を買いそうですけども、これは仮の見立て図式ですからね。絵画的であり、右脳的なイメージを非常に摑《つか》んでもらえる世界です。で、お父さんとお母さんを掛け合わせて良いもの同士を取ると、次元の数値が上がってみなさんが生まれるわけですね。

中学の時、早稲田出身の先生が高山岩男の『弁証法入門』という本を奨めてくれました。私にとって人生を変える一冊です。人生を変えたのは星新一じゃないのかといわれますけど、まあこういうのもあるんです。「弁証法の論理は矛盾こそ万有の真相であり、万有は自己自身の中に矛盾を含んでいるからこそ動く」。つまり相対するものをぶつけ

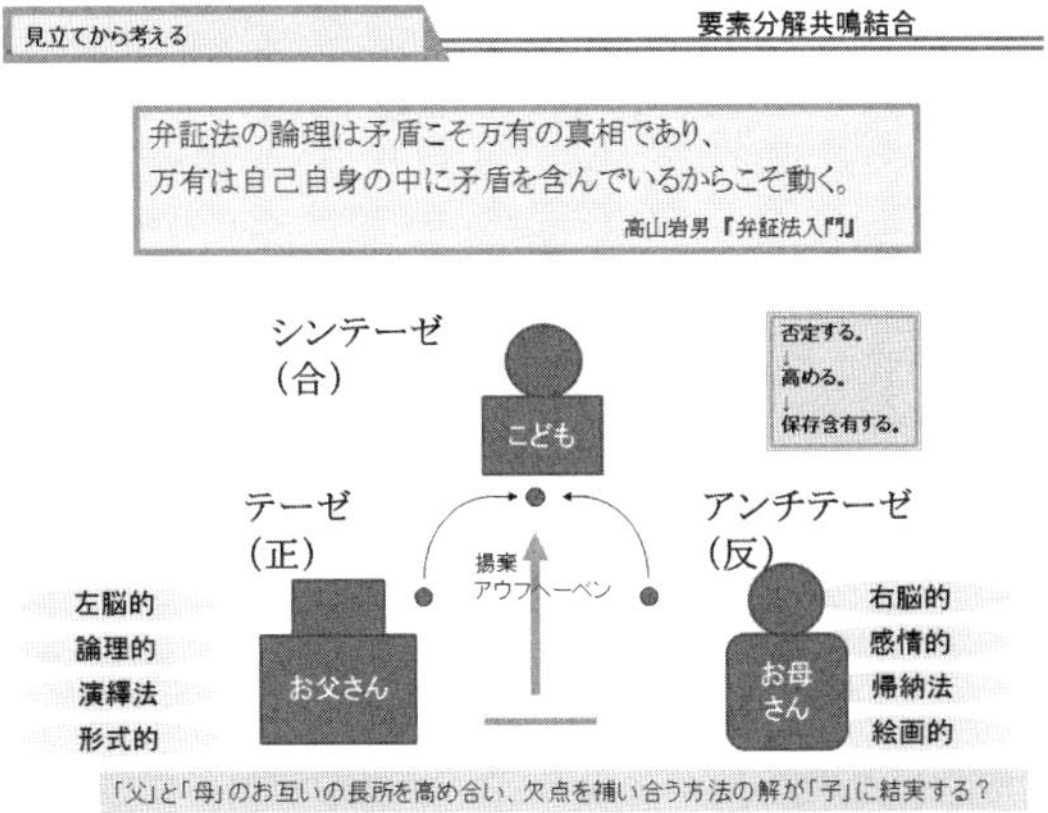

図1　見立てから考える

ると、一次から二次へといった具合に次数が上がって次の次元、上の位層から見えるということなんですね。

何がいいたいかというと、SF作家はこういうふうに矛盾したものを衝突させて、いわば夫婦喧嘩させて、次数が上がった世界を導きだし、それを起点にして物語を書こうとしているということなんです。発明とか発見とか、偶然できるもののように思われますけど、それは違うんじゃないか、こんな努力をしていると、四次元や五次元から星さんがこんなアイデアはどうだと教えてくれるのではないか、そんなふうに私はとらえています。言い方を換えれば、われわれの世界というのは星新一の頭の中にまだあるのではないか、だって、新しい話ってこの世にないんだから。この次元にないものだから、明後日の世界から取ってこないとダメなんです。そのためには、このように次数を上げるというようなことを考える。上の位層から眺めると新しいものができるというのはこういうことではないか、と考えている次第です。

まとめると単純です。こちらの図2を見てください。「A」という項目がある。「あ」という項目がある。これをバーッと分解していく、塊には文化とか歴史とか分解しにくいものもついていますが。思い切ってナタをふるってください。対立している項目やものをじっくり眺め、似ている点や違っている点を分解していくとハッとするひらめきの瞬間が訪れる。それを頭の中でやっていくのが出発点なんですね。これが瞬時に出てくるというのは教養があるということです。本を読むのは非常に大事なことだと思います。本を読むと、いち早くこういう類似点や相違点が浮かび上がってくる。

さて、ショートショートの定義は「短い」ということに過ぎないんですけど、もう少し丁寧に定義をすると四つあるんです。三つじゃないんです、四つです。一つは、頭の部分、新鮮なアイデア。ガブッと初めに嚙《か》んでおいしいなというような新鮮なアイデア。みなさんに先ほどやっていただいたステップですね。そして二つ目は、完全なプロット。起承転結の承と転が合わさったもの、あるいは転と結の部分が合わさったもの、いわば

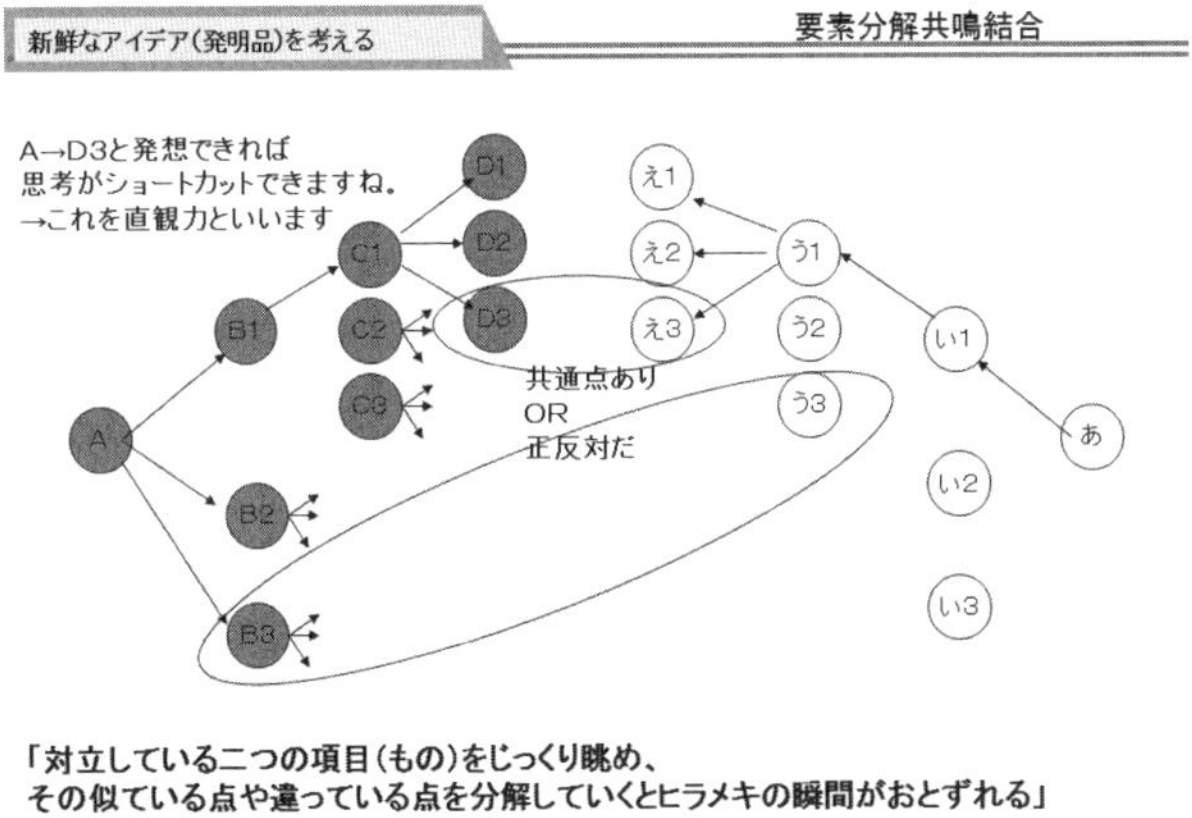
新鮮なアイデア(発明品)を考える
要素分解共鳴結合
A→D3と発想できれば
思考がショートカットできますね。
→これを直観力といいます
A
B1
B2
B3
C1
C2
C3
D1
D2
D3
え1
え2
え3
う1
う2
う3
い1
い2
い3
あ
共通点あり
OR
正反対だ
「対立している二つの項目(もの)をじっくり眺め、
その似ている点や違っている点を分解していくとヒラメキの瞬間がおとずれる」

図2　新鮮なアイデアを考える

胴体部分です。そして三つ目が、尾っぽの部分。意外な結末です。サプライズドエンディング。鯛焼きの尾っぽまでアンコが詰まっていればとてもうれしいものです(笑)。四つ目はピカッと光る人間の生き方をちらっと見せるということ。これが実は表現力ということですね。これが欠けていると「人間を描けていない」といわれる。ショートショートがよく非難される部分ですし、この文芸ジャンルが低く見られがちな要素でもあります。ざっくり並べてみると、四つとも全部むずかしそうですね。でも、この物語構造だけで楽しく読ませるのですから挑戦しがいがあると受け止めてください。

私、システムエンジニアを長くやってい

ました。後輩たちを指導してきて感じたことですが、「ちょっと操作マニュアル作ってみろ」といって書かせると、決まって「源氏物語」を書いてきますね。文章が異常に長いのです。途中で主語が変わっているので、世界に冠たる源氏物語と同じです（笑）。しかしこれ読めるか？　ということなんですね。全部書かない方がいい。隠した方がいいんですよ。都合のいいところだけ抜き出して混乱しない流れとしてわかりやすく書くということが大事なポイントですね。私の講義のように書いてはいけない（笑）。ショートショートはそぎ落とす文芸ジャンルなんです。費用対効果がなぜ悪いのかというのはこれでよくわかる。原稿料は枚数換算だからです。

星さんのコンテストで育った私たち門下生は、道場や教室を開いて後進の作家を育てようとしています。私たちがやっているワークショップではムチャブリをする先生を一人、生徒六人から八人テーブルに配置してやります。「それどうしたんだ」、「なぜなんだ」というきつい質問で追いつめて、みなさんにもやっていただいたように、普通ありえない言葉の組み合わせを作ってもらいます（図3）。ひらめきを起こすにはムチャブリが、一番効果が出ます。締め切り前の作家や、試験前のみなさんみたいなものです（笑）。このステップだけで物語を作ってしまう生徒も数多く出てきます。

次に、連想ジャンプと呼んでますけれども、つながりそうにないものがつながってい

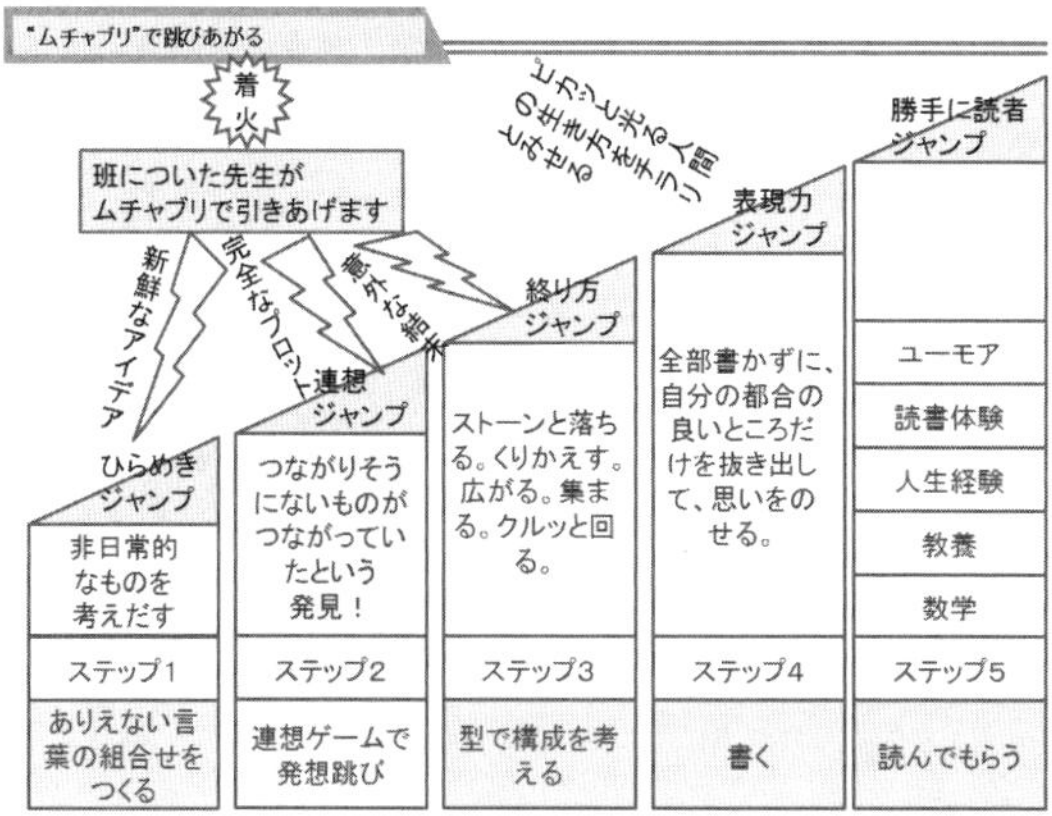

図3　“ムチャブリ”で跳びあがる

たという発見をしてもらう。そして、最後にストーンと落ちる終わり方を考える。そして書く。こういったことをだいたい二時間半から三時間のコースでやっています。

じゃあこの図4の、「連想マインドマップ」とはどういうことなのかを説明します。

みなさんにお配りしていた「高層階にて」を思い出してください。あの作品は先ほどの「タイムマシン＋観覧車」という組み合わせワードから始めました。ここのキーポイントは、二つを連結した「タイムマシン観覧車」という言葉から連想するというやり方です。片方だけで連想していってもかまわないんですけど、塊として似ているものは何か、違うものは何か、自分で課題を書き込みながら連想していきます。

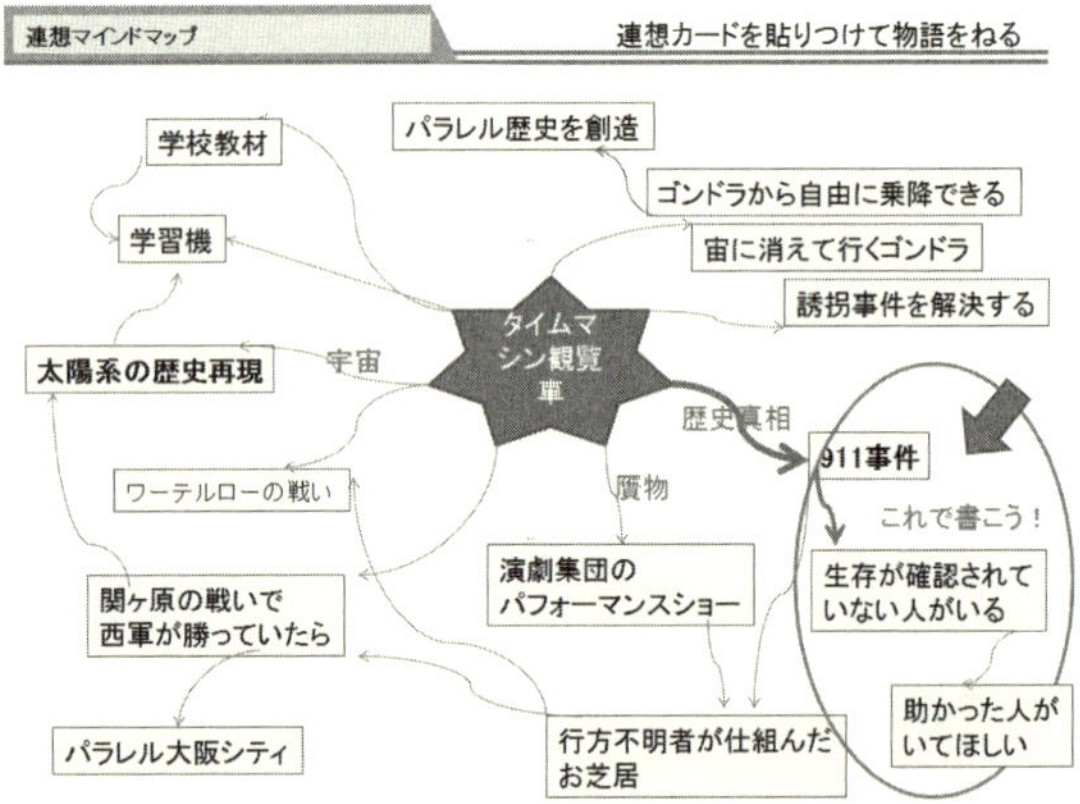

図４　連想マインドマップ

「高層階にて」であれば、九・一一アメリカ同時多発テロ事件で、遺体が確認されてない人たちがたくさんいますよね。その人たちは助かっているのではないか、助けたいなあ、助かった人がいてほしいなという思いから、じゃあタイムマシンでほかの時代に逃げられれば彼や彼女を助けることができるのではないか……。そんなふうにタイムマシンと観覧車の結びつきから連想して試行錯誤しながら小説にしていきました。

　ショートショートは数が大事なんです。たくさん書いているとその中からいいものが書けます。アイデアはもっといいものができれば捨てていけばいいんです。先ほどもいいましたけど、ショートショートはそぎ落としていく文学形式なんですね。こんなんで小説がほんま書けるのか、という疑いの目はあると思いますが、いっぺんやってみてください。実はうんうん苦しみながらも、できた時の爽快感は格別です。

人間は何をおもしろがるか

江坂　お話というのは、ガーッと上がってストーンと落ちるとか、噴き出していく型とか吸い込み型とか、オチにある種のパターン、型というものがあるんです。歌舞伎や能にも全部型がありますよね。だからショートショートも、型を勉強すればおもしろい話が書けるのではないかと私は思っているんです（図5）。

ある用事で星さんと銀座で飲んでいたら、こんな質問をされたんです。「人間は何をおもしろがるんでしょうね」。根源的な問い掛けですね。こういうのが一番たちが悪い。何がおもしろいのか。そこで私は、苦し紛れに「遊園地にある」と答えたんです。「フワッと舞い上がる、ストンと落ちる、クルリと回る。非日常的な体験、思いもかけない体の動きで、おもしろがらされている」と。めっちゃほめられました。その前日、後楽園遊園地でジェットコースターと観覧車を見かけていたからそういっただけなんですけど、えらく喜んでくださった。

その時に星さん、グラスとコースターをお持ちになって、パッと私たちのテーブルの

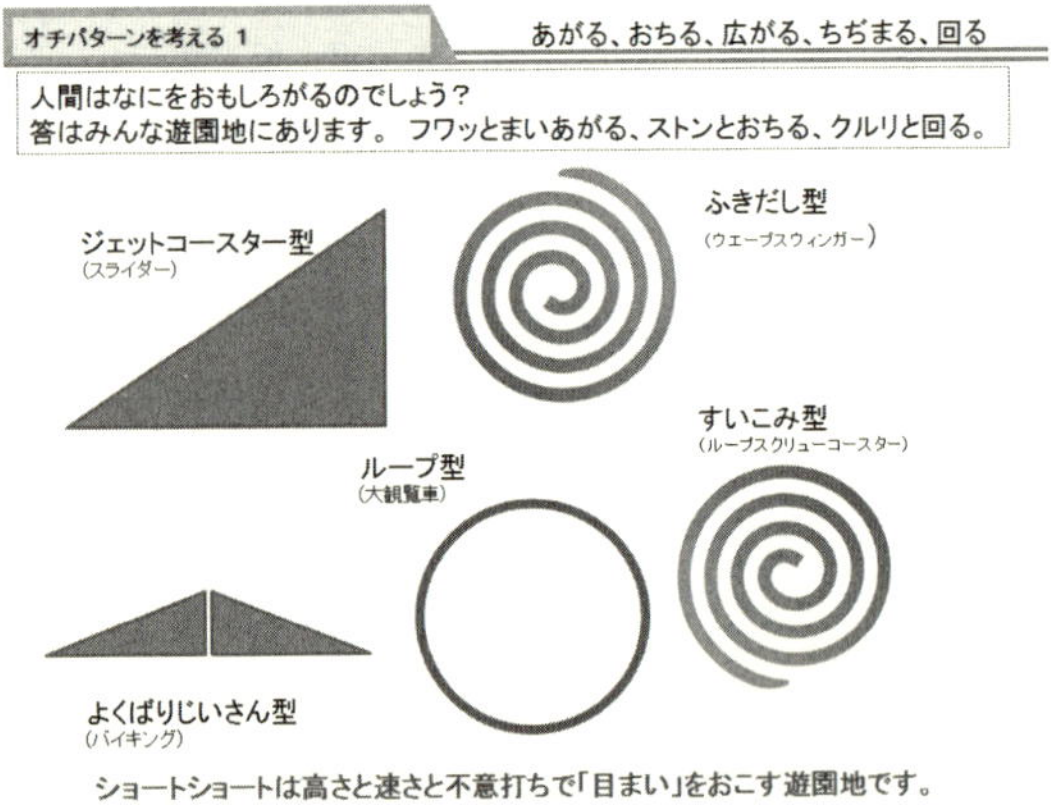
オチパターンを考える 1
あがる、おちる、広がる、ちぢまる、回る
人間はなにをおもしろがるのでしょう?
答はみんな遊園地にあります。 フワッとまいあがる、ストンとおちる、クルリと回る。
ジェットコースター型
(スライダー)
ふきだし型
(ウェーブスウィンガー)
すいこみ型
(ループスクリューコースター)
ループ型
(大観覧車)
よくばりじいさん型
(バイキング)
ショートショートは高さと速さと不意打ちで「目まい」をおこす遊園地です。

図5　オチパターンを考える　1

上に置かれたんです。で、グラスとコースターを結びつけてみなさいっていきなり質問された。ちょっと戸惑うでしょ、みなさん。その時に私はですね、要求されているお題話を作らず、こういうふうに実際に結びつけたんです。グラスの縁に人差し指を当て、その指をずらしながら円を描いて吹きだすように回しながら、コースターに到達させたんです。すると星さんはこんなことしはったんです。グラスからすぐにコースターの周りに移動し、その円軌動を絞りながら、ツーッとコースターに着地させはったんです。それを見て私は、それがありならこういうのもあるよなと考えたわけです。グラスからジェットコースターのように上に登り、あるところでカクンと落ち

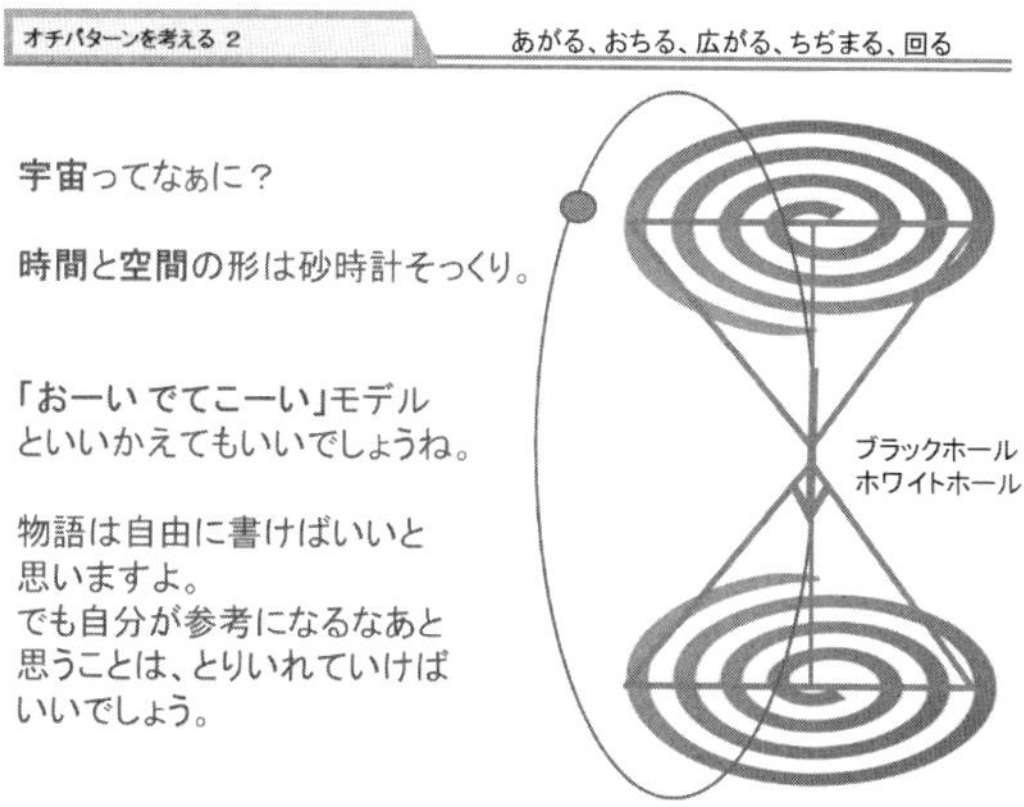
オチパターンを考える 2
あがる、おちる、広がる、ちぢまる、回る
宇宙ってなぁに？
時間と空間の形は砂時計そっくり。
「おーい でてこーい」モデル
といいかえてもいいでしょうね。
物語は自由に書けばいいと
思いますよ。
でも自分が参考になるなあと
思うことは、とりいれていけば
いいでしょう。
ブラックホール
ホワイトホール

図6　オチパターンを考える　2

てコースターに、こうも行けるか、ひょっとしたらこう飛ばしても美しいのでは、とかですね、こういうことをして二点を結びつけて遊んでいたんです。

今から考えると、その時、「これって星さんの小説のパターンだ」と膝を打たなければいけなかったんでしょうね。「おーいでてこーい」っていう話を読まれたことがあるかどうかわかりませんけど、穴を掘って、そこら中のゴミや原子力の廃棄物を入れると、上から降ってきたという不思議な物語なんです。これは、くるっと回っていますね。専門外なんでいい加減なことといいますが、穴を掘ったら上から降ってきたっていうのはひょっとしたら宇宙モデルじゃないかと（図6）。

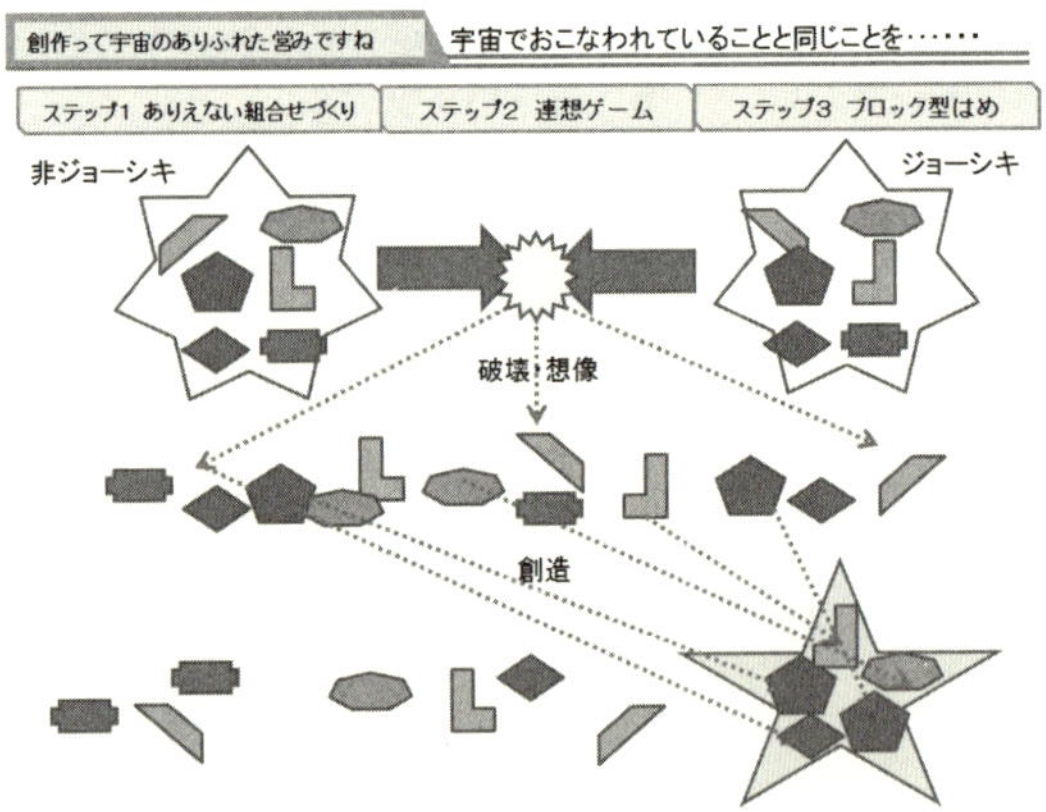

創作って宇宙のありふれた営みですね
宇宙でおこなわれていることと同じことを……
ステップ1 ありえない組合せづくり
ステップ2 連想ゲーム
ステップ3 ブロック型はめ
非ジョーシキ
ジョーシキ
破壊・想像
創造

図７　創作は宇宙のありふれた営み

ガーンと落ちる、広がる、縮まる、回る、こういったことが時間と空間を超越した宇宙ではダイナミックに起こっているんじゃないか。つまり、星さんは、宇宙で起こっていることを小説の創作行為の中で再現されていたんじゃないかと。常識と非常識をぶつけて、破壊しバラバラにし、ある型に嵌《は》め込んで新しいものを作る（図７）。要素分解・共鳴・結合というのはこういうお話だったということになります。よろしいでしょうか。ショートショートの話なのに長くなりましたが以上です。

落語とプログラム大好き少年

最相　ありがとうございました。笑いが止まりませんでした。このまま授業をやっていただきたい気持ちです。

えーと、いくつか質問させていただきたいんですけど、これまでのお話から要素分解共鳴結合という方法を習得して新規のアイデアが思い浮かんだとしても、それを一つの物語として構築していくというのは、また次元が違う話なのかなと思うんですけどいかがですか。

江坂　非常にむずかしい質問ですが、着想があれば、よりよいアイデアの生かし方が生まれると思いますね。先ほどショートショートはそぎ落とす文学だという話をしました。非常に短くて、原稿用紙でいうと十枚から二十枚くらいのものなんです。それを何本も書くんです。何本も捨てるんです。星さんも一〇〇一編お作りになったといわれますけど、二〇〇〇、三〇〇〇と書いておられるんです。その中で編集者にお渡しできるものが一〇〇一編ということなんですよ。

最相　たくさん書いて、たくさん捨てる。ショートショートは量というのはそういうことなのですね。江坂さんは高校生くらいの頃からたくさん書いていらっしゃって、一九七〇年には高校生で毎日放送の漫才落語脚本コンテストで佳作入選されている。大半が大人の応募者ですからすごいことですね。アイデアを着想する基盤となるものはご自身にあったのですか。

江坂　小学校で、小説を書いてみるという演習があったんですね。仲間で連作をしていくんです。その時に友だちの分まで書きました。ゴーストライターですね（笑）。それと落語が好きだったんです。で、ＳＦを落語にもっていけるのではないかとずっと思っていましたし、星さんはすでにＳＦ落語を作っておられました。落語とＳＦって非常によく似ているんです。毎日放送で漫才落語脚本コンテストがあると知って、じゃあＳＦ的な笑えるお話をと思って出したら入選したというわけです。エスティローダーをいただきました（笑）。

最相　男子高校生にエスティローダーの化粧品（笑）。それが十七歳の時ですね。翌年が大学受験ですが、なぜ早稲田大学に進もうとお考えになられたのですか。そしてシステムエンジニアへというのは。

江坂　それはこんな理由があるんですよ。一つは、高校の時に先生から早稲田にこういう先生がいるよということを授業の中で教えていただいた。で、その先生に手紙を書いた。ＮＨＫ総合放送文化研究所の所長の高嶋進之助先生という方で、先生にほれ込みついていったわけです。卒業後は教師をやりなさいといわれてたんですけど、自分の中の理系マインドを満足させたいというのか、実践してみたいという思いを捨てきれずにＳＥという職種を選びました。

最相　高嶋先生にどんなお手紙を書かれたんですか。

江坂　手紙には三つのことを書いたんです。一つは、先生が放送中のテレビドラマのテーマ曲の口笛を吹いてはったんでそれに感動しましたって（笑）、これはつかみの部分ですね。そして先生の書かれた著書を読みました、でも内容はよくわかりませんでした（笑）、だから、先生の授業が聞きたいです、というようなことを書いたら早稲田に入学してから来なさいって話になった。合格して愛宕山《あたごやま》のＮＨＫ総合放送文化研究所に行きましたよ。私はその地下の部屋で卒業研究をやってたんです。視聴者の目的や環境に応じた番組を届ける放送基盤の研究だったんですけどね。

最相　それは具体的にはどういう研究ですか。

江坂　放送の検索をするのに、この番組はどんな番組かという印を媒体の頭につけるんですよ。たとえば今なら、そうですね、この番組は色彩が急に変わるから子どもは見ちゃいけないっていうサインとかです。そういうサインのある番組を見たいと思っている、あるいは見たくないと思っている人を選別して送るための基盤技術についての研究だったんです。ずっと遊んでましたけどね、実は、全然まとまらなかったんです。先生の指導にはついていきましたけれど。できるようになったのは口笛だけでした（笑）。

原子力のシステムとショートショート

最相　それで、ソフトウェアの開発会社にプログラマーとして入社された。これは大阪の会社ですか。

江坂　大阪です。NECの88ベーシックっていうパソコンがあって、マニュアルを読んでいるうちにプログラムが書けるようになったんです。自分は何もできない人間だというこ とはわかっていたけど、数学は大好き、いや、算数は大好き。プログラムを作ることはものすごく楽しかったので、システムエンジニアというか、プログラマーとして採用してくれる会社を選びました。

最相　一九七七年というと、まだまだアナログ時代だったわけですが、そこに可能性を見出すというのは大変な先見の明をおもちで……。

江坂　あまのじゃくなんです。ひたすらあまのじゃく。変わったエンジニアと書いて、システム変ジニアみたいな。ふふっ（笑）。

最相　その会社におられた時に発電所の基盤システム開発に携わられた？

江坂　そうです、原子力発電所ですね。現場にも長くいました。関わったのはトータルで十三年くらいです。東日本大震災の時にコンピュータシステムが使えなくなり、現場は大変やったと思います。そうですね、原子力のシステムを作って一番うれしかった思い出は、私たちの作ったシステムが使われなくなった時でしたかね。私たちの次の世代が新しいシステムを作った時に一番感動しました。ああ、役目が無事に終わったんやって。

最相　危険を伴う施設のシステムを開発するというのは緊張感を伴うお仕事でしたね。

江坂　そうですね。だからその裏面っていうか、B面で小説を書いていた。そこで星さんに師事するようになって、自分の人間性が回復されたんじゃないかなと思います。

最相　一九八〇年に「花火」で星新一ショートショートコンテストで最優秀賞を受賞されて、その翌年から作家としての活動は開始されましたね。

江坂　そうですね。いくら書いてもダメダメっていわれてた時期ですね。

最相　ということは、まさに原子力発電所での緊張感のある仕事と創造性を発揮する仕事が同時進行していた……。

江坂　そうですね、裏面でうまくいかなければ表面でうまくいったり、とかいうこともありました。

最相　受賞された時、星さんは仕事は続けなさいとかおっしゃられましたか。

江坂　はい、おしつけがましくなく、さりげなくですね。やっぱり、ちゃんと生計を立てるものをもってのぞみなさいと。ショートショートというジャンル自体は小さなマーケットだけど、確実に読者がいる世界でもあるんですね。だから金儲けのためとか、作家になりたいのでショートショートを書くっていうのでは、やっていくのはむずかしいと思っておられた。

最相　日本ではおそらく、専業でショートショートを書いて成功した作家は星さんしかいないでしょうね。他の人も書きはするけど、ショートショートだけを書き続けるということはされなかった。江坂さんが受賞された時、星さんは「私が選んだことであなたの人生を狂わせるかもしれない」とおっしゃったそうですね。

江坂　狂ってしまいましたねえ（笑）。

サイバーモール草創期

最相　サイバーモールのお仕事についてうかがいたいんですが、この発想そのものはもっと以前からあったものなんですか。

江坂　アメリカでは始まってましたね。そういうものを地域のクリック・アンド・モルタルといって、現実にある企業やお店や商店とバーチャルな店の両方でビジネスを発展させることに力点を置いたモールを作ろうという発想です。

最相　ファンタージエンというモールだとうかがっていますが、これは具体的にはどういうものですか。

江坂　ファンタジーの世界ということでファンタージエンなんですけど、すでに私自身小説を書いてましたんで、小説を書くための文具資材などを私たち研究スタッフが注文を受けて、封筒に入れて売るというような、そんなことからやってます。

最相　江坂さんはシステムインテグレータの会社に所属していらっしゃって、そこが文具系の会社と取引をしたと？

江坂　その通りです。新しいことをやってみたいという注文があったんです。思い出しましたが、それでＮＨＫの六時のニュースに出たことがあるんですよ。自慢してますけどね。ＮＨＫ総合放送文化研究所の地下で論文を書いてたことがあったといいましたが、その十数年後にＮＨＫさんが取材に来たんです。その時は、喋る言葉を白板に全部書いて脚本を作ってから取材を受けたのを今でも昨日のことのように覚えてますね。ドキドキしました。

最相　当時としては先駆け？

江坂　おそらく日本で二番目のモールでしたね。

最相　一番は？

江坂　大阪ガスさんが先にやってました。大阪ガスさんはかなりよいものをすでに作っておられました。なにかコンセプトを提示しないと勝てないと思ったので、文具とか教育関連をテーマにして地域おこしまで発展させようと、そういうヴァーチャルモールを作ろうというのが私たちの当初の挑戦だったんですね。

二足のわらじ

最相　その後、江坂さんは出向されますね。そこでマルチメディアの会社を設立される。

江坂　そうそう。会社設立まで協力したけれど、また新しいことがしたくなり出てきました。その会社はまだ存続しています。

最相　私が初めて江坂さんにお会いしたのがその頃ですね。名刺をいただいたんですけれど、名刺はその会社のものでお名前はご本名だったんですね。で、裏返したら江坂遊ってボールペンで書いてらっしゃった。

江坂　貧乏だったんですよ（笑）。いや、作家と名乗るには気が引けましたから。

最相　作品は携帯電話に毎週書いてらしたんですけど、本の出版はしばらくなくて、もしかして作家をおやめになったんだろうかと思いながらお会いしたんですね。その時点でショートショート六百何十本とおっしゃってた。大変なお仕事をされているのにもかかわらず出版社がなかなかフォローしないということで、私も出版社を批判する文章を書いてしまったことがあるんですけれど。

江坂　いやいやおかげさまで次々と出していただけるようになりました。感謝していま す。批判を続けていただけるともっとありがたい（笑）。

最相　どちらかをやめるというんでしょうか、江坂さんの場合は作家生活を断念しようというか、一つの夢を諦めようと思う瞬間ってなかったですか。

江坂　僕は作家になりたいから書いていたわけではないんです。星さんにほめられたいっていうのはありますけどね。星さんを愛していましたけどね。もう一つ、先ほどプログラミングの話をしましたけど、なぜなんだろうと問題を解くという意味では、ショートショートはそういう文芸ジャンルなんですよ。自分で問題を作ってその問題を解く。いわゆる窮地に陥る人間を作ることですね、「ナノ男」みたいな。ええなあ、なんか書きたくなってきました。ナノ男って聞いたら、この生物がどんなことを引き起こすんだって、思いません？　これをなんとか結末つけてですね、ストーリー仕立てにしてナノ男を一発有名にしてやりたいって思うじゃないですか。そういう問題を作って自分で解いてですね、その評価を世間に問うっていう、そういう意味では別に活字じゃなくても電子書籍でもいいんじゃないか。講談社から出ている僕の本は店頭に並ばず電子書籍になっていますけど、これがうれしいことに少しは印税が入ってくるんですね。どうすればネットモールでものを買ってくれるか、それを考える仕事もおもしろい。どこか、おもしろがってできることを探して選び取ってきたら、作家とシステムエンジニアが二つ自分に合っていたから残ったたってことです。

最相　すごいですね。電子書籍って全然売れないじゃないですか。

江坂　紙がなくなると売れるようになりますね。いや、よくわかんないですけど、せまいマーケットですけど、ヘビーなファンっていう人は絶対いるんだろうなと思います。

やり続けるしかない

最相　みなさんの中にも、研究以外の才能があるって人がいると思うんですけど、二足のわらじを履き続けるにはどうすればいいか、ぜひうかがいたいのですが。

江坂　私が聞きたいくらいですけどね、答えがあれば。両立……う――ん。まあその、認められるっていうのはない場合の方が多いと思うんですけどね、やり続けるしかないんじゃないですか。好きなことなら、ずっと。人生はショートショートではないですけど、私自身はロングロングな人生を三つに分けてるんです。初めの二十五年を学ぶ時代だと思ってまして、次の二十五年は学んだことを発揮する時代かなと。みなさんもあと数年経てば、学んだことを社会に還元する時代が来ると思います。それが好きなことで二つも三つもあればステキでしょ。
二〇〇〇年を過ぎたあたりから、会社からお前みたいな変なやつを採用して育てろというミッションをいただきまして、残りの二十五年は後進を育てるってことですね。
作家業についてですが、星さんはそういう系譜を残していかれた方なんです。だから星さんの弟子だと名乗るわれわれの同業者はたくさんいるんですよ。そういった意味で、今日みなさんの前でお話をするモチベーションっていうのは、やはり一人でも二人でもショートショートという謎解き文芸を継承してくれる方が現れたらいいなということですね。ああ、東工大の最相さんの授業で関西から来たわけのわからんおもろいおっさんがいて、そのおっさんが書いてみといって書いてみたらおもしろいのが書けたという、そういう人が出てくるんじゃないかと思って、来ました（笑）。
最相　ありがとうございました。「ナノ男」はぜひ彼に書いてほしいですね。
江坂　期待してます。
最相　おもしろいアイデアだと思いました。そろそろ……。
江坂　まとめのお時間ということで（笑）、最後に二つ、みなさんにメッセージです。一つ目。人と会話をする時には事前に準備をすることが必要なんですね。星さんはどんなお話をすればその人に喜んでもらえるかというのをちゃんと予習されてましたね。すごい人ですね。落語を聞く！　小話を覚える！　人にそれを語る！　その話の先を読む！　実践してみてください。次に行きましょう。二つ目です。継続、やる気の継続。これが大事かな。書き続けてください。一緒にショートショート作家をやろう、だってライバル少ないんだから、すぐにトップになれます（笑）。みなさんと一緒に頂上を目指すことができたらいいなと思います。さて、今日はこれでおしまいです。シューマイの絵がスクリーンに出ましたので、おシューマイ（笑）。ありがとうございました。（拍手）

最相　最後に、星新一賞を紹介しましょう。今年で三回目になりますけど、今年度の募集から学生部門ができました。理系の方限定の文学賞なんですよ。選考委員の一人、公立はこだて未来大学の松原仁《ひとし》先生は人工知能でショートショートが書けるかをテーマに星新一の作品を分析されているそうです。

江坂　情報系のみなさんは人工知能で、ぜひ挑戦してくださいね。

「高層階にて」

江坂　遊

「ボス、ちょっとこちらのオフィスに来てください。なんか妙なものがガラスの向こうに……」

「今、手が放せないのはきみも知っているだろ。東京からのメールで」

「はい。でも、異常な事態が発生しているみたいで」

「異常な事態」

「はい。ガラスの向こうでは、緊急事態が起こっているようです」

「ガラスの向こう？　この階は高層なんだよ。ガラスの向こうには青空と飛行機しか見えないだろう。朝から、何をねぼけているんだ、きみは」

「見えますよ、こっちに来ていただければボスにだってね。何か、テーマパークにある乗り物みたいなものです」

「分かったよ、すぐ行くから」

「あれです」

「ええっ、こんな近くに……」

「空中に浮かんでいるでしょ、ゴンドラが。そして中の人が助けてくれと叫んでいるみたいですよね」

「五人家族がパニック状態になっている。これは大変だ」

「どうして浮かんでいるんでしょうね」

「そんなことはどうでも良いことだ。ジェーン、警察に電話したか」

「はい。でも、回線がパンクしているようで、繋がりにくくて、まだ」

「そうだ。あのゴンドラの中の家族とコンタクトをとろう」

「ボスはあの人達の誰かの携帯番号を知っておられるのですね」

「まさか。こっちの携帯番号をボードに書いて見せるんだよ。そうすれば、向こうからかけてくる筈だ」

「でも、ボス」

「何だ」

「あの家族の中の誰かが携帯を持っていたら、自分らでニューヨーク市警にかけません?」

「それもそうだが、きみと一緒で市警にかからないのかも知れない」

「じゃ、こっちにもかけられないかも知れない」

「ジェーン、すまない。こっちで推理ゲームをやっていても状況はちっとも改善しやしない。よし、あのスケジュールボードをはずそう。あそこに文字を書いて、コミュニケーションをとろう」

「なるほど、さすがボスですね」

「誰でも、すぐに気付くだろう」

「そうですか？」

「よし、週給をあげてやるから」

「昇進ですね」

「昇給だ。誰だ、私の届かないくらい高いところにスケジュールボードをかけたのは？」

「わたしにはよく見える位置なので」

「分かった。マーカーを早く持ってきて」

「何を書かれるんでしょうか？　まずはここは我が社の宣伝コピーから？」

「向こうは必死なんだぞ。でも、それは入れておこう」

「何よりです」

「しかし、何を書くかだが、やっぱり落ちつかせることが第一だろう」

「ボス、昇給はどのくらいになりますか？」

（大丈夫です。何とかしますから）

「きみへの答えでもあるんだぞ、このメッセージはな」

「有り難うございます。あっ、向こうも気付いたようです。ハンカチに文字を書き始めています」

（せっかくの休みが台無しになった。早くここから出してくれ。このハッチは外からしか開かないから）

「開けてくれと言われてもなぁ。ガラスが開くわけもないだろう」

「正直に書きましょうか」

「そんなわけにもいかない。きみは市警にもう一度電話を。こっちは私ひとりでしばらくつないでおくから」

「はい、分かりました」

（もう少し待ってくれ。今レスキュー隊に連絡をしている）

（時間がないだろ。そっちもこっちも）

（そう言われても）

（窓ガラスを打ち破れ）

（そんなことはできない）

（何言っているんだ。そんな余裕はない）

（落ちついて）

（こんな、観覧車に金払えるか）

（観覧車？）

（早く脱出したい。そして一緒に逃げよう。おたくらも、それで一命をとりとめられる）

（ええっ？）

（ミルクが切れたから、先《ま》ずミルクを転送してくれ）

（転送？　「スター・トレック」みたいに？）

（もちろん、そうさ。「タイムトンネル」を使って、子供が泣き出す前に送り込んでもらえるともっと良いが）


「ジェーン。この家族、いかれているみたいだ。早く市警に」

「ボス、お隣のビルで何かあったみたいで」

「こんな異常な事態と比べられるもんじゃないだろう」

（ミルクは今すぐにというのはあきらめてくれ。市警に連絡しているので。もう少しの辛抱だ）

（だから、早くガラスを打ち破れよ。そっちから開けてくれなけりゃ……。待ってくれ）

「ジェーン、宙に浮かんでいる家族が急に静かになったぞ」

「昇進連絡が来たのかしら」

「それはないな」

（すまない。もうすぐ、動くようだ。なぁんだ。しばらく、この時代で定点観測ができるってことだったんだ。良かった）

（定点観測？）

（そうさ。セントラル商工ビルはもうすぐ、テロで破壊されちまう）

（テロ？）

（このゴンドラは、歴史観覧車といって、いろんな歴史的大事件が起こった名所を観覧して回るものさ。タイムマシン技術を利用したデスティニーランドの初めての遊技施設、ビッグヒストリカルホイールさ。今日が試運転。もうすぐ大惨事を目の当たりにすることが出来る）

「ジェーン、今すぐ窓ガラスを打ち破ろう」

「はい、ボス」

『鍵穴ラビリンス』（講談社ノベルス）より

8　空白の天気図と観測精神

広島地方気象台と猿橋勝子

おはようございます。今日は二つのテーマを取り上げます。今年は戦後七十年にあたるということで、終戦後まもない頃に行われた、歴史的に重要な観測についてお話しします。一つが一九四五年九月十七日、広島地方気象台による観測です。二つ目が一九五四年三月一日、地球科学者の猿橋勝子《さるはしかつこ》による観測です。

一九四五年九月十七日の広島って何が起きた日かわかる方はいますか？　原爆投下が八月六日ですから一か月と十日後くらいですね。これは枕崎《まくらざき》台風、台風十六号が到来した日です。十七日に枕崎市に上陸して、九州一円、西日本にかけて大変甚大《じんだい》な被害をもたらしました。広島はバラックを建てて人々が少しずつ復興に向けて歩き出した頃だったのですが、この台風で二〇〇〇人以上の人が亡くなったのです。枕崎台風全体での被害者が四〇〇〇人あまりですので、半分が広島で亡くなったということです。

二つ目の日付は一九五四年三月一日です。戦後九年目にあたりますが、これは米国統治下にあったマーシャル諸島のビキニ環礁《かんしょう》で行われた水爆実験、ビキニ水爆が行われた日です。猿橋勝子は、ビキニ環礁でまき散らされた、後に「死の灰」と呼ばれる灰を観測し、計測した科学者なんですね。今日はこの二つの観測を取り上げたいと思います。

終戦直後の枕崎台風

広島地方気象台は元は県営の気象台だったのですが、戦時中に気象業務の一元化が行われて、全国の気象台は東京にある中央気象台に所属することになりました。その中で広島地方気象台は、中国・四国を管轄するセンターでした。気象庁のホームページに枕崎台風の経路図が載っていますので見ていただきたいのですが、九月十六日から十七日にかけて沖縄付近を北上して十七日午後二時頃に鹿児島県枕崎市に上陸しました。

どんな規模の台風だったのかといいますと、気象庁の天気図をご覧になればわかる通り、ほとんどデータが書き込まれていません。終戦からまだ一か月ですから、とくに南洋諸島方面の情報が全然入らなかったんですね。台風は南洋のデータがないとお話になりません。上陸した枕崎も機器がめちゃくちゃに壊れてしまって計測できず、中央気象台にデータが送れない。そんな中でも計算によって風速を出してそれを送ったそうです。最低海面気圧九一六・一ヘクトパスカル、宮崎県細島《ほそしま》での最大風速五十一・三メートル、瞬間最大風速七十五・五メートル、枕崎が最大風速四十・〇メートル、瞬間最大風速が六十二・七メートル、広島が最大風速三十・二メートル、瞬間最大風速が四十五・三メートル、期間降水量最大二〇〇ミリ超です。

気象庁の統計が取られたのが昭和二十六年からですので、枕崎台風の時には気象庁としての数字は出ていないんですけれども、気象庁になる前の中央気象台の数字も含めると、歴代二位の大きさです。一位は一九三四年九月の室戸《むろと》台風で、気圧、最低海面気圧が九一一・六ヘクトパスカルです。

今日お話しすることは柳田邦男《やなぎだくにお》さんの『空白の天気図』を参考にしています。初版が出たのは一九七五年です。福島第一原子力発電所の事故後に、過去に地震や津波や原発事故が同時に起こるような多重災害はあったんだろうかと資料を探す中でこの本に出会って書評を書きましたら、それからまもなくして文春文庫から復刊されました。今は簡単に手に入りますので、興味を持った方には読んでいただきたいと思います。

柳田邦男さんは元ＮＨＫの記者で、代表的なお仕事としては航空機墜落事故を取材した『マッハの恐怖』をはじめ、事故や災害を取り上げた作品が多く、最近では福島第一原発の政府事故調査委員会の委員もされました。尊敬するノンフィクション作家の大先輩です。

柳田さんは昭和三十五年、一九六〇年から三年間、ＮＨＫの災害気象担当の記者として広島に赴任しました。原爆問題を中心に取材して三年後に本局に戻るわけですけれども、一九六七年に九州の佐世保《させぼ》や神戸、広島県の呉《くれ》に大変な水害をもたらした西日本豪雨を取材するうちに、枕崎台風のことを知ります。

赴任中は八月六日のことで頭がいっぱいで気づかなかったけれど、翌月にこんな大きな台風が来ていたんだと驚き、気象庁に行ってさまざまな資料を調べます。その中に枕崎・阿久根《あくね》台風調査報告書というのがあった。阿久根台風というのは枕崎の一か月後にほとんど同じルートで来た台風のことなんですけれども、そこでも四五〇人くらい犠牲者が出てるんです。だからこの枕崎・阿久根台風というのは、同時に語られる非常に重要な台風の記録だったわけですね。

書くべきテーマだという使命感

この報告書を読んで、柳田さんは、広島に赴任していた時に同僚のお年寄りの記者がいったことの意味に気がつきます。「戦争が終わったと思ったら今度は台風じゃった。あの台風はすごかった。石が飛ぶし、宮島《みやじま》の厳島《いつくしま》神社の回廊が高潮で浮き上がったのじゃからのぉ」。原爆で焦土と化した広島で、今度は情報途絶という状況の中で、人災害が起こった。これは書かなくてはいけないテーマだという使命感を持ち、『空白の天気図』をお書きになったわけです。

この本は、原爆と敗戦の影響で台風の観測データを中央気象台に送ることができず、それでも地道に観測を続け、被爆状況の調査データと台風の気象データを送るために広島の廃墟を走り回る、広島地方気象台の職員たちを描いたノンフィクションノベルです。小説仕立てになっていますが、実際にたくさんの人たちの聞き取りをして書かれました。

観測しなければという使命感

広島地方気象台は、現在は江波山《えばやま》気象館という観光施設になっています。江波山というのは、さほど標高はないんですけれど丘の上にありまして、原爆の時にも屋根が飛んでガラスは割れたんですけど、建物自体は大丈夫だったんですね。外にある百葉箱や雨量計室は倒壊しましたが、気圧計室だけは無事でした。

爆心地から三・七キロです。台員たちは、朝ですから暗号表を使ってデータをちょうど入力してるところでした。戦時中は、みなさんご存じと思いますが、昭和十六年の真珠湾攻撃から戦争が終わるまで気象報道管制が敷かれて、データはすべて国が把握する機密事項として、一般には十分な気象予報が出されなかったんですね。だから暗号表を使ってるんです。

この時、地方気象台にいた技手の方が残したスケッチが江波山気象館のホームページに載っています。まずa'ですが、これは原子爆弾が爆発した時の様子です。よく晴れて無風状態、空中で突然火の玉が爆発し、大量のマグネシウムを焚いたようにまぶしくピカッと光った。みんな自分のすぐ近くで爆弾が爆発したように感じたそうです。次のa"、b、cは、火の玉から広がった炎が広島市を覆い、やがて入道雲のような白い雲が立ち上がり、黒煙が上がってる様子です。最後のdは、町の火災によって積乱雲が発生し、激しい雨が降った。これはいずれも気象台員の調査報告書の中に残されたスケッチと記録です。

三・七キロ離れているといっても被爆からは逃れられなくて、原因不明の原爆症によって体調を悪化させる人がたくさんいて、次々と倒れていきました。みなさん家族の無事を確認することもできずに、とにかく観測はしなければいけないという使命感で観測を続けます。広島の壊滅状態を中央に伝えたいけれど、郵便局も破壊されています。台員は痛々しい死体があちこちに転がっているのを踏んでしまいそうになりながら、郵便局を探して走り回ったそうです。

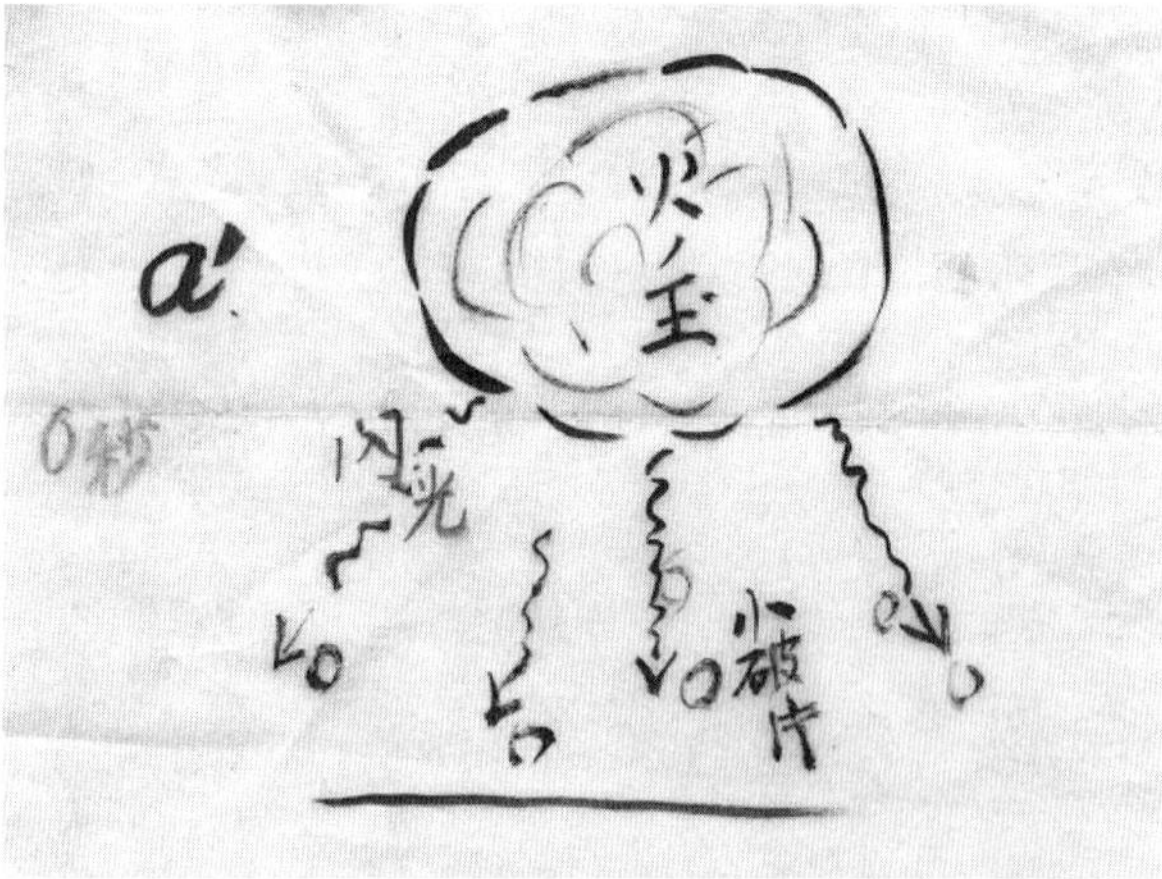

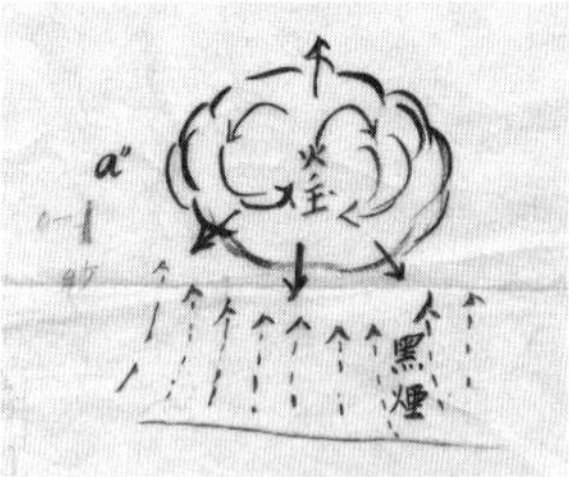

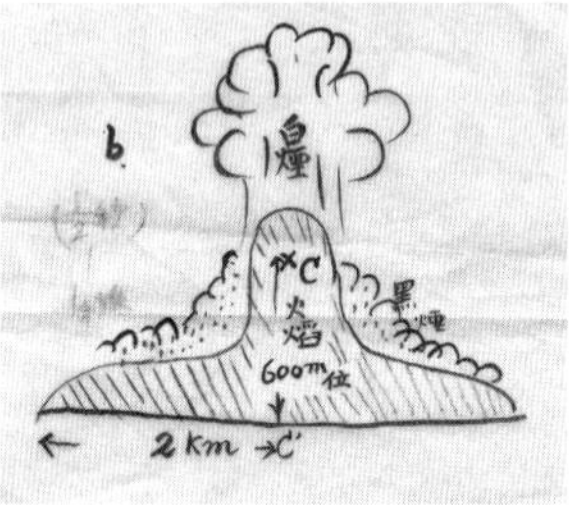

原子爆弾爆発の様子。
（提供／江波山気象館）

気象技手という仕事

柳田邦男さんの本の中で主人公的な役割を果たしているのが、気象技手の北勲《いさお》さんです。明治四十四年に生まれて、原爆の時は三十四歳でした。物理と化学が得意で、雲が大好きだったので、気象の仕事をしたくなり、気象技手になるための測候技術官養成所を受けたけど落ちてしまいました。落ちたけれども、でもやりたいんだということで、当時中央気象台の第四代台長だった岡田武松《たけまつ》に手紙を送って、下働きからやりますので、どこの気象台でもいいから働かせてもらえないでしょうか、働きながら技術を身につけてもう一度養成所を再受験したいという意志を伝えるわけです。岡田武松は、日本の気象学のパイオニアといわれる人です。

日本海海戦で連合艦隊が敵を撃沈した時に、「本日天気晴朗ナレドモ浪高シ」という電報を打ったということが知られていますけれど、この日、岡田武松が出した「天気晴朗ナルモ浪高カルベシ」という予報からとられた言葉なんですね。

北さんは、なんとか大阪の地方気象台に紹介されてもぐり込むことができ、見習いになりました。でもその後、養成所が予算の関係で閉鎖されてしまって、何年間か新しい気象技手を養成することができなかったんです。それはまずいということで、有志の先生たちが集まって講座を設けるわけですが、北さんはそこに行って勉強して、岡田台長からも初めて直接指導を受けます。東大の先生もどんどん教えに来てくれていて、非常に素晴らしい講座だったそうです。こうして北さんはまずは大島で予報官を務めた後に、昭和十七年に広島に赴任します。

原爆と枕崎台風を受けて、旧文部省、今の文科省は原子爆弾災害調査特別研究特別委員会を作り、調査を行いました。北さんはその気象関係の調査に従事して、市内と周辺の市町村を調査に歩き、広島県が一九七一年に刊行した広島原爆戦災史の編纂にも協力しています。

柳田邦男さんは、その戦災史と、北さんが気象庁の機関誌「測候時報」に書いた文章を読んで、北さんを主人公に作品を書こうと決意された。その時柳田さんは三十五歳、北さんは六十歳になっていました。

白いかもめと台風

先ほど紹介したスケッチかどうかはわかりませんが、『空白の天気図』には原爆の様子を絵にした遠藤さんという名の技手の仕事の様子がわかる一節があります。興味深いので読みますね。これは九月十七日の夜の話です。

——この夜臨泊した台員の中に、元気旺盛な遠藤技手がいた。遠藤は、二階建て庁舎の屋上に出てみた。足もとに何かが落ちているので、よく見ると、白いかもめの死骸だった。一羽だけではなかった。数えると五羽いた。みな死んでいたが、濡れた体に温もりが残っていた。

海鳥や小鳥は台風の眼にとらえられると抜け出せなくなって、台風の移動とともに大旅行をするが、そのうちに雨や風に打たれて墜落死することが多い、という話を遠藤は誰かに聞いたことがあるのを思い起こした。気象台の屋上に墜落死したかもめたちは、やはりどこかで台風に巻き込まれて飛んで来たに違いなかった。大自然の猛威にさらされた小動物のか弱い姿を、遠藤はそこに見た。しかし、人間とてこのかもめとどれほど違うだろうか、遠藤はふとそんなことを考えつつ、かもめの死骸を集めて、あとで片づけるために、観測棟の隅に置いた。

「ともかく台風の眼が至近距離を通過しつつあることは、このかもめが証明している」

遠藤がそう思ったとき、突風が遠藤の身体を吹き飛ばそうとした。――

翌日の中国新聞温品《ぬくしな》版の記事のキャッチコピーは、「橋は落ち、道路は湖　台風広島直下を襲ふ」。なぜ温品版かというと、中国新聞も原爆で本社が破壊されて、印刷機が全部やられてしまったんですね。それで温品というちょっと離れた山間の村があるんですけれども、そこに印刷機を運び込んで細々と新聞を印刷していたんです。ところが、この報道をした日にこちらも台風で崩れて新聞発行ができなくなってしまうという二重の悲劇が中国新聞を襲っています。

この時にもう一つ非常に悲惨な、悲痛なことがありました。原爆の調査に入っていた京都帝国大学の調査班が遭難してしまったのです。京都帝国大学が原爆災害総合研究調査班を設置して、原爆四日後の八月十日には研究者たちが現地入りしてるんですね。大野浦にある大野陸軍病院という軍の病院で、被災した人たちの検体を採取したり救護活動をしたりして何人もの人たちが働いていた。

投下された爆弾が原爆かどうかは、海軍の依頼で原子力、原子爆弾の研究をしていた京大医学部教授の荒勝文策《あらかつぶんさく》がリーダーとなって、広島入りして調査しました。台風が来た時に広島にいたのは、血液の専門家で病理学者の杉山繁輝《しげてる》教授や助教授、講師、大学院生などで、山津波、今でいう土石流で病院が流されて、調査班の十一名が亡くなりました。

「観測精神」は科学者の精神

これはどういうことかというと、原爆で命をとりとめて治療を受けていた被爆者の方たちが亡くなってしまったということです。この病院では一五〇人以上が亡くなった、あるいは行方不明になったという記録が残っています。北勲さんたちは、この被害の報告書を作成するために町をくまなく歩いて聞き取り調査をするんですが、自分たちが気象予報を出せなかったことを悔やみます。電話回線も通じていませんし、郵便局も近くにありませんし、自分たちがやったのは記録することしかなかった。台風が来るということも、気象台に旗を掲げて知らせることしかできなかった。市内でさえ台風の予報を出すことはできなかった。自分たちが予報さえ出せていたら、事前に避難するように伝えられたのに、と後悔しながら調査結果を記録されていました。

『空白の天気図』に何が書かれてるかを一つの言葉で紹介するとしたら、「観測精神」でしょう。中央気象台第四代台長の岡田武松はこういっています。「観測精神は、軍人精神とは違う。観測精神とは、あくまでも科学者の精神である。自然現象は二度と繰り返されない。観測とは自然現象を正確に記録することである。同じことが二度と起こらない自然現象を欠測してはいけない」。

広島地方気象台の台員たちは、戦時中はもちろん、原爆から枕崎台風にかけて一度も欠測はしていなかった。中央に伝えることはできませんでしたが、記録だけはつけ続けたのです。岡田武松という人は、気象台が大本営の下に吸収されるという流れに徹底的に反抗した人でした。「観測精神」という言葉は台員たちの必死の行動を支える言葉だったのです。

第五福竜丸と猿橋勝子

さてその九年後、今日お話しする二つ目の観測が行われます。一九五四年三月一日のビキニ水爆実験です。これは「ブラボー計画」といいますが、このビキニ水爆以降、核爆弾の実験は世界で二三七九回行われています。水爆というのは、非常に破壊力が強くて、エネルギーもヒロシマ型爆弾の一〇〇〇倍くらいあるといわれてます。

第五福竜丸事件のことはみなさんも教科書で習ったでしょうか。アメリカが指定した危険海域ではなかったんですけれども、そこを航行《こうこう》していた第五福竜丸という漁船が被曝しました。そこに実は第五福竜丸だけでなく一〇〇〇隻以上の漁船がいたことがわかっていますが、多くの日本人の船員たちがのちに死の灰と呼ばれる白い灰を浴びて急性放射線症と診断されました。

比較的最近のデータで、朝日新聞二〇一〇年九月十九日の記事にあるんですが、一九五四年三月から五月にアメリカが行ったビキニ環礁での六回の水爆実験で、どのくらいの放射性降下物がまき散らされたかということをアメリカはちゃんと記録していました。

世界一二二か所で観測していたそうです。これを見ると、オーストラリアから南米まで、日本もすっぽり入っていますね。当時はここまで広範囲に放射性降下物が拡散されていたということを、世界中の人たちは知らなかったんです。アメリカは調査しているから知ってたんですけれども。

マリー・キュリーからつながるテーマ

一方、日本には、第五福竜丸の船員たちが持ち帰った白い灰を分析した人がいました。それが猿橋勝子でした。簡単にプロフィールを紹介します。

猿橋勝子は、一九二〇年、大正九年、東京に生まれました。一九四三年に帝国女子理学専門学校物理学科を卒業します。大学が女性に門戸を開くのは戦後になってからで、当時、理学や医学を志しても、女性は女子専門学校にしか行けなかったんですね。猿橋勝子の伝記『猿橋勝子という生き方』を執筆された物理学者の米沢富美子さんによると、猿橋は、大卒ではなく理専卒という学歴でずいぶん悔しい思いをしたそうです。時代背景がそうだったからやむをえないことなのですが。

専門学校在学中に夏休みの期間、実験設備の不備を補うためにほとんどの生徒が大学や研究所に派遣されて実習生として経験を積むのですが、猿橋が子どもの頃から「雨はどのようにして降るのか」というような問いに関心をもつ生徒だったことを知っていた担任の先生が、中央気象台研究部長をしていた三宅泰雄《やすお》に猿橋を紹介するんですね。これが運命的な出会いとなります。猿橋は実習生といってもビーカー洗いでもさせられるのだろうと思っていたのですが、行ってみると三宅は一人前の研究者として扱ってくれた。三年生になったばかりの猿橋に、三宅は「ポロニウムの物理化学的研究をしてみませんか」とまで提案してくれました。

ご存じ、マリー・キュリーが発見した天然の放射性元素ですね。三宅のこの提案について猿橋は、「科学の勉強を志す女子学生を励ますためのテーマを考えられたのであろう。学術的に格の高いテーマを頂いた私は、感激・興奮しながら、帰りに神田で『放射能』に関する書籍を求めた」と回想しています。

その後、猿橋は中央気象台の嘱託となって、一九四七年に今の気象庁、気象研究所の気象科学研究室に就職して研究員になります。その七年後に先ほどのビキニ水爆実験が行われたわけです。

なぜ猿橋が白い灰の分析をすることになったか。船員たちが持ち帰った灰は、東大理学部の木村健二郎という分析化学者と、地球化学の南英一という二人に手渡されたんですが、南英一が、猿橋が理学博士をとった論文を見て、彼女が開発した機器を知るんですね。それは極微量拡散分析装置という、微量の物質でも解析できるという装置で、そもそも海水中に含まれる微量の炭酸を解析するために開発されました。そこで南英一が分析を猿橋に頼んだわけです。

結果、こういうことがわかりました、白い灰の正体はサンゴでした。サンゴの主成分は、炭酸カルシウムと酸化カルシウムで、通常サンゴの炭酸カルシウムは約八十九・五パーセントですが、猿橋が解析した白い灰の炭酸カルシウムは、十一・六パーセントでした。これはつまり、水爆によって超高温に熱せられた硬いサンゴが一瞬にしてやわらかい酸化カルシウムに変わったことを意味しています。

猿橋の解析では、放射性物質はまだ観測できなかったので、白い灰を受け取った東大の木村健二郎が放射能分析を行います。すると、灰と乗組員の体からストロンチウム90、灰からはセシウム137が検出された。福島の原発事故でこういう物質の名前をみなさん聞かれたと思うんですけれども、ストロンチウム90というのは、元素周期表ではカルシウムの真下にあって、カルシウムと同じような振る舞いをして、骨に沈着して造血機能を蝕《むしば》む、そういう物質です。一方、セシウム137は、元素周期表ではカリウムと一緒に行動するもので、遺伝子の突然変異を起こして、無精子症や肢体不自由児を産む危険性がある。

日本とアメリカの数値の違い

日本の医師団はどんな放射性物質が撒かれたのか素性を知りたいということで、アメリカに打診するのですが、軍事上の秘密だといって拒否されてしまいます。そこで猿橋の上司であった気象研究所の三宅泰雄が国に働きかけて、農林省が調査船を出すことになりました。俊骨丸《しゅんこつまる》という船です。日本近海中の海水を汲《く》み上げて気象研究所に送る。三宅と猿橋がその放射性物質の測定を行うわけです。

アメリカ側の調査チームが一九六〇年に「ネイチャー」誌に発表した数字によると、南カリフォルニア近海で一リットルあたり〇・一×十の十二乗キュリー、〇・〇〇四ベクレル。日本近海は、猿橋、三宅の測定した数字ですが、一リットルあたり〇・八～四・八×十の十二乗キュリー、〇・〇二七～〇・一八ベクレルです。これはつまり、日本近海の数字が、アメリカ近海の数字より約七～四十五倍高い、ということを示しています。

すると、アメリカ側は、日本は数字をごまかしているんじゃないか、捏造しているんじゃないかと批判しました。批判の急先鋒だったのが分析化学の権威で、カリフォルニア大学スクリップス海洋研究所のセオドア・フォルサムという人です。先ほどの「ネイチャー」の論文の著者ですね。フォルサムは「海水で希釈されるので放射能汚染の心配はない」とあくまでも安全性を強調して、三宅・猿橋の測定を誤りだと批判します。

そんなことをいうんだったらということで、三宅泰雄はアメリカ原子力委員会に「同一の海水を用いた日米の相互検定」をしましょうと申し入れ、猿橋勝子が一人だけ招聘されてフォルサムと戦うことになりました。この時、猿橋は四十二歳でした。

たった一人の道場やぶり

海水に含まれる放射性物質を解析するためには、ごく微量ですから海水を濃縮する必要があります。濃縮する方法は両者で異なりました。フォルサムは、フェロシアン化ニッケル吸着法、ＮＩＦＥＲ法。猿橋は、リンモリブデン酸アンモニウム沈殿法で計測しました。

伝記を書かれた米沢富美子さんによると、猿橋に渡された試料は、フォルサムに渡された試料と比べるとセシウム１３７の濃度が二割も低いものだったそうです。最初から不利な地点に立たされていたんですね。

具体的な対決法ですが、第三者がセシウム１３７の濃度が異なる四種類の溶液を作って、それぞれを海水五十リットルに溶かし、それを解析するという競争です。濃度については二人とも知らなくて、どこまで正しくセシウム１３７が解析できるかを競ったわけです。結果は次の通りです。

セシウム137の回収率、猿橋の担当が九十四・四パーセント、プラスマイナス〇・二七パーセント。フォルサムの担当が八十六・五パーセント、プラスマイナス六・〇パーセント。当然バラつきは小さい方がいいですから、回収率も高いしバラつきも小さいということで猿橋はこの対決に勝利するわけです。

五十リットルの海水を運ぶというのは大変な重労働で、しかもそれを掘っ立て小屋に運ぶ猿橋の真剣な姿を見て、フォルサムはだんだん敬意を表するようになって、最後はこのように数字ではっきりと証明されたことに対して賛辞を送ったそうです。ここがアメリカの凄いところだと思うんですけど、一緒に論文を書いて発表します。二人の共著論文が掲載された雑誌は「ジャーナル・オブ・ラディエーション・リサーチ」一九六三年四月号です。

このあと猿橋は、海上に落ちた死の灰が海面から深海に拡散していく速さを計算したり、ストロンチウム90やセシウム137の測定から海流を解析する方法を生み出したり、海洋、深海の方にどうやって鉛直拡散していくかについても調査しました。

また数十年あとですけれども、京都議定書に先んずること二十年、大気と海の間の二酸化炭素交換も研究しています。当時は二酸化炭素は海の中に溶け込むから大丈夫だという見解もあったんですけれども、猿橋の研究では、予想以上に海洋には溶け込まない、海は受け皿になるという考え方は誤りであるということを検証しています。

猿橋は自著『猿橋勝子　女性として科学者として』で、「科学の研究はよほど天才でない限り、コツコツとたゆまぬ努力をしつづけなければならない。したがって、誠実さ、勤勉さは科学者になるための必要な条件である」と述べています。

もう一つ、ベルリンが東西に分かれた頃に旅した時の言葉ですけれども、「科学者は、人類のしあわせに、積極的につくす義務がある。科学者の責任は重いが一方、人類への貢献が大きいことを思えば、私は科学者になったことによろこびと誇りを感じないわけにはゆかない」とも述べています。科学技術と社会の関係が問われる今に響く言葉ではないでしょうか。

猿橋勝子は一九八〇年に女性初の日本学術会議委員になります。その同じ年に「女性科学者に明るい未来をの会」を設立して、猿橋賞を創設しました。猿橋賞というのは毎年発表されるのでみなさんも報道でご覧になったことがあるかもしれませんね。女性科学者に贈られる賞で、これから大きな業績を上げてほしいという期待を込めて、若手を対象にしています。来週は、猿橋賞を受賞された地震学の石田瑞穂《みずほ》先生をお招きしますので、楽しみにしていてください。

9　二つの大震災から見えたもの

ゲスト　石田瑞穂

おはようございます。今日は地震学者の石田瑞穂先生をお招きしております。先週、「天気晴朗ナルモ浪高カルベシ」という日本海海戦の時の天気予報で知られる、岡田武松という中央気象台第四代台長の言葉を紹介しましたね。岡田はこんな言葉も残していました。「観測精神とは、あくまでも科学者の精神である。自然現象は二度と繰り返されない。観測とは自然現象を正確に記録することである。同じことが二度と起こらない自然現象を欠測してはいけない」（『空白の天気図』）。石田瑞穂先生のお仕事はまさにそれを貫かれたもので、観測データをどのように読み解くか、新しい角度から何がわかるかについて研究を続けてこられました。

まず、プロフィールを紹介しましょう。一九四三年、長野県飯田市の生まれで、お茶の水女子大学理学部物理学科を卒業されています。その後は明治大学工学部の実験助手を経て、一九六八年に東大大学院理学系研究科に入学されました。学生が角棒《かくぼう》とヘルメットで闘っていた全共闘運動の時代で、東大はまさにその渦中にありました。東大闘争が終わったと思ったら、今度は地震研究所で紛争が起きて、博士課程におられた石田先生はなかなか勉強ができなかったそうです。でも、この大学院に入る時に地震学者の金森《かなもり》博雄《ひろお》先生と出会い、そこから地震研究の道に入られます。

代表的なお仕事は一九八九年に猿橋賞を受賞された、「微小地震による地下プレート構造と地震前兆の研究」です。一九六〇年代後半はプレートテクトニクス理論――みなさん、高校時代に地学の教科書で習ったと思うんですけど――、地球表面を覆っている岩盤がいくつかのブロックに分かれて、年間数センチから数十センチぐらい移動している、その相互作用が地震や火山噴火を起こすという理論ですね。一九六〇年代後半から非常に知られるようになって、研究でも参照されてきました。

それが一九九〇年代に入って、東工大教授の丸山茂徳《しげのり》先生が提唱したプルームテクトニクスの時代に入ります。プルームテクトニクスとは、地震波トモグラフィといって地球の内部を伝播する地震波の速度構造を調べる技術でマントルの非常に深いところまで見ることができるようになったことで、マントルの動きから地球の構造を解明していく理論ですね。それによって地震や火山活動、プレートの動きなどを説明しようという新しい地球観が九〇年代から生まれた。つまり石田先生は、プレートテクトニクスからプルームテクトニクスという時代の移り変わりの中で研究なさっていたということです。

重要な五つの仕事

石田先生の重要なお仕事を大きく五つまとめてみました。一つが関東・東海地域のプレート構造モデル構築、二つ目が全地球（スーパープルーム）ダイナミクス・プロジェクト・リーダー、三つ目がリアルタイム地震学の確立に向けた地震観測網の整備、四つ目が日本地震学会の大改革、五つ目が最近の出来事ですけども、東日本大震災の被災地域を歩いて一六四人の聞き取り調査をされたことです。

一つ目の「関東・東海地域のプレート構造モデル構築」については、いくつか論文を発表されていますが、一番メインの論文は、「関東・東海地域の直下におけるフィリピン海プレートと太平洋プレートの測定と相対的運動」（「Journal of Geophysical Research」九二年九七号）です。

プレート図はみなさんも教科書で見たことがあると思います。当時、フィリピン海プレートがどういうふうに太平洋プレート、ユーラシアプレートに接しているか、もぐり込んでいるかについてはいろいろなデータがあって、石田先生の前にも論文がいくつも出ていたんですけども、それらとはまったく違う角度からプレートのもぐり込みを検証された。今でいうトモグラフィ解析によって非常に複雑なもぐり込みをしているモデルを発表されたわけです。石田先生の論文によって、過去の地震も現在進行中の地震もうまく説明できるということで、現在も震源の予測であるとか、地震調査委員会のデータの基盤として用いられている、非常に重要なご研究です。

二つ目の全地球ダイナミクス・プロジェクト・リーダーのお仕事は、「スーパープルーム・プロジェクト——全地球ダイナミクスの新しい見方に向けて」(「Earth, Planets and Space」九九年五一巻一号)という論文にまとめられています。石田先生は筆頭筆者で、二番目に丸山茂徳先生の名前がありますね。これは約五年間の予算が約二十二億円という大変大きなプロジェクトなんですけれども、追跡評価でも高い評価を得て現在も進行中です。

それから三つ目のリアルタイム地震学の確立に向けた、地震観測網の整備。阪神・淡路大震災の一九九五年以降、観測網の数はぐんと増えています。計測地点、観測地点が増えたことによって、小さな地震もカウントできるようになりました。

四つ目の日本地震学会の大改革についてですが、石田先生は阪神・淡路大震災の起こった年の春に地震学会の会長に就任されたこともあって、地震学会は何をやってるんだという世間の批判の矢面に立たされたんですね。マスコミにもさんざん叩かれた。そこで、これは一つの例なんですけども、「なゐふる」という広報誌を刊行されました。「なゐふる」というのは日本書紀に出てくる言葉で、「なゐ」というのは大地のことです。「ふる」というのは震えるとか揺れるという意味ですね。大地が震える、すなわち地震です。「なゐふる」という創刊の言葉が書かれています。「地震と地球のことをもっと知っていただくために」一九九七年三月ゼロ号には「地震と地球のことをもっと知っていただくために」という創刊の言葉が書かれています。広報委員会委員長のお名前がありますが、現在、神戸大学名誉教授でいらっしゃる石橋克彦先生です。

こんなふうに、広報委員会であるとか、学校教育でも地震のことを知ってもらおうと教育委員会を作られたり、マスコミとのコミュニケーションを図るための懇談会も作られた。今年二〇一五年一月が「なゐふる」一〇〇号で、しかも阪神・淡路二十年ということで特集が組まれ、現会長で東大地震研究所教授の加藤照之先生と石田先生が対談をなさった。重要なことがたくさん語られています。

一つだけ紹介すると、現在はデータをとるのも蛇口をひねったら数字が出てくるというように非常に簡単な方法になった。こういうことが研究したいと思った時にデータはいち早く手にできる。そういう意味では科学者や研究者に便利な時代になったけれども、一方で、自分自身で観測して解析して、人とは違う角度から物を見ようという研究はなかなかできにくくなったと。そういう欠点もあるということを石田先生がおっしゃっています。

さて、石田先生の代表的な研究の五つ目が、「巨大地震と津波への最良の対策――一六四人の津波被災者から何を学んだか」(『Earthquake Hazard, Risk and Disasters』)。

東日本大震災の被災地で一六四人の被災された方々にインタビューして、津波の情報であるとか、避難の経路がどうであったとか、過去の地震、津波との比較の中でみなさんがどんなふうに行動されたかということを調査されたお仕事です。前置きが長くなりました。それでは石田瑞穂先生に登壇していただきましょう。(拍手)

恩師との出会い

最相　石田先生は明治大学の物理実験助手を経て地震研究の道に入られたのですが、実験助手をされていた頃は、自分には何をする知識も能力もないということで、迷いに迷ったとうかがっています。ではそこからなぜ、東大大学院に行かれることになったのですか。

石田　私が大学院に行くのを決めたのは、明治大学工学部で学生に物理実験を教えるだけで一か月が過ぎてしまったということがまずあります。週に二回、午後の間だけ教えればよくて、あとの時間は余っている。そうしたら私を雇った物理の先生が、「他の時間は自分の自由な研究をしなさい。好きなことしていいです」とおっしゃるんです。すごく困りました。自分で研究しなさいってどうやるのか、テーマをどう見つけていいのか、何をしたらいいのかがまったくわからなかったんです。私の大学四年間はなんだったんだろうって茫然としてしまった。それから一か月経った頃にお茶大時代の指導教官のところに相談に行きますと、せめて一年間は続けて、それでダメだったら次のステップを考えたらどうですかといわれました。

一年後、次に何をしようと考えることもできずに、なんとなくお茶大を卒業した先輩たちを見ましたら、充実した時間を過ごしておられるように見えたのが大学院に行った方たちだった。だったら、私も行ってみようかしらと思ったんです。でもお茶大には当時は修士課程までしかなくて、博士を目指す何人かの先輩たちが東大地球物理に行っていらした。私は地球物理について何も知らなかったけれども、とにかくそういうところがあると知って受験することにしたんです。

ペーパーテストをかろうじて通ったあと、面接になりました。面接会場には東大の地球物理関係の先生、助手の方がみんないらして、何がしたいかと聞かれました。火山噴火はきれいだからなんとなく火山の研究室に行きたいと答えましたら、即座に火山に女性はいらないってはっきりいわれたんです。困ったなと思っていましたら、金森博雄先生が「地震でもしてみますか」とおっしゃった。それで大学院に合格して、東京大学地震研究所（地震研）で学べるようになったんです。私が地震学に興味を持っていたというのではなく、救っていただいたということですね。

最相　金森先生というのは、カリフォルニア工科大学名誉教授でアメリカ地震学会会長まで務めた世界的な地震学者ですね。当時はどんな先生でいらっしゃったんですか。

石田　金森先生は非常に若くして東大教授になられた方です。私が大学院を受けた頃はまだ三十代前半でしたが、院生の間ですごく尊敬されていましたね。ちなみに、助手をなさっていた頃は、昼ごはんを食べている時間がもったいないといって食べなかったという噂がありました。

指導教官がいなくなった

最相　金森先生は、地震研紛争の時代に日本で研究することの壁というか、無駄な時間を過ごすことを避けて渡米を決意されたそうですね。石田先生はその時点で指導教官を失ってしまうわけですが。

石田　ええ、そうです。金森先生が渡米され、困惑した私を救ってくださったのは理学部地球物理学科の浅田敏《とし》先生の「指導教官がいないくらいでドクターをとれないならドクターはあきらめたほうがいいよ」という一言でした。そうか、ドクターってそういうものか、それならがんばりましょうと。一年遅れましたが、とりました。

浅田先生には、もう一回救われています。私が国立防災科学技術センター（防災センター・一九九〇年以降、防災科学技術研究所に名称変更）に入る時のことです。地震研紛争で就職口がなくなっていた頃で、ドクターをとってからは学術振興会の奨励研究員として地震研に残っていたんですが、防災センターの浜田和夫室長が、うちに来てみないかと声をかけてくださったんです。当時、よく知らない研究所でしたので迷っていましたら、浅田先生が即座にこうおっしゃった。「女性はもともと就職先は少ないから、とにかくあれば何をおいても行くべきだ」。えり好みしている場合ではないということです。本当にそうでした。誰も本音はおっしゃらないけれど、浅田先生だけはいつもいってくださった。それならばと、防災センターに採用していただいて、そこから海外出張もさせていただいたんです。

最相　金森先生がいるカリフォルニア工科大学に行かれるわけですね。この時、石田先生は地震前兆現象を研究されていますが、具体的にはどんな研究ですか。

石田　地震の前に異常なこと、通常と違うことが起きたかどうかを調べるんです。

最相　素人の質問で恐縮ですが、地震雲が出たとか、ナマズが騒いだとか、動物が逃げ出したとか、そういうことではないですよね。

石田　あくまでも地震活動を見るんです。カリフォルニアでも地震活動は活発なんですが、大きな地震というのは日本ほどは起きていません。一九七一年サンフェルナンド地震（M六・四）と一九五二年にカーンカウンティ地震（M七・七）の前の地震活動を調べてみると、大地震の前に震源の近くで地震活動がいったん低下したあと、再び活発化したり、直前の地震では短周期成分という小刻みな振動の成分が他よりも突出して多くなったり、波形が複雑になったり、というような特徴がみられた。ではなぜこうした現象がみられるかをモデル化して理解をしようとしたんです。でも、その後の研究で、これらの現象が普遍的にみられるわけではないことがわかってきましたが。

最相　当時、地震観測地点というのはアメリカの場合、どのくらいあったんでしょうか。

石田　日本よりは整備されていたと思います。防災センターで最初にしたことは、カリフォルニアと同じくらいの観測網を関東・東海地域に整備することでした。カリフォルニアをお手本にして作った観測網が、関東・東海地域の微小地震観測網なんです。

画期的な論文だからこそ、反発や批判が多かった

最相　その観測網が、その後の関東・東海地域のプレート構造の研究につながっていくわけですね。

石田　その頃は大学ごとに観測領域が決められていて、他の大学の観測網のデータは使いにくかった。関東地域と東海地域も観測機関が決まっていて、防災センターが入る余地はなかったんです。

ところが、一九七四年に石橋克彦先生が、東海地震はいつ起きても不思議ではないと発表して世の中に注目された結果、関東・東海地域でもカリフォルニアのような観測網を整備しようという声が高まって、関東・東海地域地殻変動観測網が構築されることになったんです。

最相　一九七八年に大規模地震対策特別措置法が制定されて、関東・東海地域が強化地域に指定されましたね。歴史的に大地震が何度も起こったことや、政治経済の中心地帯で損失も大変大きいということで、重点的に研究が行われました。その中で石田先生は、地震観測網の整備とプレートの研究に集中していかれたのですね。

石田　そうです。みなさんよく見ていらっしゃると思いますが、関東地域の下方には東からは太平洋プレートが、南東からはフィリピン海プレートが沈み込んでいます。このフィリピン海プレートがどんな形で沈み込んでいるかというモデルはすでにいくつもあり、それぞれみんな違いました。そこで新しく作った観測網のデータをもとにして、もっ

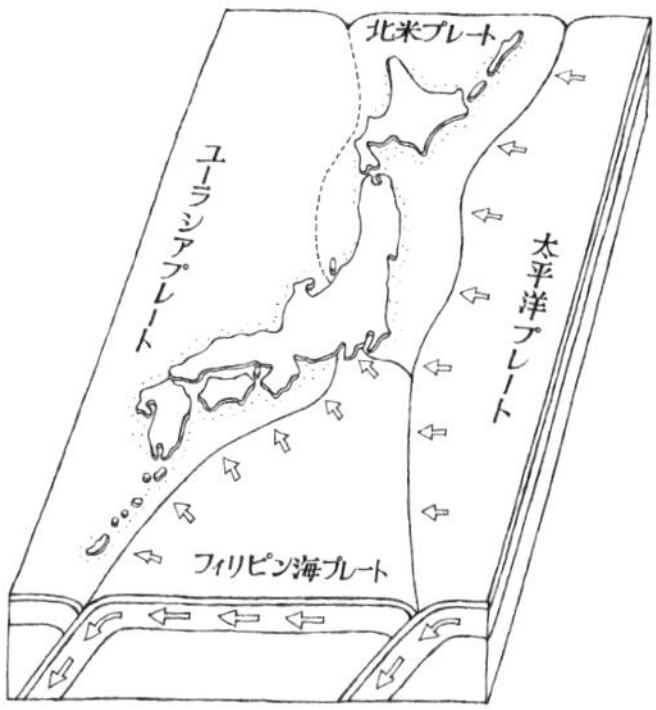

日本列島とその周辺のプレート。
図中の点線にプレート境界が存在するという説がある。
（イラスト／佃二葉）

と自然に沈み込んでいるモデルを作ったんです。もちろん、このモデルにも反論はありました。最近はさらに新しく改良されていますけれど。

最相　これは本当に画期的な論文だったので、だからこそたくさん反発や批判があったのでしょうね。

石田　それまで同じ研究をやっていた人たちには不評でした。

最相　でも石田先生はあくまでもデータを根拠にし、過去の論文をすべて検証して、そこから新しい知見を発表された。どんな批判があっても、あくまでも科学的に詰めるということがやはり一番の力なのではありませんか。

石田　ええ。いろんな議論はありましたが、私としては、これは一つのステップと考えて、次は少し視点を変えることにしました。

全国規模の観測網を作る

最相　視点を変えたとは？

石田　微小地震観測網ではちょっと大きな地震が起こると地震計の針が振り切れてしまって、初動しか使えないので、地震が起こった場所しか求められません。どのくらいの大きさで、どんなメカニズムで、どんな破壊をしたかということはわからないんです。だから、全国を対象にして大きな地震をちゃんと観測しなきゃいけないと思いました。大きな地震は周期が長くて振幅も大きいので、全国を対象に広ダイナミックレンジ（計測可能な振幅の幅が大きい）の観測網が必要じゃないかと考えて、「フリージア・プロジェクト（地震素過程と地球内部構造の解明に関する研究）」を開始したのです。

最相　フリージア・プロジェクトがスタートしたのは、一九九四年ですね。

石田　九四年です。

最相　ということは、九二年の論文を発表した直後から始められたということですね。

石田　九三年から準備して、科学技術庁（現・文部科学省）と交渉して九四年からスタートしました。フリージアの画期的なところは、データはリアルタイムでみんなが利用できるようにするから観測網整備に協力してくださいってお願いして、全国ネットでいろんな大学の全面的な協力を得てスタートしたことです。当時、一機関だけではこういうことはできませんから。今はもう当たり前になっていますが、地震のメカニズムや揺れ、どこがどのくらい揺れたかということをすぐリアルタイムで発信できるようにするのは大変なことでした。

最相　観測網の整備状況を年ごとに追っていくと、やはり一九九五年の阪神・淡路大震災をきっかけに、観測地点が一気に増えていますね。

石田　六〇〇〇人以上の方が亡くなられたので、国としても観測網を充実しようということで、高感度・広帯域・強震動の観測網整備が防災科学技術研究所（防災科研）で進められました。観測点は毎年毎年増えていって、テリトリーなんていっていられなくなりましたね。とくに微小地震観測点は年間一〇〇点位ずつ新設されたのではないでしょうか。現在全国で八〇〇点くらい整備されていると思います。フリージアで目指した観測網も防災科研の観測網として現在では八十点ぐらいの広帯域観測点から成っていて、Fネットと呼ばれています。今は、これらの観測網からのデータを用いて、震源やメカニズムを自動で求められるようになりました。これらに加えて、この三倍くらい、三〇〇〇点くらい強震計があります。

最相　強震計というのは何を測るものなんでしょうか。

石田　地面がどう揺れたかを計測する機器なんですが、字の通り強震でも振り切れないで観測できる地震計です。地震の発生場所とかメカニズムとかでなく、まさに観測地点がどう揺れたかを調べます。

最相　ということは地面の上に置かれてるんですか、それとも埋められてるんですか。

石田　両方あります。強震観測点は二種類あります。一つは坑井型で、地表と地下一〇〇メートルから二〇〇メートルくらいの深さに設置されたペアの強震計から構成されている観測点、もう一つは本当に地面の上に置いてあるだけの観測点です。たとえば前者は一〇〇メートル下、あるいは二〇〇メートル下に設置された強震計と地表の強震計とから、地表の地盤の増幅率がわかります。自分がいるところがどう揺れるかとか、どんな場合に揺れやすいか、どういう周波数に反応するかなどもわかります。

大地震は、国内だけでは計測しきれない

最相　全国的に見て、関東・東海地域は突出して地震は多いのですか。

石田　関東・東海地域は浅いところから深いところまで地震が多発していますね。

最相　二〇〇四年にマグニチュード九・一のスマトラ島沖地震が起こって、その後、石田先生はダフネという計画を立案されます。日本だけでやっていてもしょうがないという、インドネシアまで広がる観測網ですね。

石田　そうですね。大きな地震が起きた場合は、三十度以上（地球を円とみなして二点間の距離を角度で表す。三十度は約三一〇〇キロ）離れたところの観測網を使わないとほとんど振り切れます。だから国内の大地震の場合、国内の観測網だけでは何が起きたか、波形としてはたいてい使えない。日本で起きる本当に大きな地震の解析には、インドネシアやフィリピンやその周辺諸国など他の国に観測網を整備しなくてはダメじゃないかということで、プロジェクトを計画したんです。アジア太平洋地域に観測網を整備して、日本で大地震が起きた時に役立てたいと思ったものですから。

ところがグローバルな観測網の整備計画は、ヒアリングでは高得点でしたが採択されませんでした。国民の税金を他国の観測網整備に使うわけにはいかないからという理由でした。アジア太平洋地域に観測網を置くのは日本のためだと説明しましたが、結局理解していただけなくてあえなくつぶれてしまいました。二〇一一年に東北地方太平洋沖地震（東日本大震災）が起きた時、実際にあそこでどんな破壊が起きて、どんなふうに破壊が拡大したかといったことを解析するには、ほとんど周辺諸国の広帯域地震計の記録しか用いていなかったことをみなさんには知っていただきたいと思います。

スーパープルームの研究へ

最相　一九九六年からスーパープルームテクトニクスの研究、二十二億円のプロジェクトが始まっていますね。

石田　スーパープルームというのは、東工大の丸山茂徳先生が提唱された理論で、地球の変動は地球表面から地球の中心核まで、深さ二九〇〇キロまでを含む巨大なマントルの流れによって説明できるという考え方です。プレートテクトニクスでいう地球表層の運動だけでなく、マントル全体の動きをコントロールしているのは巨大な上昇流と下降流、つまりスーパープルームで、私たちのプロジェクトは、このスーパープルームの実態を明らかにして、二億年前から現在までの全体のダイナミクスを地震学的・測地学的・地質学的・岩石学的・数値シミュレーション的など総合的に解明しようというものでした。

　私が関係した地震学的方法では、まず南太平洋とインドネシアに観測網を整備することから始めました。インドネシアや日本の近辺は深部までプレートが沈み込んでいる場所です。そこで、まず地球全体の構造を知るために地震波トモグラフィを調べることに着手しました。

最相　地震波で地球の内部がわかるのですね。

石田　ええ。地球内部で地震波速度が速いのは冷たくて高密度の（硬くて重い）ところで、地震波速度が遅いのは温かくて低密度の（軽くて柔らかい）ところと考えられました。厳密にではないですがもっと簡単にいいますと、低速度の場所は高温で上昇流を、高速度の場所は低温で下降流の場所を表していると考えられたんです。

最相　ＣＴスキャンのようなものかと思うのですが、地球はそもそも大きすぎるからスキャンにかけられない。となると、具体的にはどのように観測するのですか。

石田　ＣＴスキャンは放射線などを利用して、体の内部画像を映す技術ですが、地震波トモグラフィとは、地震波を用いて地球内部の速度構造を明らかにするという手法です。受信機として陸域にも海域にも、できるだけ均等に高感度・広帯域地震観測点があればいいんですが、実際には海底の広帯域地震観測はすごくむずかしいです。最近は少し増えてきましたが、ほとんどが海洋島に設置されるだけです。あとは陸域ですね。

地震波トモグラフィでは、高感度・広帯域地震計で地球の裏側で起きた地震でも深部で起きた地震でも、どこで起きた地震でも、地球内部や表面を延々と伝わってきた地震波を観測し、その観測値を用いて地球内部の速度構造を求めます。一方、短周期の高感度地震計は、近くで起きた地震、たとえば国内の地震を国内の観測点で観測し、詳細な速度構造を求める場合に用います。

最相　スーパープルーム理論は日本発のアイデアですが、世界的にはどれくらい受け入れられてるのでしょうか。

石田　若い人たちにはほとんど受け入れられていて、ワールドワイドのネットワークを使って大きな地震を観測する人たちにはもう、基本的な考え方になっていますね。

東北を歩く

最相　直近のお仕事である東日本大震災の時の聞き取り調査は、これまでのように観測したデータをベースとするご研究とはまったく違うものですね。現地を歩いて被災した一人ひとりに向き合われた。このような研究をなさった理由をうかがってよろしいですか。

石田　私たちは立派な地震観測網を整備して、起きた地震に関しては、即座によくわかるようになりましたね。しかし、東北地方太平洋沖地震のような大地震が起こるということは、事前にまったくわかりませんでした。観測網も整っていて、知識も非常にあるのに、なぜこんなに多くの方が犠牲になったか、私たち研究者のしてきたことは人々を助けるのになぜ役立たなかったか、今後どうしたらいいのかなどを、少しでも知りたかったからです。地震はいつ起こるかわかりませんから、せめて被害を最小限に減らすには何を注意すべきか、あの地震が起きた時に現地の人が何をしたかを知りたいと思ったんです。

最相　東日本大震災が起こる前、石田先生も昔ご研究なさった前兆現象ですとか、データでみてそろそろ起こりそうだとか、そういうことは地震学者の間では、話し合われていたのでしょうか。それとも地震学者にとっても想定外だったんでしょうか。

石田　二〇〇四年のスマトラ地震のあと、日本にもこんな地震が起きるかもしれないという話はあったんです。でもそれは、主に東海から九州にかけてであって、東北地域で起こると明確にいった人はいないと思います。日本には大地震から微小地震までを対象とした種々の地震観測網が整備されているにもかかわらず、事前にはまったく何もわかりませんでした。

最相　調査ではどちらに行かれたんですか。

石田　岩手県から宮城県で、被害が大きかった十市町村です。一人ずつ話を聞いた理由は、アンケートでは出てこないことがあるのではないかと思ったからです。ただ、相手のお話をすべて直接受け取るというのは、すごくつらいことでした。それに当時は被災地にはホテルはありませんから、花巻とか新花巻とか一関にホテルをとりました。ということは、毎日車で二時間強の山越えをしなければなりません。そのあと、一人数十分かけてお話をうかがうので本当に疲れました。

二つのグループで調査したのですが、最初のグループで出た結論は、とにかく気象庁の情報が悪かったということです。地震調査委員会が出していた予測地図も間違っていたし、一般市民に対する教育も悪かった、防波堤があるために、これなら大丈夫だろうと思って逃げなかった、という結論にも達しました。でも私は、必ずしも全部は賛同できなかったんです。論文は、共著者になっていましたが気になることが残りました。

最相　それで、さらにインタビューを続けられたわけですね。

石田　そうです。二つ目のグループで改めて一つずつチェックし直しました。最初のグループの結論では、地震調査委員会の出した全国地震動予測地図が、間違っていたから悪かったということになっていました。宮城県沖で三十年以内にマグニチュード七級の地震が起こる確率は九十九パーセントであり、その場合の震度六弱以上になる地域を示していましたが、実際に起きた地震ではまったく違い、震度六弱以上の地域は予測地図より極めて広域にわたったからです。たしかに間違っていますが、私が聞き取りをしたところでは、予測地図そのものを知っている人がいなかったんです。

最相　一般の方だけではなく、行政とか消防の方もご存じなかったということですね。

石田　そうです。役所を回ってそういうものを発信する側の人たちにもうかがいました。

でも、予測地図のことは誰も知りません。ということは、この予測地図のせいではないと考えました。もう一つ、避難経路が適切じゃなかったとか、過去に津波警報を繰り返し出しているが、いつも情報が大きすぎたから今回も信用されなかったんだろう、という結論も出ていました。もちろんそういう人たちもいたと思いますが、多くの人々が何も情報を聞いていないんです。情報が悪かったんじゃなくて、情報が届かなかったのです。

最相　停電しているから、まずテレビは見られないですね。

石田　すごい地震だったからみんな家から外に飛び出して、興奮しておしゃべりしているかウロウロしていたようです。ニュースを聞いている人なんてほとんどいませんでした。停電していて情報は届きませんし、そういう状態だったから、気象庁の情報が悪いとはいえないんじゃないか。みんな気象庁を責めましたけれど、実際に大きな揺れが来る前に予報は出されていたようです。

ちなみに、そんなことが今できるのは世界中でも気象庁だけではないでしょうか。情報がちゃんと届けばそれはすごくいいことだと思います。

それからもう一つ重要なのは、地震や津波に対する知識の不足です。知っている津波を聞きましたら、一九六〇年のチリ津波と答えた方が多かったのです。そこでチリ津波についてうかがったところ、チリ津波の時は揺れなかったとおっしゃる。あれはチリ地震発生後、チリから二十四時間近くかけて日本の海岸に到達した津波です。つまり、人々の中で地震と津波が結びついていないのです。今回の地震で多くの人は地震と津波が結びついたでしょう。

防波堤についても話をうかがいました。すると釜石《かまいし》では、五十パーセントの人が「防波堤があったから逃げなかった」といいました。大槌《おおつち》にも巨大な水門があって、地震後に水門を閉める音がしたので安心して逃げなかったといった人もいます。こんなに大きい防波堤や水門があるんだから大丈夫だと思うんですよね。つまり構造物への過剰な信頼です。

小学校を防災の拠点に

最後に訪問した宮城県亘理郡山元町《わたりぐんやまもとちょう》では、こんなことに気づきました。海岸沿いの町で最後に残った砦《とりで》はなにかというと、学校でした。周辺の家々は津波で流されましたが、小学校だけが荒れ地に残っていたのです。地震発生後、校長先生が児童に三階の倉庫に行くように指示して、児童も先生も迎えに来た親たちも全員助かったそうです。でも周りの家は全部流されて何もなくなっていました。ここを案内してくださった学校の隣に住む方が、うちは新築だから残ると思ったのに何もなくなったとおっしゃいました。学校でも被害に遭ったところはありますが、そういうことも含めて、堤防より学校の利用をもっと考えてほしいと思ったんです。学校だったらいくら立派にしても、数十年ごとに補修しても、みなさん文句はないでしょうから。

最相　石巻では大川小学校で大変な犠牲が出ましたけれど、あそこの場合は建物が守れなかったというよりは、情報の混乱というか、指示が出しきれなかったとか、まったく別の要素があったようですね。

石田　あの学校も、建物の骨組みは残っていました。これが二階でなく三階か四階建てでしたら状況は違ったでしょう。歩いてびっくりしたのは、小学校も中学校も、学校は上まで水が来ても、周りの家々がみんな流されても、やっぱり骨組みは残っているんです。だからもうちょっと丈夫にして、避難するための高い部分を作っておけば、わざわざ別に逃げるところを作らなくていいですし、地域の人々の集合場所として常時利用できるように整備しておけばいいのではないかと、最後に思いました。今あるもので何が役に立つのかをもっと考えたほうがいいということです。

最相　今あるもので。

石田　ええ。今ある建物を多目的にしていつでも利用できるようにするとか、その時代時代に即して、何をするかをもっと考えようということです。

学生たちからの質問

最相　せっかく先生がいらっしゃっているので、質問を受け付けたいと思います。

学生A　地震の分布、震源の分布図がありますが、画像の精度はどれくらいですか。

石田　陸域の浅い地震では、平均的には震源そのものの絶対誤差は、プラスマイナス五キロくらいありますが、相対的には、もっとずっと良いです。深い地震や海域の地震の絶対誤差は、十キロくらいはあると思います。

学生A　ありがとうございます。

学生B　今僕は四年生で、地球のコアの研究をやっているんですが、今回の講義で説明していただいた観測網というのは、表面のプレートとかの境界じゃなくて、地下のもっと深いところに関係するような地震波速度とかの観測には応用できますか。

石田　説明しましたように、広帯域のワールドワイドなネットワークはほとんどそういうもののためです。観測点に対して遠地で、たとえば最も遠いのは地球の反対側で発生した地震ですが、そうした遠地地震の地震波がマントル内をどう伝播してきたか、コアでどう反射・屈折してきたかなどを調べるのに、今最も用いられているのは広帯域地震観測網のデータです。地球内部の速度構造を調べるデータだと思ってください。

学生B　ありがとうございます。

学生C　論文を出した時に後悔したとか、批判があったとおっしゃっていましたけど、逆にやっててよかったと思ったのはどんな時でしょうか。

石田　なかなかむずかしいですが、自分が作ったモデルを利用してみなさんが次のステップ、たとえば、地震波形を計算して地表での地震動を求めてくださったりした時に、ああがんばってやってよかったなと思いました。

学生D　東北で地震があった時に小学校が壊れずに残っていたということに、すごく感動したんですが、それ以外の中学校、高校、大学とかの建物はどうだったのでしょうか。

石田　あの時は小中学校をとくに重点的に調べました。なぜかといいますと、小学校や中学校は一番たくさんあって身近だと思ったからです。資料によりますと、高校も大学も建物は残っていて被害は少なかったようです。岩手県で小中学校で子どもが一人も亡くならなかったのは、すごいことです。亡くなった方がいるのは、そのお子さんが家に帰っていたからです。あの頃はちょうど卒業式で、小中学生は比較的学校にいたんですね。

最相　そうですね、亡くなられた小中学生は親御さんが迎えに来て帰る途中だったという話もありました。

石田　そうです。あと、病気で休んで家にいたとかですね。

学生D　ありがとうございました。

最相　最後に、これから研究に入っていく人たちに向けてメッセージをいただけますか。とくに女性に向けてのメッセージがあればお願いします。

石田　いずれにしても、自分で決めないとダメです。人にいわれるんじゃなくて全部自分、できる限り自分で決めてください。魔法の方程式はないです。まず何かをしてみて、ダメだと思ったり、これが合ってないと思ったりしたら、やり直したらいいんです。これっていうのを見つけるまですごく苦労して悩んで、そして決めていく。

　自分が生きている時間、目が覚めている時間は、自分で一番自分のためになるように使うということを心がけないと、あっという間に私くらい年を取りますよ。だから、とにかく自分の力、自分で決めて、あとで失敗した時に、あの人がああいったからだなんていわないためにも、自分で一個ずつ決めてください。

最相　女性に対してはありませんか。

石田　とくに思いつかないですが、あえて申しますと、私の頃よりも今の方が女性に対して差別は少なくなったと思います。ただ見かけは非常に平等ですが、女性はやっぱり対等には扱っていただけない場合があります。でも、そういうことにめげないでください。まずはあまりそういうことを気にしないで、とにかくしたいことをしてください。女性だからって自分を特別に思わないこと。性としての女性と男性、職場では一般に男性が多くて女性が少ないとかそういうことはありますが気にしないで、自分が何をしたいかを優先してください。

最相　残念ながら時間が来てしまいました。石田先生、今日は貴重なお話とアドバイスをありがとうございました。

石田　こちらこそありがとうございました。（拍手）

＊追記

後日、石田瑞穂先生から、学生Dさんからの質問に関連して、なぜ小学校を防災拠点として整備すればいいと考えるか、自分の考えを正確に伝えられなくて不十分だったので、追伸としてみなさんに伝えてほしいというメッセージをいただきましたので紹介します。

まず一つ目。小学校はだいたい家から歩ける距離にあるということ。地域の中でも非常に近い所にある。

二つ目。地域の人々に身近な存在であるということ。

三つ目。五十年に一度くらいは立派に立て直しても、みなさんの文句は出ないだろうということ。今は防波堤や防潮堤が作られていますが、コンクリートの建造物はだいたい五十年に一度建て直しが必要といわれています。とくに海水に接している場合は劣化が早い。東日本大震災のように一〇〇〇年に一度といわれる地震に対しては、小学校を立派にして、いざとなった時に避難できるようにすることの方が、ずっと有効なお金の使い方ではないかということです。

それから四つ目。学校の先生には異動がありますから、今回の東北でも津波や地震の経験のない先生が結構いらっしゃったそうです。そういう経験のない先生が着任したとしても、学校そのものがきっちり防災拠点として整備されていれば、ある程度は大丈夫であるということですね。

最後、石田先生は問題点も挙げてらっしゃいます。近年、市町村の統廃合が進んでいます。小学校もなくなったり合併したりということがあるので、必ずしもすべての小学校が歩ける距離にあるとか、地域の人々に身近であるというわけではない。この件は今後の検討課題でしょう。以上、石田先生からの補足説明でした。

10　人はなぜ回復するのか

中井久夫と統合失調症の寛解過程論

おはようございます。今日は、精神科医の中井久夫《ひさお》先生を紹介したいと思います。統合失調症と寛解《かんかい》過程論って、なんの話だろうなと思われたかもしれませんね。統合失調症というのは昔、「精神分裂病」と呼ばれていました。なんだか人間が分裂したような、誤解を招きかねない名前なので、日本精神神経学会をはじめ、関係団体の意向により、二〇〇二年に統合失調症と名前が変えられました。

病気としては一八九九年、十九世紀の末に報告されていますが、非常に重い症状を見せるために、精神医学の世界では長らく大きな課題となっていた病です。心の病という言葉がよく使われますけれど、じゃあ心の病っていったいなんなんだ、どういうふうに捉えればいいのか。そこへ科学的な視点からこの病を理解しようとしたのが、中井久夫という精神科医です。

ちょっと私事なんですけど、ここ数か月たびたび胃痛があって、これはもしかしたらと思って近くの結構有名な大学病院を受診したんです。四月の初めに胃カメラを飲んだり、血液や便の検査をやったりと、やれることは全部やって、また来週も診察があるんですけど、ここまで三か月ほどかかって結局何も悪くないっていわれたんですね。じゃあこの胃の痛みはいったいなんなんだと。お医者さんと向き合っても画像と数値だけで判断されて、それが必ずしも私の体の症状と合致しないことに対して、なぜ疑問をもたれないのだろうとちょっと不安なわけです。でもそれはやっぱり今の医学がそうなっているからやむをえない。

精神疾患というのは胃よりももっとむずかしくて、画像で何かが撮れたからこの病気だ、とはいいがたい。脳の血流量を計測する光トポグラフィを用いた研究が行われていますが、いろいろ疑問も出ています。科学からちょっと距離がある。中井久夫先生は、科学的な視点を持ちうるために患者さんの「生活」に目を向けた人でもありました。

簡単に略歴を紹介します。一九三四年、奈良県生まれ、京都大学医学部を卒業されてます。実はその前に、法学部に入ってらっしゃるんですけども、途中で結核になって休学されたのをきっかけに、医学部に転部します。医学部卒業後は京大ウイルス研究所に入ります。日本脳炎が問題になっていた頃ですね。そこから急に東京大学病院分院神経科といって、精神医学の臨床に方向転換されています。

「心のケア」を始める

この間に何があったかという話は後でしたいと思いますが、一九七五年に名古屋市立大学で助教授、その後、神戸大学医学部精神神経科の教授をされていた最中、九五年に阪神・淡路大震災が起こりました。この時、神戸大学を拠点として心のケア活動が行われます。中井先生はその司令塔となって活動されました。ご本人は、電話番とおっしゃっていますけれど。神戸大学を退官後は、甲南大学の教授に迎えられ、二〇〇二年に、ひょうご被害者支援センターの理事長、二〇〇四年に兵庫県こころのケアセンター所長に就任されました。

ひょうご被害者支援センターというのは、犯罪や災害の被害者からの電話相談を受けて、どういった対処をしていけばいいのか、たとえば弁護士さんを紹介したり、臨床心理士や精神科医を紹介したり、といった窓口になります。被害者同士のワークショップを開いて、みなさんが協力の輪を広げていく、そういう拠点としてもとても重要な施設です。

兵庫県こころのケアセンターは、日本各地にある心のケアセンターの第一号です。阪神・淡路大震災の活動をきっかけにできたもので、東日本大震災後は東北各県にもできました。

中井久夫先生の主要な研究、仕事を紹介しますと、まず一つ目が一九六九年、風景構成法の創案です。これは先日、九州大学の佐々木玲仁先生がいらっしゃった時に、ビデオや写真を見ていただきましたね。二つ目が統合失調症。三つ目が震災や事件事故によるトラウマです。

風景構成法はゆるやかに関係性を作る

では風景構成法というのはなんであるか。繰り返しになりますけども、もう一度ざっと説明しますと、言語的なコミュニケーションがうまくいかない統合失調症の患者さんとのやり取りを行う手段として開発されました。統合失調症以外の患者さんの治療や心理アセスメント、臨床心理面接の場面でも一つのきっかけとして導入されることがあります。医師やカウンセラーとクライエントの間で言葉を交わせない場合はもちろんですけど、うまく言葉が出てこないという場合でも、絵を媒介として、少しずつ関係を作っていく、そういう手段として使われることもあります。

順番としては、川を描いてごらん、次に山を描いてみてはどうかな、田んぼを描いてごらんというふうに順番に絵を描いてもらって、一つの風景を作り上げる、ということですね。これはロールシャッハ・テストのように、絵から何が見えるかを読み取るテストとは違います。

　風景構成法は、とてもおだやか、ゆるやかに関係性を作っていける。絵を見て、この人はどういう人だと即座に判定するものではないですし、こういう絵だったらこうだって決めつけるようなことは診断を誤らせる原因になる。そこは慎重さが要求されるものです。佐々木先生も先日おっしゃっていましたね。

　では風景構成法を作るきっかけとなった統合失調症というのは、どういう病気であるのか。厚生労働省のホームページにあるのが最新の情報だと思いますので紹介しますと、まず、幻覚や妄想などの症状がある。誰かが自分の噂をしているとか、心の中を誰かに読まれているような気がするとか、普通の人には単なる騒音が人の声に聞こえるとか、そういうさまざまな陽性症状があります。あとは、自分と他者の区別がなかなかつきにくい。それから人と交流して生活を営む機能の障害です。これはいわゆるコミュニケーションに支障が生じているということです。それから三つ目は、これも重要な症状なんですけども、自分が病気であるということを自覚することがむずかしい、病識というんですけども、いろんな感覚や思考、行動が病気のために歪《ゆが》んでいるということが自分自身でよくわからない。

　患者数は、ちょっと古いんですが、二〇〇八年の日本の患者調査によると、国内で七十九・五万人。世界では、だいたい〇・七パーセントから一パーセントの生涯罹患率です。発症する人の多くが十代後半から三十代です。みなさんぐらいの年齢から発症する人たちがいるということですね。

遺伝か環境かというのも、厳密にはわかっていませんが、双生児研究によれば遺伝要因が三分の二、環境要因が三分の一。原因は今も不明のまま。ただ脳の神経情報伝達物質が関与しているのではないかといわれています。

病気の経過としては、前兆期、急性期、回復期、安定期というように、症状が変化していきます。実はこういう変化があるということを発見した一人が中井久夫先生なのですが、今では当たり前のこととして考えられてます。決定的な治療法というのは、なかなかなくて、今のところ薬物療法によって症状を抑えることがメイン、それからさまざまなリハビリが行われています。

「ルポ精神病棟」が大きな物議を醸す

中井久夫先生が精神医学の世界に入った頃がどういう時代だったかということを象徴する一つの事例を挙げたいと思います。のちに単行本になって、現在は電子版で入手することができるんですけど、大熊一夫《かずお》さんという新聞記者が一九七〇年に朝日新聞に連載した「ルポ精神病棟」という記事が非常に物議を醸しました。精神医療の実態を告発して、国会で議論されるまでになった大きな事件です。

大熊一夫記者が連載するきっかけとなったのは、日本精神神経学会が出した調査報告書です。その中で、いくつかの病院で医師や看護師によるリンチとか暴力が常態化しているとある。大熊さんは、これはどういうことかということで、実態調査を始めたわけです。いっぱいお酒を飲んで、アルコール中毒だと偽って入院する、つまり潜入取材です。病棟がどうなってるか、中に入ってみる。写真ではあまりはっきり見えませんが、地べたに布団が敷いてあって、患者さんが檻みたいな、牢屋みたいなところに入っています。一度こういう所に入れられたら二度と出られないんじゃないかと怖くなるようなひどい状況で、お手洗いは床に穴が空いていて、その下に水が流れているだけ。そこで顔を洗ったり歯を磨いたりする患者さんもいるという、非常に不衛生な状況があったそうです。大熊さんは、電気ショックでまるでリンチのようなことが行われているのも目撃します。大熊さん自身も、精神病質ヒステリーという病名を付けられます。そんな馬鹿な、ということで告発記事を書いたわけです。

この病院がすべての病院を代表するわけでは決してありませんが、中井先生の時代の精神科病院にはこういう環境があり、中でも課題は「分裂病」、統合失調症が精神科医の前に大きな壁として立ちはだかっていたのです。

精神科へ進んだ理由

中井先生は、京大を卒業後、大阪大学医学部附属病院でインターンをされるわけですけども、その時に各科を回りながら、どの道に進むかを考えておられました。そんな中、精神科に行った時に、ちょうど患者さんが退院してきたのを目撃するんですね。それを見て、あ、治るんだと。治る人たちがいるんだということを知ったのです。治るのであれば自分はそこで一つ仕事をしたいと。他の科で亡くなる人たちを次々目撃していたんですね。内科でもがんは当時治らない病気だったので、亡くなっていく。そういうのをたくさん見た後で、精神科から退院していく人を見たことは非常に大きなきっかけだったのです。

ただし、病棟は大熊記者がレポートしたような状況だった。まるで海藻が海底をゆらゆら揺れているように、患者さんたちが徘徊《はいかい》していたという中井先生の文章があります。当時は、カタレプシーといって、石像のように佇《たたず》む患者さんも精神科病院に多くいたんです。そういう状況の中で、自分はどのように医師として患者さんと接すればいいんだろうと悩んでいました。

そんなある日、中井先生はある一冊の本と出会います。ジョージ・シャラーという動物行動学者の『ゴリラの季節　野生ゴリラとの600日』という本です。原書が一九六四年、著者はゴリラ学の基礎を作った研究者です。早川書房から一九六六年に翻訳版が出るんですけども、ちょうど中井先生が精神科医になろうと決断された時に出た本です。

シャラーがここで書いているのは文字通り、ゴリラとの六〇〇日です。ザイールやウガンダ、ルワンダで、マウンテンゴリラの調査をしようと森の中に入っていくんですけれども、なかなか接近することができません。どうやったら彼らと近づくことができるかを考えて、シャラーは何日も何日も森に通って、自分の意識を捨てて、まったく謙虚な気持ちで近づいて、逃げ隠れせず、彼らに全身を見せたまま、切り株とか木の枝に座ったんですね。こちらからゴリラに対する気持ちはないよというふりをして、くつろいでいた。そうすると、ゴリラが近づいてきて、コミュニケーションは交わしませんけれど、なんとなくそこに自分がいてもいいような、背中を向けてお互いに切り株の上に座って昼寝をするような、そういう関係になっていったっていうことを報告しました。

この本を読んだ時の中井先生の言葉が文章になってますので、ちょっとだけ読みます。「彼は森と一つになり、森の一部になればゴリラと会えるだろうと思って、来る日も来る日も森の中に立っていた。ついにいくらか森の一部になれたと思った時、ゴリラがやってきて、彼と会う。最後に彼はゴリラと背中合わせで昼寝する。私も、病棟の一部になったら大丈夫で、患者と出会えるだろうと思った」（『精神科医がものを書くとき』）。

つまり、ただそこにいるということで、患者さんと会えるんじゃないかと思ったのですね。私はこの一冊をもって精神科病棟に入ったといっても過言ではない、と書かれています。

では、ただそこにいるというのはどういう姿勢であるのか。中井先生が参考にしたのがオーストリアの看護師、ゲルトルート・シュヴィングの『精神病者の魂への道』です。シュヴィングは看護師で、何年も身体を動かせずに固まっていた、今でいう統合失調症患者のもとに毎日寄り添いました。決まった時間に訪れて三十分くらいずっと、ただそこにいるということを続けたんですね。そのうちお互いにささやかな交流ができていった、そういう道のりを書いた本です。中井先生はこのように考えました。

おそらく、患者のそばにじっと座ることから始めるのがよいであろう。そして、沈黙している患者の傍らにいて、われわれの心の中を通りすぎるさまざまな感情を静かに見つめるのがよいだろう――。

これが最後まで中井久夫という医師を貫く、医師としての、患者に対する姿勢でした。ただただ沈黙して患者のそばにいる。もちろん、自分も心の中ではいろんなことを思ったりするわけですけど、そういうことも静かに見つめながらそこにいる。そこから始めるのが第一歩ではないかと考えたわけです。

時代や環境によって「病」と捉えられる

その頃、中井先生はどのように統合失調症を捉えていたか。『分裂病と人類』という本を書かれています。誤解を恐れずに一言でまとめてしまいますと、なぜ今日まで統合失調症はあるのかという疑問に対して徹底的に考え抜いたものです。統合失調症の患者は世界に何パーセントかいるわけです。そこに偏りはなくて、歴史的にも必ずいた人たちなんですね。中井先生が例に挙げたのがアフリカの三日月形赤血球病です。これは赤血球が三日月形になっている人で、酸素を運搬する能力が非常に劣るので病気にかかるわけですけれども、この人たちの特徴としてマラリアにかからないというのがあるんですね。アフリカに多いんですけれども、病気というのはそういう側面があるわけです。

統合失調症に親和的な人は、かすかな兆候を読む能力が傑出している人が多く、それは狩猟民族には生き残りに有利であっただろうと中井先生は考えました。つまり、時代によっては非常に傑出した能力をもつ人たちだったのではないか、それが時代とともに有用ではなくなった、すなわち、人間にとって必要不可欠な機能の失調による病気が統合失調症である。統合失調症だけでなく今精神疾患とされているものは本来は非常に有用であった。それが時代や環境によって、病とかパーソナリティーの障害として捉えられるようになってしまった、そういう視点からも精神疾患を見ようとしたのが中井先生なんですね。

たとえば恋愛を仮定すると、相手の気持ちをどれだけ深く読み取ることができるかによって異性の心を摑みやすくなるでしょうし、子どもならお母さんの機嫌を細かく感じ取れたらおっぱいをたくさんもらえる、お菓子もたくさんもらえるでしょう。そんなふうに人の気持ちを読むという能力は、生きていくうえでとても大切です。ところが、そういう能力をもつことが人を苦しめることがある。時代によっては精神疾患と見なされる。そういう角度からも病を捉えようとしたわけです。

治っていく過程をきちんと観察する

いよいよ、寛解過程論とは何かという話に入るんですけれども、中井久夫先生の問題設定は何であったか。ちょっとむずかしいけれどもこんなふうにおっしゃっています。

「統合失調症の精神病理学は一般に発病の過程に精であり、寛解の過程に粗である」

どういうことかと申しますと、発病するということに対しては、症状が目に留まりやすいこともあってさまざまな報告や記録があるわけです。暴れたり、幻覚を見たり幻聴を聞いたり、外から見てもわかりやすい症状です。

　そういうことに関しては精密に記録されてきたんですけど、一方で寛解、すなわち治っていく過程については、当時は報告がなかった。中井先生は、退院していく人を最初に見ているわけですね。あんな激しい症状を見せた人が治っていく。じゃあどういう過程で病を脱しているのか。これまでみんな無関心だったんです。なぜかというと治っていくわけですから。医療者も安心してあまり観察しないし言葉も交わさない。お医者さんも看護師さんも注意をしなくなっていくわけです。あの人は大丈夫だとほうっておかれる。ほうっておかれると、そこで何が起こっているかということが置き去りにされていくわけです。

　そうじゃないんじゃないかと中井先生は考えた。病的なものだけを取り出すのではなく、むしろ病的なものを被っている心身に注目するべきではないか。回復はありえない、統合失調症は治らないと断定するのではなくて、医師や看護師と患者さんの関わり方による変化を見てはどうか。変化を見るということは、経過研究ができるということですね。「分裂病」に目鼻をつけること――を目標としたと中井先生はおっしゃっています。『最終講義　分裂病私見』という著書に年表のようなグラフが掲載されています。ある患者さんのケースです。横軸が時間、昭和x年から始まって、三年後まであります。縦軸にはいろいろな症状や行為が書かれています。縦軸の一番上が異常体験、つまり幻聴や幻覚ですね。次が離人症、これは現実感がない、世の中が薄っぺらな印象になるという症状ですね。被圧迫感というものもありますが、これは世界が自分にひしひしと押し寄せてくるような、圧迫されてるような感じです。衝動行為、攻撃性もありますね。これは字の通り、医師や看護師に暴力をふるったり、窓ガラスを割ったり、飛び降りたりという行動です。身体症状や夢についても書いてあります。身体の病気も記載していいます。胃が痛かったり体が硬直したり。医師がどういう治療を施したか、薬の名前なども書いてあります。その下が精神療法と書いてあります。心理療法と同じ意味なんですけど、カウンセリングなど薬物治療ではないことを行うことをいいます。その次が疎通性・社会性ですね。これは人とのコミュニケーションです。一番下にあるのが自由画の主題ですね。どんな絵を描いたのかということが一つひとつ書いてあります。以上のような行為や症状が時系列で記録されているんですね。

たとえば、この患者さんは昭和x年において二十歳の男性です。地方から公務員として東京に出てきた方で、中井先生が調布にある精神科病院に勤めていた頃の、初めての統合失調症の患者さんの症例だそうです。青年が公務員として上京してきて、ある時同僚からポルノ写真を見せられます。その時に非常に大きな衝撃を受けて、女の人がかわいそうでたまらないと、自分が報いがたく穢《けが》れたという衝撃を受けて、それがきっかけでさまざまな症状が出てきてしまったそうです。

最初に紹介したように統合失調症というのは遺伝要因と環境要因があって、たとえば結婚、離婚、就職、出世など、人生のターニングポイントがあるわけですけれども、そういうことが引き金になって発症するという方も多いのだそうです。この人の場合、入院してしばらくは、幻覚を見たり、自分の頭の中に色が塗られているように感じたりとか、ずっと症状が出てるんですね。

非常に大きいのは被圧迫感ですね。周りの世界が自分を圧迫しているような気がすると。衝動行為、攻撃性も出てきている。お母さんを殴ったり、二階から飛び降りたり、窓ガラスを割ったり、こういうことが行われている。身体衝動としては体が硬直しているとか脱力している、胃腸の異常感が記載されています。

患者さんのそばにただ寄り添う

この頃、中井先生が何をしたかといいますと、シュヴィング的接近、先ほど説明したオーストリアの看護師さんが沈黙している患者さんのそばにただ佇んでいたという、そういう接近の仕方です。患者さんのそばに、毎日ずっと同じ時刻に寄り添っていた。するると、この頃から患者さんは粘土を使うようになって、ある時、人の顔を作ったそうです。人の顔を作ってからすぐに今度は絵を描きだした。絵を描きだしてしばらくして、被圧迫感が突然、少しずつ治まっていった。この時に、中井先生は身体治療としてお薬を変えている。

この患者さんが最初どんな絵を描いていたかといいますと、人の処刑とか、首を切断した絵だったそうです。それから妖怪の絵。やがて、太陽、波、船、岩を描き、花屋も登場します。投薬を変えた頃からは、何か状況を説明するような絵を描きだした。コミュニケーションではないけれども、絵に何か訴えるもの、説明するものが現れるようになったのです。

この頃、中井先生は何十枚ものお花の絵をこの患者さんから受け取って非常に感銘を受けたとおっしゃっています。画用紙に太陽と地球を描いて、これだけ太陽と地球が離れていると私の悩みは小さく思えます、とおっしゃったそうです。

こんなふうにさまざまな角度から患者さんを診て、それを時系列で追っていくと、何かが見えてくるような気がしませんか。

中井先生に本物のグラフを見せていただいたことがあるんですけれども、巻物のようになっていて、小さな字でいろいろなことが書いてありました。このグラフを描く時に中井先生が大切にされたのは看護師さんが書いた看護日誌です。お医者さんは忙しくていろんなところに行っちゃいますけど、看護師さんはその病棟にいてずっと同じ患者さんをみて看護日誌を書いているわけですよね。だから看護師さんが気づいた患者さんについての記録を参考にされたそうです。

この患者さんは、お父さんが苦しんで死ぬ夢を見ます。その患者さんは実際に小学生の時にお父さんが亡くなって家族が大変な目に遭うんですけど、おそらくそのことが夢に関係しているんだろうと。実はこれはとてもいいことなんです。症状として現れる可能性のあることが夢に昇華されていくんですね。それはこの患者さんにとって、回復に向かうとてもいいきっかけになったと中井先生はご覧になったわけです。

感銘を受けた患者さんの言葉

中井先生はこのあと名古屋市立大学に異動されるのですが、東京を去る時、この患者さんはコカ・コーラをガブガブ飲みながら、私は悲しみを持って、焦りの塊となっています、と自分の置かれた状況を先生に語ったそうです。自分自身の言葉で、自分の置かれた状況を的確に表現したことに先生はとても感銘を受けました。

このようにして診察をしながら、一人ひとりの症状などをもとにグラフを書いていく。その中で、中井先生は一つの法則を発見されます。それが臨界期です。回復に向かう初期にいろいろな身体的動揺や薬物副作用の増強、悪夢がみられる、本当の身体病も起こると。失神、痙攣《けいれん》、お腹の異常、悪夢を見たり、心身症になったりと体の症状がすごく出る、それを経て回復に向かう。これを中井先生は「やっと身体が応援にかけつけた」と表現されています。

実は、発症する時にも同じように身体症状が現れることがのちにわかってきました。つまり、身体症状の現れる臨界期をきっちり観察して記録していれば、その患者さんの病気の経過を読み取れるということを明らかにされたわけです。この寛解過程論が発表されたのは、一九七四年のことでした。

このことは後進にどのような影響を与えたか。神戸大学准教授の田中究《きわむ》先生という、中井先生のお弟子さんはこうおっしゃっていました。「統合失調症の人はよくなるのだと。われわれの診ているのはその過程なのだということをきちんといってもらっている」

一つしかないものの科学

『治療のテルモピュライ』という本に中井先生のこんな言葉があります。火星やエベレストなど、一つしかないものの科学がある。ヒマラヤの峰が、気象学的、地質学的要因の相互作用であるように、患者一人ひとりの過程にとって周囲との相互作用は重要である。一人ひとりの患者はヒマラヤの一つひとつの峰である――。

猿橋勝子もそうですし、先週の石田瑞穂先生もそうでしたが、自然現象というのは一つとして同じものがない、医療も同様なわけですね。一人として同じ患者さんはいない。もちろん診断はしなくてはいけませんから、病名によって分類はされますけれども、一人ひとり丁寧に観察していくとみんな違うんだと。

インターネットで見たことがあるかもしれませんが、うつ病チェックシートというのがあります。質問に対して、はい、いいえとか、時々、いつも、まったくとかいろんなレベルで回答していくわけですけど、体がだるく疲れやすいかとか、騒音が気になるかとか、気分が沈んだり重くなったりするかとか、朝がとくに無気力であるとか、仕事の能率が上がらず億劫であるとか、人生をつまらなく感じているとか、いろいろな項目によって自分がどのレベルにあるかをチェックしていくと、うつ病の可能性が何パーセントと出る。

アメリカ精神医学会の出している「精神疾患の診断と統計マニュアル（DSM）」という診断基準があって、WHOもほぼこれに準拠する診断基準なのですが、これらをもとに世界中の精神疾患が分類されています。なぜこれに統一されているかというと、医師の診断がバラバラになるから。それから、これを使わないと論文が海外で受理されないんですね。だからお医者さん側もこれを参考にせざるをえない。また、エビデンス・ベースド・メディスン、EBMという言葉がありますけれども、薬によってどのくらい効果があるのかとか、その精神療法によってどのくらい患者さんが回復するのかということも、論文を発表する時にとても重要になっている。今の精神医学は、そういう方向に移行しているんですね。日本でも保険診療がありますので、名前を付けないと医療が成り立たないわけです。

そんな中で、中井先生がしてこられたような診察は、なかなかむずかしくなってきている。三分診療という言葉を聞いたことがあると思いますが、心療内科とかメンタルクリニックに行くと、初診は比較的長く話を聞いてくれるんですけれども、二回目からは三分から五分、どうですか変わりないですかと話をして、あとはお薬が出されるだけのことが多い。限られた中で懸命に診察しているお医者さんはもちろんいらっしゃいますが、多くはベルトコンベア式の診察が中心になっている。それは世界的な趨勢《すうせい》だからしょうがないんですね。

では、中井先生のやり方はもう通用しないのでしょうか。

看護に希望を託す

中井先生のやり方はお弟子さんを中心に受け継がれ、さまざまな論文や文書によって共有されています。中井先生ご自身は、自分の仕事はかろうじて看護の世界で受け継がれていくんではないかなとおっしゃっていて、『看護のための精神医学』という本も出されている。これは精神科看護をする医師、看護師に向けた専門書、医療関係者向けの本なんですけれども、もう何刷にもなっていろんな方に読まれています。治療というのは、受付から始まるということをおっしゃっています。中井先生は必ず自分から扉を開けて、待合室にいる患者さんに、○○さんこんにちは、といって部屋に誘う。挨拶をきちんと交わすとか、そういう人として当たり前のことを丁寧にされた。

病棟のデザインやインテリアにもとても気を遣い、神戸大学でも、中井先生がいた頃に精神科病棟が新築されるのですが、中庭があったりオリーブの木が植えられていたり、看護師さんの休憩室もあったりとさまざまな工夫がなされています。以前に紹介した箱庭が置かれている部屋もあります。今でこそある程度当たり前になってきてますけど、当時としては見学者も多い注目される病棟だったそうです。

なぜそういう環境とか挨拶を大切にされるか。富士山にたとえておっしゃるんですけど、富士山は五合目から登れるわけですね。だけど、環境とか、人と人との当たり前の言葉かけなどを軽んじるということは、海岸から富士山に登るようなもので、それだけ労力もかかる。それよりは五合目までのことはきっちりやって、そこから登っていこうよということですね。

心のケアと阪神・淡路大震災

阪神・淡路大震災の時、心のケア活動に尽力されたと初めにお話ししました。この時に「心のケア」が生まれたとよく報道されるんですけど、そうではなくて、「心のケア」という言葉は一九八〇年代の後半からがんの終末期などの患者さんの心理的な動揺にどう対処するかというところから使われ始めた言葉です。災害とか事件の被害を受けた人たちの心の問題にどう対処するかという意味で使われ始めたのは、阪神・淡路大震災以降ですが。

阪神・淡路大震災の時には神戸大精神科が中心となり、中井先生が司令塔となって、全国から集まってきた医師や看護師さんたちを被災地に派遣して、被災者のケアを行いました。その時の経験が、のちの兵庫県こころのケアセンターに発展していくわけです。

心のケアというのは、先ほども申し上げましたように、なんか困ったことありましたか、話を聞きましょうかという声かけじゃなくて、まず急性期にはお薬を補充したり患者さんを移送したり、いわゆる精神科救急の仕事なんですね。それを心のケアと呼んでいます。

それが時間の経過とともに、避難所をまわったり、仮設住宅をまわったりして、具合の悪い人を支えていく、場合によっては医療機関につなげる。だから、あなたの悩みを聞きますよというのは、本来の心のケアではない、ということを知っておいてください。

兵庫県が、これだけ心のケアに力を入れたというのはもちろん震災もありますけど、少年による連続殺人事件が起こったり、JR福知山線の脱線事故があったり、明石の花火大会の時にたくさんの人たちが亡くなったり、隣の大阪でも大阪教育大学附属池田小学校児童殺人事件が起こったりしました。震災から二〇〇〇年代初め頃に集中して関西で大きな事件、事故や災害が起こったんです。そういうことも背景にあって、心のケアセンターの存在意義が高まっていきました。

ここの医師や臨床心理士の方々は、その後海外にもどんどん派遣されて、スマトラ島沖地震の支援に行ったり、中国の四川大震災や台湾地震など、海外の被災地にも派遣されています。東日本大震災では、このモデルが東北にも作られて、岩手県こころのケアセンター、宮城県こころのケアセンター、福島県こころのケアセンターができました。

DMAT（Disaster Medical Assistance Team）という言葉は聞いたことありま

すか。災害が起こった時の緊急医療隊ですね。その精神医療版として東日本大震災後にＤＰＡＴ（Disaster Psychiatric Assistance Team）という、精神科医や臨床心理士で構成されるチームを派遣する組織も発足しました。

おすすめの本の紹介

最後に中井久夫先生の著作を紹介します。たくさんある中のごく一部なんですけれど、『精神科治療の覚書』という本は、ケアにあたる方だけでなく、学校の先生など教育者にも読まれています。ＰＴＳＤ、心的外傷後ストレス障害といいますが、これを日本に紹介したのも中井先生でした。『戦争ストレスと神経症』は、戦争に派遣された兵士たちが心を病んでいくことを報告したとても重要な本で、これを翻訳して紹介されました。三つ目の『日本の医者』は絶版だったんですけど、最近新版が出ました。簡単に紹介すると、医局制度の批判をした本ですね。つまり「白い巨塔」批判です。もう一つの顔が文学者としてのものです。詩の翻訳をされました。『コロナ／コロニラ』は、フランスの詩人ポール・ヴァレリー、『カヴァフィス全詩集』は、現代ギリシャの詩人カヴァフィスですね。『家族の深淵』は、随筆家としてのお仕事です。二〇一三年、文化功労者になられました。

関連して中井先生が登場する私の本も紹介します。私は、二〇〇八年頃に初めてお目にかかりまして、二〇一四年に『セラピスト』という本を出したんですけれども、ここに私が中井先生にカウンセリングを受けているシーンが出てきます。もちろん取材として受けたのですが、そのうちに私自身が実はある精神疾患を持っていることが判明します。興味のある方は読んでいただきたいと思います。それから『心のケア　阪神・淡路大震災から東北へ』は先ほどの震災の心のケアの話で、兵庫県こころのケアセンターのセンター長、加藤寛先生との共著です。これを出したのは東日本大震災のあとですけれども、心のケアとは何かを解説したものです。

中井久夫という人は、ウイルスの研究者でしたから科学コンプレックスから自由だった人でした。医療の世界には一時期まで、病気のことは医師に任せておけばいいというパターナリズムの考え方が根強くありましたが、それとは対極にある、医師と患者の関係性を実践された方でした。

短い時間で一人の人物を紹介するというのはとてもむずかしいですね。ある意味、私自身の切り取り方なのでこれが公平かはわからないです。興味をもった方はぜひ中井先生の本を読んでいただければと思います。

11　イリュージョンと脳の可能性

ゲスト　柏野牧夫

おはようございます。今日は聴覚研究者の柏野牧夫《かしのまきお》先生にお越しいただいております。まずはじめにプロフィールを紹介いたします。一九六四年岡山県生まれ、東大大学院人文科学研究科修士課程を修了されたのち、ＮＴＴ基礎研究所（当時）に入所されます。一九九二年から九三年にアメリカのウィスコンシン大学で客員研究員をされたのち、東大で博士号を取得されました。二〇〇六年からは東京工業大学大学院総合理工学研究科物理情報システム専攻連携教授として、東工大生の指導もされています。二〇一〇年にＮＴＴコミュニケーション科学基礎研究所上席特別研究員、人間情報研究部部長になられました。

一言で簡単にまとめてしまうんですけれども、聴覚の研究はすなわち脳の研究であるということで、柏野先生は脳の無意識的な情報処理メカニズムを、主に錯聴を利用して解明する研究をなさっています。錯聴というのは、聴覚の錯覚ですね。

柏野先生のアプローチは主に三つあります。一つ目は心理物理学的アプローチです。知覚の特性を測ること、人間を一つのシステムとみなして、どんな音にどう反応するか、どんなふうに聞こえ、音をどのように区別するかを定量的に調べるものです。

二つ目は神経科学的なアプローチ。脳や神経のどんな働きで音が聴こえるのかというメカニズムを脳活動から調べる、具体的にはＭＲＩとか脳波ですね。

三つ目が情報科学的アプローチ。聴覚システムをコンピュータのようなものとみなし、どういう計算をしているか、動作原理を数学的に記述するということです。学生時代は心理学を専攻されましたが、一般的なイメージとは違って、やってらっしゃることは物理学や数学に近いことですね。

聴覚と脳の研究

代表的な論文を三つ紹介しましょう。一つ目は、柏野先生がアメリカにいらっしゃった時に、ボスであったリチャード・ワレン先生との共著で発表された「Binaural release from temporal Induction」(「Perception & Psychophysics」一九九六年五八巻六号) です。タイトルは日本語に訳しにくいですし内容もとてもむずかしいのですが、ごく簡単に紹介しますと、聴覚システムがいかに優れた機能を持っているのかを実験によって検証したものです。もう少し具体的にいうなら、脳が音の欠落部分を補完する際に、両耳から得た情報を巧妙に利用していることを明らかにされました。

二つ目は、「Functional brain networks underlying perceptual switching: auditory streaming and verbal transformations」（「Philosophical Transactions of The Royal Society B」二〇一二年三六七巻一五九一号）、同じ音でも時間とともに聞こえ方が変化する、「知覚交替」という現象を生み出す神経基盤はどうなっているのかということを研究された論文です。二〇〇〇年代前半くらいまで、音の聞こえ方というのは脳の大脳皮質にある聴覚野の活動を反映しているというのが定説だったんですけど、柏野先生の研究室では、もっと複雑に、いろんな分野に分散している、一か所だけではなくて、脳のいろんな部分が綱引きをやって初めて知覚が得られるということを実験によって証明されました。

それから三つ目のこちらは最近のお仕事なんですけれども、「Enhanced segregation of concurrent sounds with similar spectral uncertainties in individuals with autism spectrum disorder」（「Scientific Reports」二〇一五年五月二十一日号）です。自閉症スペクトラム障害（ＡＳＤ）の方々の聴覚特性とはどのようなものであるかについての研究ですね。自閉症の方は、たとえば話し声を聞いていても誰の声か聞き分けられないとか、何か聞きたい音があっても、妨害する音があると聞き分けられないとか、いろいろな不自由を抱えておられるんですが、果たして彼らの聴覚世界と私たちの聴覚世界は同じなんだろうか、違うとしたらどのようなものなんだろうかということを、昭和大学発達障害医療研究所の加藤進昌《のぶまさ》先生との共同研究で書かれた論文です。加藤先生は発達障害を専門とされる医師です。

これらの研究には、最初に申し上げた錯聴が関わっています。柏野先生が作成に関わったNTTの「イリュージョンフォーラム」というホームページがあるんですけれども、パソコンの前に座ってヘッドホンをしながらいろいろな錯聴を経験できるという非常におもしろいページです。みなさんもぜひ体験してみてください。

柏野先生は一般向けの著書も出しておられます。『音のイリュージョン』は、先ほどのイリュージョンフォーラムのホームページと連動していて、聴覚の特性がよくわかる本です。『空耳の科学』は、柏野先生が横浜市立横浜サイエンスフロンティア高校の生徒に向けて授業されたのをまとめた本で、語り口調なのでこちらもわかりやすいですね。

それではこれから柏野先生をお迎えして、実際にお話をうかがっていきたいと思います。よろしくお願いします。音を聞かなければ理解しにくいところもあるので、実際に音も聞かせていただきましょう。（拍手）

小さい時から好きなものが変わっていない

柏野　柏野と申します。どうぞよろしくお願いします。聴覚が一番専門、メインです。先ほどご説明いただきましたけれど、最近は自閉症スペクトラム障害の方の、とくに感覚系の特性、聴覚だけでなくて視覚も含めて、あるいはその運動の特性とかにもだんだん興味を持ち始めています。

それからもう一つは、Body/Mind Reading & Feedbackです。考えていることや意思決定や感じ方というのは本人の意識に上っているとは限らないものなんです。要は、自分でもよくわからないうちに感じたり行動したり意思決定したりしているわけですけれども、それを後付けでいろいろ辻褄が合う解釈をして、それが意識に上ってるということが往々にしてある。その本当の自分というのでしょうか、深層にある、潜在的な「こころ」を外から解読しようという研究です。

もう一つは、スポーツ。個人の趣味だろうといわれるんですけど、私は野球が非常に好きで今でもほぼ毎日練習しているんですが、自分が上達するにはどうすればいいかという研究といってしまえばそれまでなんですけども、そういうメソッドを、ウェアラブルセンサや感覚フィードバックなんかを使いながら研究してます。

そもそもどうしてこういう研究に来たかということだけちょっとお話ししますと、おそらくですね、あんまり自分は成長してないんですよ。小さい時から変わってない。物心ついた時には歌謡曲にハマってました。当時はなんでも音楽は歌謡曲といってましたけど、中身はよくわかんないけどかなりぞくっときたりする。歌詞の内容は子どもだから理解してないんですけど、そこに含まれているいろいろな情感みたいなものに反応してたんだと思います。あるいは音色とかですね。歌を自分で歌ってみたりとかしてましたね。中学校の時、歌謡曲のテストを作って、まわりのやつにやらせるというはた迷惑なこともやってました。知識問題、論述問題、あるいは実技問題もいろいろあるんですけども（笑）。

それからもう一つ。たまたま親戚が田舎の電器屋で、回収した壊れたテレビを放置してあったんですね。小学校低学年くらいですか、何してもいいといわれていたので、真空管を抜いてアスファルトに叩きつけたら、「シャイーン」って音が鳴ってこれが無茶苦茶いい。はじめはただ割ってたんですけど、高学年から中学くらいになると、だんだん割るだけじゃ飽き足らなくなって、別のものに流用した。回路図なんかも勝手に自己流で書いてました。よく見るとおかしいんですけど、動作はするんですよ。

先ほど野球が好きだといいましたけど、体育会系みたいな体質は好きではなかったので実は野球部に入ったことは一回もない。でも、野球好きが今にもつながるわけです。

それからあと一つ、非常にハマってたのが、いわゆる古典。小学校高学年くらいからですかね、中国、とくに荘子とか好きでしたし、日本でもいわゆる無常観ものが好きで、そういうところからだんだん、今に至る問題意識の芽が出てきたということですかね。

最相　影響を与えてくれたというか、何か教えてくれた先輩とか先生とか親とか、そういう人は近くにいましたか。

柏野　私あんまり人に習わない体質かもしれなくて、これら全部ある意味自閉的で、一人でハマっていってるわけですよ。だから先生について習ったことは、ほとんどないんです。ピアノをちょっと習ったことがあるぐらい。聴覚の研究すらそうです。リチャード・ワレン先生に会うまで、聴覚について先生から体系的に習ったことがなかった。聴覚以外のいろんな分野の知識も、ほとんどは門前の小僧状態で学びました。

最相　たしか、お父様が有機化学の先生でいらっしゃいましたよね。お父様とはそういう会話をなさったりしましたか。

柏野　ないです。

最相　ないですか。

柏野　没交渉というか、仲が悪かったわけではないんですけど、ほとんど会話がない。向こうも忙しいんで、そもそもあんまり家にいる状況がなかったんです。しかも、ものすごく寡黙な人で、指導的というか、ああせいこうせいといわれたことはまずなかった。

最相　ただ、自分がもしかしたら研究者になっていくかもしれないという、ロールモデルとしての科学者がすぐそばにいたということですね。

柏野　そうですね。職業を選ぶ時、普通の人はたとえば会社員とかいろんな職業のイメージがあると思うんです。それが自分の中にまったくなくて、ロールモデルも何も研究者しか知らない。しかも実験系でずっとこもってやってるタイプの研究者しか知らない。住まいも大学の官舎です。隣の先生は政治学の先生で、平日の昼間も下着姿で庭いじりなんかしてて、ちゃんとスーツ着て働いてる姿を見たことがない。うちはうちで家にいてもほとんど部屋から出てこない。そういうのが普通だと思ってたから、むしろほかの職業のイメージがなかったですね。

一番心を動かされるのが音だった

最相　聴覚をやっていこうと見定めていくのはやっぱり学生時代からですか。

柏野　そうですね。興味があったというよりも、小さい時から一番動かされるものが音だったっていうことなんです。絵を見て、良いとか悪いと思ったりはするかもしれないけど、むちゃくちゃ感動するとかむちゃくちゃ不快になるということは、あんまりないんです、私の場合は。ですが音だと、たとえば幼稚園に上がる前から家にピアノがあったわけですけれど、当時は全然弾けない。弾けないけど、ガーンと押したコードの響きだけで二、三時間は楽しんでる。

最相　メロディになっていなくても、音そのものを楽しんでいた？

柏野　叩き方とか、押さえたものの広がりとか、これはすごい硬い感じだとか、一気にほわっと弛緩したみたいな感じをずっと楽しんでた。それが一番エモーショナルなものだったんですね。これが一番成功するだろうと思ったというよりは、単純にそういうエモーションが一番ぐっとくるものがまわりにあったというだけなんです。

最相　柏野さんが大学に入られたのは、八三年ですね。その頃は聴覚の研究はどういう状態にあって、そこに自分が入っていこうと思ったきっかけはあったのですか。

柏野　たぶんみなさんもそうだと思うんですけど、大学に入るまで研究業界の情勢なんてわかんないわけですよ。もちろん興味がある分野の本は多少読むにしても、どこで誰がどうやってるとかっていうのは知らないわけじゃないですか。だから音というようなこと、あるいは聞くということに関する研究をやろうと思っても、じゃあ何学部に行って、どういうところから始めればいいのか、全然わからないんですよね。

たとえば音といっても、物理系から攻めるのか、あるいはその聞こえ方から攻めるのか、いろんなアプローチが考えられるわけですよね。どこから入っていくのもいいなと思ったんですけど、東大では教養課程にいるあいだは二年間のモラトリアムがあるので、いろんな学科の様子を見て、とりあえずここにしようか、というようなことでやっていった感じですかね。

論文では数式から生活に密着した話まで

最相　柏野さんの論文を読んでいると、たくさん数式が出てくるし、神経活動の図も出てくるし、それでいて音楽とか生活に密着したお話も出てくるし、ほんとに学際的で、聴覚というのは学際的に攻めていかなければならない分野だなあということを感じますね。二年生ぐらいまではモラトリアムだったということですけれど、三年で専攻に入っていくわけですね。いろいろなところから攻めなくてはいけない世界に、じゃあどこから入っていけばいいのかはなかなかわからないと思うんですけども、その中でも人文科学系へ行かれたのはなぜだったんですか。

柏野　えっと、人文科学というのはミスリーディングな名前で、たまたまそういうところに学科が存在してたというだけの話で、多くの人がおそらく想像されてるようなところではないと思うんです。常に私がフラストレーションを感じるのは、何学科とか、文系とか理系といったカテゴリーです。そういう制度じゃなくて、興味から発想しているわけですから、聞こえるという体験やそのメカニズムを研究したいと思った時、じゃあそれは文系なのか理系なのか、何学科なのか、そういうはまるところはないんですよ、実際問題。

どこかにはまって教育を受ければ、ああこういうものなんだと、だんだん既存の形に順応していくのかもしれないですけど、幸か不幸かあんまりそういうふうにならなかった。拒絶してたところもあるし、そういう環境がなかった。当時、周囲に世界的に活躍している聴覚の先生はいなかった。いろんな偶然も重なって、ある程度自分で道を選ばないといけないという時に、あっちも微妙、こっちも微妙と思いつつ、結果的にこうなったということですね。

最相　柏野さんはＮＴＴに入られてから、つまり会社員になってから博士号をとられています。当時の博士号取得の事情もあったわけですけども、修士で卒業してＮＴＴに入られますよね。研究所に入るには、修士は出てないといけないという状況だったわけですね。

柏野　ＮＴＴの場合は、今も昔も基礎研ならドクターがメイン、それ以外の研究所なら修士がメインだと思うんです。学士の人は皆無に近い。だから研究職であったら修士以上でないと入るのはむずかしい。ただ自分の場合、なんでそうなったかというと、これも偶然のなりゆきで、要は研究するにはどこが都合がいいかと、単純にそれだけの話なんです。大学にいても聴覚の先生がいなかった。だから放置ですね。放置プレイ。勝手にやってなさいという感じでしたから。

最相　大学の同じ研究室にはどういう研究をやってる方がいたんですか。

柏野　主に視覚ですね。視覚の心理物理学や視覚の生理学。たとえば、網膜に視細胞というものがありますけど、視細胞の光化学的な反応とかですね、金魚の目を使って研究するとか。あとはサルの前頭葉に電極を刺して記憶や意思決定の神経メカニズムを研究するとか。一般の人が心理学という言葉から思い浮かべるようなことをやっている人はいない。でも聴覚については、幸か不幸か、これをやりなさいといってくれる人は誰もいなかった。一方、ＮＴＴの基礎研究所は、基本は工学系で、昔の電話から始まって、当時は計算機による音声認識や合成の研究で世界トップレベルの実績があった。

最相　就職活動ではＮＴＴ以外にも何社か回られたんですか。

柏野　いや就職する気はまったくなかった。研究するという時点で世捨て人なので。大学院に行っている時点で現世的な幸福というのは考えてなかった。だからといって悲壮な気持ちは全然なかったです。考えてない、というのが正しいところかな。是が非でも就職したいとか、そういう頭はなくて、ただ、実習生として出入りさせていただいた。そのまま結果的に居ついちゃったというイメージに近いと思います。

最相　東工大の学生は九割近くが大学院に進んで、修士で就職する人たちが非常に多いんですけど、当時はどういう感じでしたか。大学院に行っちゃうと就職は遠ざかるという雰囲気でしたか。

柏野　学科にもよると思うんです。工学系だったら、修士を修了して、企業の研究開発職に就く道がわりとスタンダードですけど、実験心理になると、そういうのがないんです。学部卒だと、たとえば広告代理店とかマスコミとか、研究とはまったく関係のない世界でやっている人が大半で、大学院に行った瞬間に、ドクターをとってアカデミアの世界で生きていくしかないというのが当時の話。ですので、アカデミアを選んだ以上、しょうがないという感じでしたね。

アメリカでの研究生活

最相　ＮＴＴに入社されて、その後、アメリカに行かれますね。会社はそれを推奨していたんですか。その間、お給料はどうなっていたんでしょうか。

柏野　非常に幸運なことに、給料は出ていてサポートしていただいていました。ウィスコンシン大学からも給料はいただいていたんですけど、二重取りはできないんです。だから向こうからいただいたものは、そのまま会社に全部納めて、給料は会社のものがそのまま出る。これにはいいことと悪いことがあって、向こうから見たら、お客さんなんです。お客さんには、そんなにつらくはあたらないですよ。たとえば、ドクターコースの学生がいたとして、お客さんじゃなかったら、将来同じポジションを争う関係ですよね。ところが、お客さんだと彼らのポジションは絶対に脅かさないので、親切にしてくれるわけです。

でも、逆にいえば、向こうの世界の本当の姿は経験できないですよね。サポートなしで飛び込んで、実際に向こうで生きていこうとしていた人に比べると、相当ぬるい。快適なのは当たり前で、絶対にやらなくちゃいけないこともない。ラッキーといえば、ラッキーです。

最相　ウィスコンシン大学ではリチャード・ワレン先生が柏野さんのボスになるわけですけども、なぜウィスコンシン大学だったのか。なぜワレン先生だったのかというのを教えていただけますか。

柏野　学生時代に聴覚の本をいろいろ読んで、一番惹かれてたんです。というのは、一番変わってたから。

最相　ワレン先生が、ですね。

柏野　はい。当時の聴覚の世界だと、耳とか、脳を含めて、マイクやアンプのような機械系や電気系としてみる研究が多かった。正弦波みたいな、きわめて人工的で単純な音を聞かせて、それが聞こえるとか聞こえないとか、区別がつくとかつかないとかいった単純な応答を測って、入力と出力の関係を解析したり、モデル化したりといったアプローチが主流であった中で、ワレン先生は複雑な知覚現象をそのまま捉えることを研究されていた。知覚現象を扱うという意味で、まず変わってる。アプローチも変わっている、ということで、惹かれていたんですけど、たまたま日本にいらっしゃることがあったんです。二週間ぐらいＮＴＴの研究所に滞在されて、ずっと話をする機会があって、その流れで、じゃあちょっと来てみるかという感じになった。

最相　そこで質問攻めにしたり、議論したりということがあったわけですね。

柏野　そうですね。やっぱり、私にとってみればヒーローです。野球少年が、メジャーリーグのスター選手に会って、しかも、しばらくの間ほぼ専有できるとしたら興奮しますね。それとまったく同じ状況ですから、思ってることをいろいろ吹っかけた。それで、白黒つけるために音を作って議論して、というようなことを日々やっていたんです。

最相　柏野さんが自分でデモを作ってワレン先生にそれを聞いてもらったんですね。

柏野 だって言葉ではかなわないので、英語もあまりできないわけだから、これ聞いてください、というような営みを毎日やっていた。

最相 ワレン先生の研究室での聴覚の研究はどういうもので、そこに柏野さんがどういうふうに参加されたのか、というのを教えてください。

柏野 それを説明するには、ちょっと音を聞いていただいたほうがいいかもしれません。

最相 そうですね。

脳がいろんなものを作りだす

柏野 たぶんワレンさんの名前で一番有名なものは、連続聴効果。どういうものかというと、たとえば、これ、いわゆるサウンド・スペクトログラムというもので、横軸が時間で、縦軸が周波数。赤いところが、パワーが大きいところ、青いところは弱いところ。規則的にパワーが小さくなっているということは、音を抜いているということです。これを聞いていただきましょう。

(音声)

これ、なんといっているかわかった方いらっしゃいます? もう一回聞きましょう。

(し×××××は××××す)

わかったっていう人？　まあいいですよ、わからない前提でやってますから。みんな、わかったとなったら、ここで話が終わっちゃいますからわからなくていいんですけど。では青くなっているところに雑音を入れてみましょう。

（しょう×ねるぎーはここ×がけしだいです）

どうですか？　この部屋でうまくいったかわからないですけど、聞こえました？　中身が聞き取れないとしても、ずいぶんなめらかになったなという印象はあるんじゃないですか。もう一回。

（省エネルギーは心がけ次第です）

まあ、信じていただけるかどうかで、話の展開がだいぶ変わってくるんですけど、ちゃんとした環境でやると差が出ます。日本語じゃなくても、たとえば、私はアラビア語わかりませんけど、アラビア語であったとしても、何をいっているかはわからないけれど、少なくともなめらかにしゃべっているようには聞こえる。こういう現象は脳がいろいろやっているわけです。ほかにも、こんなデモがあります。ずっと繰り返していると違って聞こえるというもので、ある単語をはっきりした発声で延々繰り返す。そうすると、たぶん変なものが聞こえてくる。やってみましょうか。

（バナナバナナバナナバナナバナナバナナバナナバナナバナナ……）

延々やっていてもいいんですが、何かわかりました？

最相　みんなに聞いてみますか。

学生A　どんどん変わっていく感じがして、最初はバナナンと聞こえてたのが、バナナに聞こえて、そのあと、ガナンになって、どんどん言葉が変わっていく感じがしました。

柏野　なるほど、もう二、三人。

学生B　最初バナナみたいな音が聞こえて、ナンバとか、そういうふうに聞こえて。

柏野　もう一人ぐらいいきましょうか。

学生C　自分も二人と同じ意見です。

柏野　同じ？

学生C　同じです。

柏野　私の場合は、バナン、ナンバ、ナンバ、ナッパッパとか、あとはシンシンシンシンと変な機械音が聞こえたりとか、どんどん変わる。変わるのが正しいということはないです。人によっては、全然変わりません、最初から最後までバナナでした、という人もいます。その人がおかしいわけじゃないです。それはそれで、正しい。ただ、一ついえることは、お年を召してくると、だんだん変わらなくなる傾向はあります。

最相　へえ、そうなんですか。

柏野　はい。小学生だったら、まず笑いが起きる。どんどん変わりすぎて、日本語じゃないような、変なものもいっぱい聞こえてきて笑う、というのが小学生の反応で、高校生とかみなさんぐらいになると、そこまでの反応はないです。年をとってくると、なあにこれ、何がおもしろいのって。

お気づきだと思いますけど、正体はバナナという言葉ですね。バナナという言葉が、まったく同じものであっても、ループされると脳が勝手にいろんなものを作りだしていく。この錯覚を利用して脳の働きを解明しようということで、ワレンさんは「ネイチャー」にもペーパーを出してます。当時、ほかの人たちはこういう変な現象にはまったく見向きもしていない。たぶん聴覚研究者でも、こんなことやってる人は誰もいない時に、こういうことをやっていたのが彼なんですね。

聴覚の研究にまったく違う視点を持ち込んだ

最相　ワレン先生は、もともとは有機化学者だったそうですね。化学というバックボーンが、それまでの聴覚研究とはまったく違う視点を持ち込んだと考えてよいですか？

柏野　そうですね。電気工学では単純な入力と出力の関係から聴覚の特性を記述しましょうというようなアプローチになる。複雑な入力に対する反応は、単純な入力に対するものを足し合わせた形になるという前提ですね。

ところが、ワレンさんの場合は、日常的な音を素材とした非常に複雑な現象を単純化した状況を作っているんです。しかも、そこには日常の環境で働いている脳の機能が集約されている。シンプルにいうと、たとえば、Hという要素とOという要素があって、それが化合して水というまったく違うものができたら、化学ではその原理をいろいろ探究するわけですね。同じように、声の断片と雑音があってつないだらどうなるかというと、声と雑音が交互に聞こえるのではなく、なめらかにつながっているように聞こえる。そこには極めて複雑なことが起こっていて、それを探究するということです。

最相　今の話はとてもむずかしいと思うんですけど、逆にたとえば、「お」「は」「よ」「う」「ご」「ざ」「い」「ま」「す」と一文字ずつ分けたものをそのままつないでも、「おはようございます」にはならないという研究がありますね。

柏野　たとえば、こういうのですよね。

（あいうえお）

これは、まさに「あいうえお」なんですけど、たとえばこんな感じになってまして。

（あっ×××っお）

これは生の人間がしゃべった「あ」と「い」と「う」と「え」と「お」を同じ長さに

切りそろえてがちゃっと足したものですけど、全部聞くと変なものになりますよね。一方、普通にしゃべった「あいうえお」の「い」とおぼしきあたりを聞いてみると、

（音声）

「あぃ」と聞こえます。「え」だと思われるところは、

（音声）

「いぇ」といってるように聞こえる。

要素を足し合わせると全体ができるかというとそうじゃなくて、足したら、全然別のものになります。足されたものを分解すると、また別のものになります、というのが知覚のいたるところに現れる現象なわけですね。こういうことの背後にある原理を現象的に記述しましょうというのがワレンさんのアプローチで、私の場合はたとえば数学的にどうかとか、神経メカニズムとしてなぜこんなことになるのか、みたいなところに興味がある。

師とはアプローチが違う

柏野　ワレンさんは一九二五年生まれで、まだお元気で九十歳ですけども、約四十歳の年の差があるということは、世代が二回りぐらい違うわけなので、当然アプローチも変

わってくる。ただ、インスピレーションのもとには全部彼の現象があって、アプローチが全然違うということだと思います。

最相　柏野さんのアプローチに対して、ワレン先生はなんとおっしゃっていますか。

柏野　当時、向こうにいた時の反応としては、まったく興味ないという感じ。というか、彼にとっては、神経がどう働いていようが、それはどうでもよろしいと。こういうものを聞かせたらこうなりますよ、という法則がきっちりできていて再現性が高いのであれば、それで十分役立つわけですよね。彼はその法則化に関心があるわけで、それをどういうハードウェアで実現していようが、そこには興味がないというのが当時のスタンス。しかも、こっちが数学的にこんなふうにモデル化できるんじゃないかという話をしても、そんな簡単なものであるわけではないという感じでしたね。ただそこがおもしろくて、一年間ぐらい、ずっとそのギャップ論争をしていたわけです。まあ、水掛け論なんですけど、こうじゃないか、いやこうじゃないか、という話にお付き合いいただいた。それが非常によかったんじゃないかと思います。

最相　それは、すごく大切なことですね。どんな世界でも一緒だと思うんですけども、論争というか、質問攻めにすることによって、逆に自分が本当はどうなのかということを考えるじゃないですか。

柏野　そうなんですよね。

最相　ちゃんと相手を説得できる論理を組み立てていかなくてはいけない。柏野さんはすでに会社員でいらしたわけですけど、そういうチャンスを留学していた期間に得られたというのはすごいことですね。

柏野　非常にありがたいというか、得がたい機会でしたね。「サイエンス」や「ネイチャー」に続々と論文を発表していたのは、彼が四十代の頃、一九七〇年前後で、私が行ったのは九〇年代初頭なので、ある意味ピークは越えて、老大家《ろうたいか》に差しかかっていた人なわけです。普通であれば、もう神というか……。ドクターコースの学生とかポスドクの人とかワレンさんにまったく反論しませんから。おっしゃる通りです、という感じでたんたんとやってる。こっちはそういう事情がわかっていないので、英語がつたないというのもありますけど、極めてストレートな物言いができた。それ違うんじゃないですか、みたいな感じです。それに対して彼は、怒らない。怒らないどころか、ちゃんと付き合ってくださったというのは大きいですね。

英語の壁を乗り越える

最相　英語のお話が出ました。海外で研究した方はみなさんおっしゃるんですけど、よく英語ができる方でも最初のうちは全然ついていけなかったと。柏野さんはどういうふうに英語がわかるようになっていったんですか。

柏野　そうですね、私自身は田舎の方の育ちなので、外国人にふれたこともなく、英語教育は普通の学校教育だけ。学校でやるもの以外、何もしたことがない。受験に通るために読むとか書くとか、そういうことは一応やったけれど、音声的なコミュニケーションはまったくやっていない状態で行ってるわけです。洋楽を聴いていたので、聞く方はそんなに困らなかった。いってることがわからないというのはありますよ。たとえば、テレビでジョークをいっていても何がおもしろいのかさっぱりわからないというシチュエーションはあったけれども、セグメンテーションできないことはなかった。

ただ、何が一番困ったかというと、しゃべれないことですよ。思っていることをまったくしゃべれない。フラストレーションの塊。IQが日本語の時からマイナス四十ぐらいで、うっと止まって、一生懸命考えている状態になる。町に出るともっとひどい。研究室の中というのは、みんなインテリジェントだから、そこは理解してくれるわけです。テクニカル・タームだけでも通じる。ところが町に出ると、こいつバカなんじゃないかという話になる。小学生レベルの会話ができない。日常の物の名前もわからないし、いわゆる受験英語しか勉強していないんで、めちゃくちゃボキャブラリーが偏ってるわけです。

というところから始まったのですが、幸か不幸か、まわりに日本人がまったくいなかった。さて家を借りましょうという時、むちゃくちゃ寒いので、文字通り死ぬんですよ、外出ると。だから車買わなきゃいけない。車買うといっても、銀行口座を開設するにはどうしたらいいのかわからない。ソーシャル・セキュリティ・ナンバーはあるのかって聞かれても、ソーシャル・セキュリティ・ナンバーってなんですか、みたいな。だからとにかく、ただただだやらざるをえない。それが半年くらい経った頃、ある瞬間、気づいてみたら、そんなにバリアがなくなったという感じがしたんです。なぜかというと、一つには、たぶん慣れてきて、完璧なことをいわなくていいということがわかった。発音も文法もまったく気にしなくても、ちゃんとわかってくれる、ということがわかってきたということがあると思います。もう一つは、あきらめたこと。絶対にネイティブにはなれないということとです。アメリカで大活躍されている大家の日本人の先生がいるんですけど、学会でそういう人の講演を聞くと、ジャパニーズ・イングリッシュなんですよ。わかるかってネイティブに聞いたら、さっぱりわからんというんですけど、内容はすばらしいのでみんなその先生をリスペクトしてる。ああ、そんなもんなんだと。メンタルバリアが一つはクリアされたのかなという感じはあったんです。そこから先は、コミュニケーションではあまり困らなくなってきた。

ただ、今でも白熱した討論にはなかなか入れないです、一歩遅れるんです。日本語だったら、割り込めたり、即座に何かやれるところが、どうしてもスタート・ダッシュが遅れて入れない。だから、ストラテジーとしては、一通りみんながしゃべったあと、最後にゆっくり、いや、しかしね、みたいにいうスタイルを開発した。なんかちょっと気の利いたことをいわないと、ほんとバカだと思われるので。だから、今でも、英語を快適にしゃべれますかというと全然ですし、日本語に比べたら、まだＩＱマイナス二十ぐらいだと思うんです。とはいえ、それでなんとかやっていけると思ってます。

人の数だけ脳は違う

最相　日本に帰られてからのお話に戻ります。柏野さんの論文はあまりにも多いので、どれをピックアップすればいいかわからないという状況で、先ほど独断で三本だけ紹介させていただいたんですが、これが一番ブレークスルーになったとご自身が考える研究について教えていただけますか。

柏野　自分ではまだ何もできていないと思っているので、いいのがないんですけど……。

バナナの話の続きでいきましょうか。さっき、バナナ、バナナと聞いていただきましたが、これって脳活動を解析するには非常に面白い刺激になっているんです。音を聞かせたり、文章を聞かせたりすると、脳の聴覚野あたりが動くのは当たり前です。じゃあ、さっきのバナナの何が面白いか。入力はずっと同じなんですよ、物理的にはまったく同じものが入ってきている。けれども聞こえ方ががらっと変わる瞬間がある。ということは、その瞬間に何が起きているかを見れば、知覚というものを作ることに関わっている脳活動が取り出せるんじゃないか、バナナがナッパに変わった瞬間に、脳がどういうふうに動いているのかを見ましょうというロジックです。

左右の聴覚野は当然活動します。面白いのはブローカ領域です。神経心理学の授業を聞くと、ここが壊れるとしゃべれなくなりますよ、と習う場所です。今はもっと細分化されていますし、話はそんなに単純じゃないんですけど、いってしまえばしゃべるところ。バナナ、バナナと聞いているだけなのに、バナナがナッパになる瞬間にブローカ領域、しゃべるところが活性化する。それってなんですか、という話なんですよ。声を聞き取ることには、話すスキームも使われているということ。運動ということと、認識ということが、実は表裏一体だという話になっているんです。さらに、いろいろ深掘りしていくとおもしろくて、先ほど、聞こえ方が変わる回数がすごく多い人と変わらない人がいるっていいましたね。五分間で一〇〇回ぐらい変わる人もいれば、十回ぐらいしか変わらない人もいる。その人の知覚が変化した時点でのブローカ領域の変化量がすごく大きい人は、回数がやたら変化するんです。一方、前帯状皮質の活動が大きい人はあまり変わらない。アクセルとブレーキみたいなもので、ブローカ領域がアクセルで、前帯状皮質がブレーキになっているみたいなんです。このバランスで、それぞれのタイプが決まる。

さらに、これに関係する遺伝子を調べてみた。脳にはドーパミンとかノルアドレナリンのような神経伝達物質がありますが、この分解に関与する遺伝子にはバリエーションがあるんです。分解の効率が高い人は知覚の変化が少ない。ドーパミンなどが放出されて、それが速やかに分解される人というのは、聞こえ方に変化が少ないんです。

最相　逆に、分解効率が低い人はやたらと変化する？

柏野　ええ。どっちが偉いのかが気になる人もいるかもしれないんですけど、私にいわせると、どっちもどっちなんです。たとえば、昼食を食べに行こうということになって、なじみの店に行くか、新しい店に行くか。なじみの店に行けば絶対にはずれはないですよね。すでにいいとわかっているものを取り続ければ、はずれはない。でも、新しい店を試してみれば、掘り出しもの、もっといいものがあるかもしれない。でも、そのかわり、大はずれもあるかもしれない。保守か革新か、そういうことじゃないですか。政治信条や日々の行動でもそうかもしれませんが、聞こえ方を選ぶ時にも、保守的な人と革新的な人がいるみたいなんです。それが政治信条とダイレクトに関係するかどうかは調べてないのでわかりませんけど。

最相　なるほど。たとえばミュージシャンは、この音楽はすばらしいと思って、みなさんに提供するわけですが、聞く人によっては、違う音楽に聞こえる可能性があるということですか。

柏野　そうですね、まったくそうです。だから、ある人にとってはつまらない、ある人にとってはおもしろい。人に、すごいおもしろいから聞いてといっても、どこが？　といわれることもあると思うんです。

最相　わかります。

柏野　それは、もういろいろあってですね、ほかのイリュージョンでいうと、音が上がっているように聞こえる音と、下がっているように聞こえる音を出して、これ上がってますか、下がってますかと聞くと、人によって違うんです。似たような話で、ドレスの色が青いかどうか、みたいな論争がありましたけど。

最相　ネットで話題になりましたね。白と金か、青と黒か、どっちに見えるかって。

柏野　人によって、こう見える、ああ見える、ということは結構ある。自分にはこうしか聞こえない、みんなもそうでしょと思っているけれども、そうとは限らない。同じ音を聞いていても、ずっとそれを聞いているのか、飽きやすいのかも人によって違います。生物全体としてのサバイバルという観点からいうと、いろんな人がいる方が絶対にいいですよね。世の中がどんどん変化している時は、違うことを試す方がいいわけだし、安定していれば、ずっと保守的でもいい。そのバランスは実は非常にプリミティブなもので、聞くとか見るという知覚のレベルからすでにあるということです。

みな同じ世界に住んでいるわけではないという視点

最相　われわれはみな同じ世界に住んでいるわけではないという視点は、柏野さんの最近の自閉症スペクトラム障害の方の知覚研究につながるお話ですね。

柏野　そうですね。自閉症スペクトラム障害という言葉は、みなさんも聞いたことがあると思います。ただ、世の中で正確に理解されているかというと、かなり疑問がある。これはもともと器質的なものがあって、発達の過程でそれがだんだん顕在化してくるという発達障害です。コアの障害は社会性に関わるもので、社会的なコミュニケーションがむずかしい、言語的な意思疎通も非常にむずかしい。ほかには、常軌を逸して反復的な行動をしたり、興味の範囲が極めて限局的で深かったりする。これは、途中からそうなるものではなくて、最初からずっとそういうものであるわけです。
人によって、ほがらかでものすごくしゃべる人もいるし、寡黙な人もいる、いろんな人がいます。私が最初にお会いした方は二十代の女性だったんですが、耳鼻科的には何も問題ないのに、たとえばそれほどうるさくない喫茶店で対面でしゃべろうとすると、聞こえないというんです。いろいろな物音で相手の声が流されているような感じ、水に流されてる感じといってましたけど。

最相　音としては聞こえるけれど、何をいっているのかが聞こえないということですね。

柏野　そうですね。たとえば、小さい音はよく聞こえる。自分が二階にいて、階下で誰かがテレビをつけたとか、そういう音はものすごく気になる。時計の音も気になる。けれど、こうやって対面でしゃべっている時、まわりでいろいろな音が鳴っていると、こちらが十分に大きい声でしゃべっていても、押し流されてしまって何も聞こえないとおっしゃるわけです。聴覚過敏でもあって、ある特定の音が死ぬほど嫌だと耳を塞ぐ。中野駅の発車の音がすごく嫌ですよね、と力説されたこともありました。
顔や声の個人性を識別するのも困難だといいます。たとえば、学生時代、水泳の時間に友だちの顔がわからなかったという。なぜかというと、みんな同じ格好になるから。普段は、みんな服や髪型が違うので区別しているんだけど、完全に脱いでしまうとまったくわかりませんとおっしゃる。ところが、電車の走る音を聞いただけで、これは何線だとすぐわかる。つまり、視覚が悪い、あるいは聴覚が悪い、というのとは違うんですね。

たしかに規則性は好きで、ちょっと目を離した隙に、入れ物に入っていた何十個ものクリップをぴしっと机に一列に並べていたこともありました。私が思ったのは、コミュニケーションがどうだとか、性格がどうかという以前に、この人と自分は生きている世界がかなり違うだろうということ。いい悪いは問題じゃない。そこをちゃんとおさえないといけないんじゃないかと思ったんです。というわけで、いろいろ調べたんですが、これちょっと、音を聞いていただきましょうか。

（音声）

ザーッという音の中に、ブザーみたいな音が四つあったと思うんですけど、その四つの音の高さが変わったと思いますか、一定だったと思いますか。ちなみに、これで、あなたはＡＳＤです、というわけではないです。そこは誤解しないでください。それから、年をとると、これは別の理由でわからなくなります。今のどうでした？

（音声）

最相　高い、低い、高い、低い、というように聞こえましたけど。違うのかな？

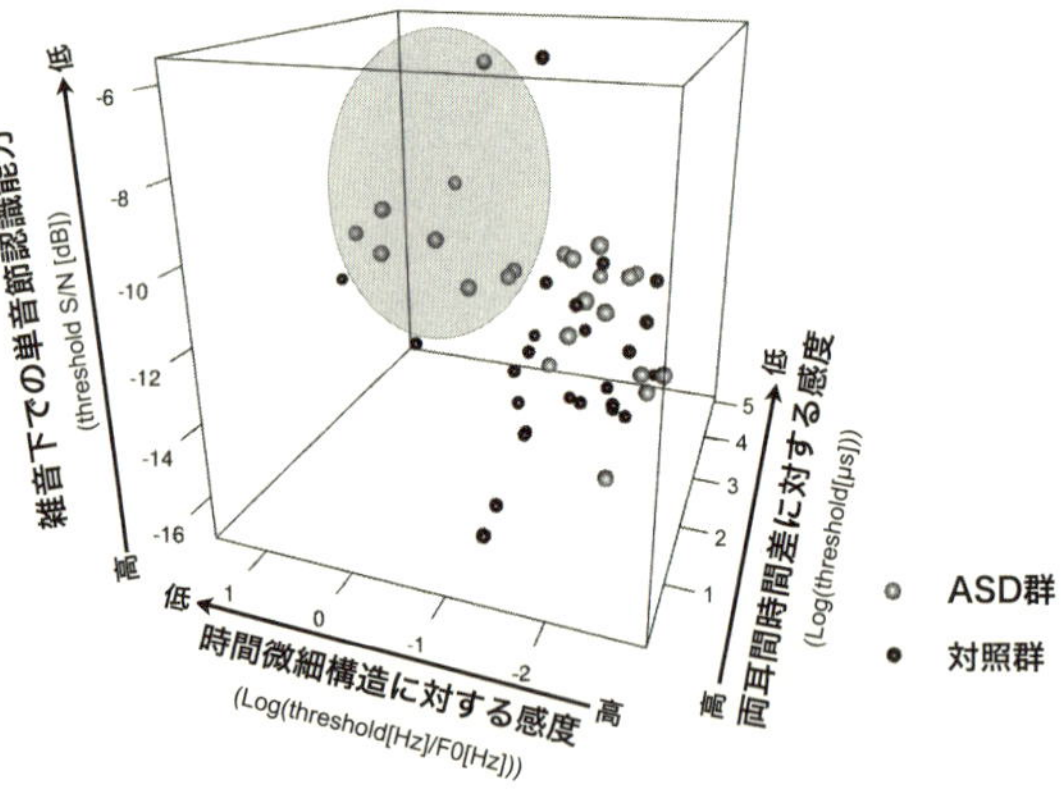

聴覚の基礎的な特性による ASD の判別
（『情報処理』56（6）, 558-560, 2015）

柏野　もう一ついきますね。

（音声）

最相　これは、同じ高さに聞こえました。

柏野　ＡＳＤの人の中には、そうは聞こえない人がいるんです。二つの区別がつかない。この図をご覧ください。三軸ありますが、これは聴覚の基礎的な特徴を何十項目も網羅的に調べて差が出てきたところ、重要なところだけ、三つピックアップしてるんです。一定の強さの雑音が鳴っている時に、「か」とか「の」とか、単音節の聞き取りをして、所定の正解率を得るために必要な単音節の音の強さが縦の軸（雑音下での単音節認識能力）。上に行くほど聞き取りが悪いということになります。

奥行き方向の軸は、両耳に入ってきた音

のわずかな時間差、マイクロセカンドオーダーの非常に細かい時間差に対する感度。左右方向の音の位置を判断する手がかりになります。図で奥に行くほど感度が低い（両耳間時間差に対する感度）。

横軸は、ある特殊な音響の特徴に基づいて音の高さを区別する能力（時間微細構造に対する感度）。左に行くほど感度が低い。グレーが自閉症スペクトラム障害の人々、黒が定型発達（自閉症スペクトラム障害ではない）の人々なんですけど、色をつけた楕円の領域に入っているのは全員、自閉症スペクトラム障害なんです。ところが、自閉症スペクトラム障害なのにその領域に入らない人たちもいる。自閉症スペクトラム障害でなくても、色をつけた領域に近い人たちがいる。

耳鼻科で難聴ではないといわれても、聞こえない人がいる

なぜこういうことが大事かというと、この三つのことが苦手だと、日常環境みたいにいろいろな音が同時に鳴っている時に聞き取りにくくなるからです。音の方向がわからないし、音の高さの違いもわからなくなる。

音が混在していなければ、音の高さは普通わかるんです、ここで操作している特殊な特徴だけに頼って高さを判断することは日常的にはほとんどないですからね。高さを判

断する手がかりはほかにもたくさんあります。位置の情報もしかりで、両耳間の時間差以外の手がかりも通常は使えますから音の方向は判断できるんですけど、そこに雑音が入ってきたりすると、ここで問題にしている音響特徴が非常に重要な役割を果たす。静かだとよく聞こえても、いろんな音が鳴っていると突然不利になるんです。こうしてみると、ASDというのは、感覚処理自体に問題があるんじゃないか。コミュニケーションがどうとか、相手の気持ちがわかるか、わからないかという前に、ちゃんと聞こえてるのかという問題です。

これは、耳鼻科に行っても見過ごされます。だから被験者になってくれた人たちに感謝されることがあります。会社の上司に、人の話を聞いてないだろうと怒られるんですけど、聞こえないですといっても信じてもらえない。じゃあ、耳鼻科行ってこいというから行ったけど、難聴ではありませんといわれて帰される。だけど、今日初めて、自分の聴覚にちゃんと問題があることがわかってうれしいということをいった人が複数いました。

こういう特徴の処理が脳のどこに関わっているかというと、脳幹なんですね。ASDというと、大脳皮質のミラーシステムと呼ばれる部分とか、人の気持ちを推し量る機能に関係あるところが、よく取り沙汰されますが、そういうところ以前に、生命維持の極めて基本的な機能をつかさどっている脳幹に問題があるんじゃないか、ということが見えてきます。

最相　医学との共同研究で、ゆくゆくは、テストとか治療だけでなく、自閉症スペクトラム障害の人々に対する理解にも貢献する可能性がありますね。

何十年も先に世の中を変える研究

最相　あまり時間がなくて駆け足で質問させていただくのですが、企業の社員でありながら研究者でもあるということで、会社の方針として、こういう研究をしなくてはいけないという縛りのようなものはあるのですか。柏野さんは非常に自由に好きな研究をやっておられるように見えるんですが、会社にどう還元されるのかとか、実社会でどんな役に立つのか、そのあたりはどうなんでしょうか。

柏野　ＮＴＴには十いくつの研究所・センターがあって、その中の二つだけが本当に純粋な基礎研究をやることになっているんです。お金にすると、二、三パーセントぐらい。人員もそれぐらいの割合だと思います。なぜ基礎研究ができるかというと、長い目で見ると、そこから大きなブレークスルーが出てくることがある。たとえば、もう四十年近くも前のことですが、光ファイバーを安定して作ることを考えたのは、電電公社（当時）

の研究所にいて、その後、東工大の副学長になられた伊澤達夫先生たちです。携帯電話なんかの音声の圧縮符号化も、これも四十年ほど前にＮＴＴ研究所で発明されたものが全世界で採用されている。

つまり、何十年も先の話なんです。それが世の中を変える。もちろん成功例の背後には屍《しかばね》がたくさんあるわけだけど、当たるも当たらないも、前提として、ちゃんとした基礎研究をやっておかないといけないという考えがありがたくもあるわけです。そうならば、本格的にやらないと意味がない。世界最先端ですよといえるぐらいに。だから、われわれの部門だったら、人間についてはかなりがっちり研究するということです。

今、自分が関わっているのは今日お話ししたような研究ですが、これがいかに世の中に役立つかという話はできると思います。世の中には高齢の方もいれば、なんらかの障害を持っている方もいる。いろんな人がいる。その中で、その人の特性がわからないまま、たんに音を大きくしたら聞こえるでしょうという発想しかできないなら、彼らは絶対に救われませんよね。

最相　ええ。何十年も先ではなく、今すぐにでも役立ててほしい研究成果だと思います。

やっぱり好きだからやる

最相　そろそろ時間も残り少なくなりましたので、最後に、みなさんに何かメッセージをいただいてもよろしいですか。

柏野　時代も違うし、置かれている環境も違うので、自分の経験がそのまま通用するかわからないですけど、私は、これをやったら成功するだろうとか失敗するだろうということを先回りして考えていないというか、考えられないタイプで、結局、今一番何に関心があるかということしか頭にないんです。そう思っていると、偶然の出会いがあったりする。ワレンさんもそうだったし、今の職場もそうなんですけど、偶発的にそういうものが巡ってくるようなところがあります。野球野球といっていたら、今は元プロ野球のスター選手なんかと一緒に研究や試合ができたり。だから、結局好きなことをやるしかないんじゃないか。みなさんそうおっしゃると思うんですけど、やっぱりそれはそうなんです。スポーツもそうですけど、やっぱり好きだからやるんです。相対的に自分がどれぐらいできるかではなく、差分がおもしろいんです。実践していく中で、あれこれ考えて、仮説を立てて試してみたら、この間よりちょっとうまくなったという、その小さい部分が一番おもしろい。わりとそういうことだけで、きています。

とはいえ、国の研究費を獲得するような場合には、何に役立ちますとか、これがどうありがたいか、ということを説明しなくてはいけない状況がたくさんあります。会社の中でもそうだし、アカデミアでもそうですが、そういう時も意外と、研究をやっている本人がすごくやりたいと思っているかどうかが効いてくると思うんですよ。外発的に、これをやれといわれたからやっています、みたいな当事者意識のない人ってすぐわかる。

ところが日本企業には往々にしてそういう人が多い。アメリカでこういうビジネスが流行ってるんです、だからうちでもそろそろやらないといけないと思いまして、みたいな感じで来られてもその時点で完全に遅れているので勝ち目はない。まだ世の中にはないけど、自分はこういうものが絶対欲しいと思っているというシンプルなものがあればそれでいい。たとえば、世の中のものを全部検索したい、検索できるといいですよね、と思った結果、グーグルができるわけです。ゴールというか、こういうものが欲しいという欲求があれば、あとはついてくると思うんです。だから愚直にというか、好きなことをやればいいんじゃないでしょうか。

最相　短い時間でしたが、楽しいお話をありがとうございました。（拍手）

12　生物模倣のテクノロジー

ジャニン・ベニュスとバイオミミクリー

おはようございます。この講義も今日が最終日になります。一限の授業は大変だったと思いますが、四か月、お付き合いくださってありがとうございました。

さて今日は、ジャニン・ベニュスという女性を取り上げます。みなさんの中でバイオミミクリーという言葉を聞いたことがあるという人、手を挙げてください。何人かいますね。バイオミメティクスはどうですか。高分子工学とか材料工学、ロボット研究などを目指している人は、ぜひ知っておいてほしい言葉です。バイオというのは生物、ミミックというのは真似をするという意味で、直訳すれば、生物模倣です。ただ、この二つには若干違いがありまして、バイオミミクリーというのは、ジャニン・ベニュスという人が考案したオリジナルな言葉で、Innovation Inspired by Nature、すなわち、自然に触発されたイノベーションという意味が込められています。

先に彼女の著書の紹介をしましょう。代表作はなんといっても、一九九七年に出版された『Biomimicry: Innovation Inspired by Nature』です。この時に初めて世の中の人は、バイオミミクリーという言葉を知りました。豊かで、持続可能な社会を作るための、自然のデザインやプロセスを模倣した新たな技術であり、学問であり、思想です。

私たちは生きているというだけでたくさんのエネルギーを使い、ゴミを排出します。最近でこそリサイクルは当たり前になりましたけれど、自然がやっていることの何パーセントもできていないという状況です。バイオミミクリーの究極の姿は、光合成に近いエネルギー創出のテクノロジーを生み出すことだと彼女はいっています。また、生体高分子の自己組織化や、神経細胞の情報伝達能力をみても、自然はいとも簡単にやってのけます。その仕組みを解明して、私たちが使える技術に応用していくというのも、バイオミミクリーの形です。彼女のところには、多くの企業や団体がアドバイスを求めに来るのだそうです。

ジャニン・ベニュスのプロフィールを簡単に紹介しましょう。一九五八年、アメリカのニュージャージー州に生まれ、ラトガーズ大学で自然資源マネジメントと英文学を学びました。文学とサイエンスを学んだ人なんですね。サイエンス・ライターとしての仕事には、野外観察の入門書や野生生物の図鑑などがあります。彼女がバイオミミクリーの調査・研究を開始したのは一九九〇年で、生物を模倣したテクノロジーが過去にどれだけ研究されているのか論文を探してファイリングする作業を続けました。そのファイルに「バイオミミクリー」という名前を付けたことがすべての始まりです。

先ほど申し上げたように、九七年に『Biomimicry』という本が出て話題になって、世の中にバイオミミクリーという言葉が知られるようになりました。翌年にはバイオミミクリー・ギルドという会社を設立するのですが、ここでは企業にアドバイスをしたり、企業とコラボレートして商品を作ったりといったコンサルティングの仕事を行っています。今はサイエンスライターというより、そちらの方がメインでしょう。

代表的なクライアントは、ボーイング、ナイキ、ゼネラル・エレクトリック、ハーマンミラー、リーバイス、それからプロクター・アンド・ギャンブルなど、さまざまな企業と仕事をしています。

自然界で目にする九十パーセントは未知のもの

バイオミミクリーが何であるかを具体的に説明する前に紹介したい言葉があります。バース大学でバイオミメティクスの研究センターを作ったジュリアン・ビンセントという研究者がいいました。工学上の問題を解決してきた方法と、自然界の問題解決法が重なり合う部分は、わずか十パーセント。つまり、自然界で目にするものの九十パーセントは未知のものである――と。

これは、二〇〇五年頃の言葉で、ジャニンの本の中で紹介されているのですが、それから十年経って多少は割合は増えたでしょうか。たとえば、シロアリの巣は非常に暑い場所でも風通しがいい、クーラーいらずの賢い設計がされているけれど、そういうことを人間が十分に真似できているかというと、そうではない。最新データがないので申し訳ありませんが、二〇〇五年頃で、十パーセント程度であるというんですね。

こちらはファイナンシャル・タイムズ紙の二〇一一年八月十二日の「Inspired, naturally」という記事なんですけども、小見出しに「Discover how spiders, termites and blue mussels are revolutionising our design for living」とあります。「蜘蛛やシロアリやムラサキガイがどのように私たちの生活デザインを改革していくかを見つけよう」という意味でしょうか。この記事に参考になるデータが紹介されています。バイオミミクリーの分野では、二〇二五年までに年間三〇〇〇億ドルの国内総生産、一六〇万人の雇用を生むだろうと。これ、アメリカだけの数字です。ファーマニアン経営経済研究所のデータですが、三〇〇〇億ドルというのは二〇一一年当時のレートですと日本円で約二十四兆円ですね。アメリカの二〇一三年の国内総生産が、十六・七七兆ドル、約二〇〇〇兆円なので、まだまだ規模は小さいんですけども、年々非常に上昇している。

最新の数字を調べたら、二〇一四年のレポートには、二〇三〇年までにアメリカだけで四二五〇億ドル、世界全体で一・六兆ドルになるだろうとありました。

バイオミミクリーとは何か

さて、ではバイオミミクリーとは何なのでしょうか。ジャニン・ベニュスは、「生物の天分を意識的に見習う。自然からインスピレーションを得た技術革新」と定義づけています。具体的には、自然界をモデルにする、自然界を評価基準にする、自然をよきメンター（師）とする、ということです。あれ、じゃあ、バイオミメティクスと一緒じゃないかと思いますね。バイオミメティクスというのは、一九五〇年代にアメリカの神経生理学者オットー・シュミットという人が初めて使った言葉だといわれていて、生物の構造や機能、生産プロセスなどから着想を得て新しい技術の開発や物作りに活かす科学技術という意味です。オットー・シュミットは、イカの神経系をモデルにして、入力信号のノイズを除去する電気回路を作った人です。その後、とくに一九七〇年代から、昆虫の飛翔《ひしょう》を真似たロボットやコウモリの超音波を利用したレーダー、イルカのコミュニケーションにヒントを得たソナーなど、バイオミメティクスのテクノロジーが次々と開発されていきました。東工大の機械宇宙システム専攻の齋藤滋《しげき》規准教授は、ヤモリの足裏構造を模倣した着脱型デバイスを作られましたね。あれはヤモリのようにいろんな壁にひっつくけど、すぐ離れる、という特徴をもったデバイスで、バイオミメティクスの一例です。

バイオミミクリーはバイオミメティクスに何が加わっているかというと、環境問題の解決と生態系の保全です。バイオミメティクスを手がけている方々も、もちろんそういう志をもって研究している方はたくさんいらっしゃると思うんですけど、そのことをもっと大きな概念として、バイオミミクリーという言葉で歴史に位置づけようとしたのがジャニン・ベニュスなんですね。

そんなことは日本では当たり前のようにやっていたんじゃないかと思うかもしれません。とくに江戸時代は、捨てたものをすべて再利用する循環型社会であったということがよく知られています。わざわざバイオミミクリーといわれなくても、日本は伝統的に、そういう社会だったし、物作りについても優れた民族だったといわれます。たしかにその通りで、何も新しい話ではない。ある意味、アメリカからようやくこういう考え方が出てきたんだと捉えた方がいいのかもしれません。

ここでジャニン・ベニュスを特集したテレビ番組「未来への提言　サイエンスライター　ジャニン・ベニュス　自然に学ぶ驚異のテクノロジー」を見ていただこうと思います。

二〇一〇年の放送なので、若干情報が古いところもあるのであとで補足します。ちょっと恥ずかしいんですけども、私はインタビュアとして出ております。

番組ではジャニン・ベニュスのインタビューとともに、バイオミミクリーのさまざまな具体例が紹介される。ジャニンは、バイオミミクリーには三つの段階があると語る。

一つは、構造の模倣。具体例を挙げれば、空気の抵抗を軽減するカワセミのくちばしを真似た新幹線、水中で高い推進力をもつサメの肌に似せた競泳用水着、機敏な動きと強さをもつハコフグの形を真似た自動車、バックライトを使用する必要のないモルフォ蝶の青い羽根の構造を真似たタブレットなどがある。

もう一つは、製造工程を模倣したもの。クモや蚕の糸作りがその代表的なもの。

そして三つ目は、システムの模倣。廃棄物の再利用を実現し、落ち葉を真似たデザインで在庫を激減させたタイルカーペットメーカーは、会社全体が一つの生態系のように循環している。渋滞してもぶつからない車は、並走したり接近したりしながら衝突せずに泳ぐ魚の群れの行動ルールを真似たもの。こちらもシステムの模倣といっていいだろう。

ジャニンが強調するのは、生物を利用するのではなく、彼らに学ぶことがこれからの社会を救う唯一の方法ではないかということ。学校や企業での講演だけでなく、子どもたちを対象とするワークショップを通して、生物の優れたデザインやシステムを紹介している。

番組は一時間半もあるので一部しか紹介できませんでしたが、だいたいバイオミミクリーがどんなものかを知っていただけたでしょうか。途中で私がジャニンに質問していますが、果たしてバイオミミクリーは新しい産業革命の鍵になるのかが気になるところです。

私たちの文明は十六~十七世紀、ガリレオ、デカルト、ニュートンらの登場で大きく転換しました。天文学や解析幾何学、力学体系の確立した科学革命の時代ですね。それを基盤として、十八~十九世紀には蒸気機関による機械化が進み、手織りだったものが自動織機での生産になるなど、イギリスをスタート地点として世界の産業形態が大きく変わっていきました。第一次産業革命です。その後、十九世紀後半になると電力による大量生産が可能になり、大量消費の時代がやってきます。第二次産業革命といわれる時代です。二十世紀後半からが私たちの記憶に新しい、情報通信産業が牽引する第三次産業革命、いわゆるＩＴ革命です。ＩＴによって生産工程が自動化し、ブルーカラーが減少していきました。

第四次産業革命の時代

そして現在、二十一世紀は人工知能（ＡＩ）とＩＴによるスマート社会化が進む、第四次産業革命の時代であるといわれています。その中で、バイオミミクリーがどういう役割を果たすのか、非常に注目されています。

これは、ものの考え方の大きな転換、パラダイムシフトです。近代合理主義と自然科学の先駆けとなったフランシス・ベーコン（一五六一〜一六二六）はご存じでしょうか。中世のスコラ哲学の神や理念から演繹《えんえき》的に世界の物事を考えるのではなく、観察や実験によって帰納法的に物事を考察することを提唱した人で、『ノヴム・オルガヌム　新機関』という著書で、自然に拷問を加えてその秘密を吐き出させると述べています。人間と自然の関係というのは、あくまでも私たち人間が主体となって自然を利用するものであり、それによって、産業革命が成し遂げられてきたということですね。

しかし、これからはそうではないんじゃないか。それでは私たちの社会はもたないんじゃないか。そんな危機感から生まれた考え方の一つが、バイオミミクリーなんですね。

ジャニン・ベニュスの「生物の天分を見習い、自然からインスピレーションを得る」という言葉には、自然は私たち人間のメンターであって、これからは自然を師として社会を作っていかなくてはならないという想いが込められています。

では、私たちの社会が生物に倣うというのはどういうことなのか。ジャニン・ベニュスは生物の生存戦略として、工業社会が学ぶべき生命系の知恵を十個挙げています。

①　廃棄物を資源として使う
②　生息環境を十分に利用するため多様化し、協力する
③　エネルギーを効率よくとり入れて使う
④　最大化よりも最適化する
⑤　材料を控えめに使う
⑥　自分の巣を汚さない
⑦　資源を減らさない
⑧　生物圏のバランスを保つ
⑨　情報にもとづいて行動する
⑩　必要なものは地域で調達する

アップルの創業者であるスティーブ・ジョブズは、「デザインとは人間の創造物が根

底に宿している魂であり、製品やサービスの外装として現れているものに他ならない」（『スティーブ・ジョブズ　英語で味わう魂の名言』）といいました。商品デザインが語られる時によく引用される有名な言葉ですが、これからの社会は生物の戦略にどこまで近づけるのか、どんな世界をデザインできるのかが問われているのだと思います。

世界の生物の知恵を集める

ジャニン・ベニュスは二〇〇八年に「AskNature」というサイトを立ち上げました。とてもシンプルでわかりやすいサイトです。まず、真ん中の検索窓にキーワードを入力するんです。たとえば、「撥水効果《はっすい》」とか、「空気抵抗を軽減する」とか、「音を立てずに動く」とか、生物はどうやってそれをやっているのだろうと知りたい時に、そんな言葉で検索してみるのです。すると、いろいろなデータが出てきます。論文も出てきますし、写真も出てきます。グーグルでももちろん検索はできますが、関係のない雑多な情報も一緒に出てきてしまうので、どれを選べばいいかわからないんですけども、「AskNature」は、バイオミミクリーに特化したデータベースなので有用な情報が出てくるからとても便利です。

ジャニン・ベニュスの著書『Biomimicry』は『自然と生体に学ぶバイオミミクリー』

というタイトルで日本でも出版されていますが、こちらには非常に多くの実例が載っています。二〇一四年に出版された『Biomimicry Resource Handbook』も大変おもしろい本で、バイオミミクリーの考え方や実例が紹介されているだけでなく、ブレインストーミングのためのチェックリストなど、いろいろな刺激的な材料が収録されています。参考文献、データベース、それからウェブサイトの紹介もあります。これは電子書籍にもなっていて、電子版の方は情報が更新されるそうです。

実は、日本にも「AskNature」がありまして、東日本大震災後の二〇一一年十月、滋賀県の産官学が連携してNPO法人「Ask Nature Japan」を立ち上げました。先ほどの「AskNature」とも連携していて、ジャニン・ベニュスもアドバイザーに就任していています。生物模倣の技術については、日本が非常に優れていると彼女も番組の中で評価していましたね。これからは世界中の生物の知恵が結集されて、私たちの社会を大きく変えていくかもしれません。

今年二〇一五年に入ってから、「OHM《オーム》」や「工業材料」といった日本の専門誌で立て続けにバイオミミクリー、バイオミメティクスの特集が組まれています。「OHM」一月号はバイオミメティクスの特集です。たとえば、三菱レイヨンが開発したのは、蛾の目を模倣したスーパー反射防止フイルム、LIXIL《リクシル》が開発したのは、カタツムリの殻の表面の汚れにくさを真似たタイルです。日本ペイントマリンはマグロの皮膚に倣って、船底の摩擦抵抗を低減する塗料を開発しています。それから「工業材料」八月号では、北海道大学がバイオミメティクス画像検索システムを開発していることや、虫や植物の生体内の水の移動に倣った液体輸送デバイスの開発が進んでいることなどが取り上げられています。

二週間ほど前の七月七日に、高分子学会のバイオミメティクス研究会があって、ちょっと覗いてきたんですけども、富士通研究所の方が、橋梁《きょうりょう》点検をするドローンであるとか、生物の群れを真似てぶつからないドローンの可能性について話をされていました。魚群探知機の開発で知られる古野電気は、東北学院大学の松尾行雄先生とイルカのエコーロケーション、反射した音をもとに位置を探知する魚群探知機の研究をしているそうです。これはとてもおもしろくて、群れを探知するだけではなくて、魚の浮き袋の形状で魚の種類までわかる技術なんだそうです。

バイオミメティクスというのは、今申し上げたように、とても利用価値があって、役立つ技術が多いんですけど、日本の場合、ナノテクノロジーの世界で語られることがほとんどです。ジャニン・ベニュスがいうような、未来の地球がこうあってほしいというビジョンはあまり表に出てこない。大上段に構えないところが、まあ日本人らしいと思うんですけども、そのあたりの違いがおもしろいなと思っております。

この研究会で富士通研究所の方が強調されていたのは、ビジネス化へのハードルです。こういう社会を目指したいという理想と、人件費や材料費などコストの問題との間でせめぎあいが起こる。番組に出てきたMirasol《ミラソル》というモルフォ蝶の羽を模倣した電子書籍のリーダーを開発したベンチャー企業も、親会社のクアルコムに分社化の話が出ているので今後どうなるのか気になります。Mirasol自体は小さなベンチャー企業ですから、大きな流れに左右されてしまうのが現実です。

目下、ドイツが中心となって、バイオミメティクスの応用を促進するための国際標準化が進められています。まだ動き出したばかりですが、ルールがきっちり整備されていくことで、研究開発はもっとやりやすくなるのではないかと思います。

この世界がどうあってほしいのか

さて、今日で私の授業は終わりですので、最後に、「生涯を賭けるテーマをいかに選ぶか」という本題について少しだけお話ししたいと思います。

阪神・淡路大震災の翌年一九九六年に、神戸で一人の少女に会いました。その女の子は震災直後にインタビューしたことがあったのですが、一年経って、また話を聞こうと思ったのです。中学生になった彼女のインタビューを終えようとした時、彼女が「なんでその職業になったんですか」といいました。とっさの質問だったので、「なりたかったからです」と答えました。正確にいえば、書きたいことがあったからということなんですけどね。すると彼女はこういいました。「やりたいこと、楽しいことが見つかったら、自殺したり人を殺したりするようなことは考えなくなると思います。だからそんなことをみんなで話し合い、見つけられる社会や学校であってほしいです」。

今年でもう三十二、三歳になっているのではないでしょうか。当時、人の話を聞くカウンセラーのような仕事に就きたいといってましたが、おそらくなっているんじゃないかなと思います。

この講義が始まって四か月の間に、みなさんの中から、自分が何をしたいかはまだ決まっていないという声がちらほらと聞こえてきました。専攻は決めたものの、先のことはまだよくわからないという人もいるようです。でも、これまでゲストとして招いた方々からも、最初のうちは教授に指示されるがままにやっていて、途中から決心を固めたみたいなお話が出てきましたね。そういうことでもいいんだと思うんです。もちろん、途中で道を変えるのもいいと思います。ただ、ジャニン・ベニュスもいってましたけれど、この世界がどうあってほしいか、という明確なイメージが自分にあるかどうかが大切なのかなと思います。
たとえば、戦争がなくなってほしい、飢餓がなくなってほしい、感染症がなくなってほしい、鉄道自殺がなくなってほしいとか。こんな社会であってほしいというものがあったとしたら、では、その中で自分がどんなふうに役に立てるのか。自分が何を追究していきたいのか。そんなところから焦点を絞っていくと、やりたいこと、やるべきことが見えてくるのではないかと思っています。

この講義では繰り返し、人の人生を紹介してきたわけですけども、たくさんの人生を知るということは、自分自身を豊かにすることです。自分が何をやっているのかわからない時、自分がどこに立っているのかわからなくなった時、この先どう進めばいいのかわからない時、そんな時は先人の思考のあとをたどることで自分の位置づけがわかり、次にどこへ足を踏み出せばいいのかが見えてくるでしょう。

生命科学者で、難病になられたために研究者を辞めて、サイエンスライターになられた柳澤桂子《やなぎさわけいこ》さんという方がいらっしゃいます。柳澤さんが、『二重らせんの私』という自叙伝で書いてらっしゃるとても興味深いエピソードがあります。柳澤さんの高校時代の生物の先生が授業の合間に、ふと、こうおっしゃったんだそうです。「人間というものは、ものごとが発見された順序に沿って説明されたときに、いちばんよく理解できるものだよ」と。

私は研究者ではありませんが、この一節を読んで目からウロコが落ちた気がしました。それ以降、科学を理解する手がかりとして、伝記、評伝を非常に重要な参考資料と考えています。なぜその人がその研究をやっているか、なぜそのテーマに生涯を賭けたのか、思考の道筋がそこに表れている。そうすると、私みたいな門外漢でも、そうか、この人はこんなふうに考えたからこの技術が生まれたんだ、この発見に導かれたんだ、ということが理解できるんですね。ライバルが登場して足をすくわれたりといった話があると、なおおもしろい。科学も人間の営みであると実感できますし、どんな最先端の技術も、歴史の流れの中にあるということもとてもよくわかる。

いい本に巡りあうことはむずかしいのですが、まずはたくさん本を読んでみてください。そのうちに選書眼が鍛えられて、必ずいい評伝、いい人生に巡りあえると思います。もしかしたら、そこから開かれる未来があるかもしれません。

あとがき

毎週金曜日の一限、東京工業大学大岡山キャンパスの本館H121教室で、四か月間の講義を行いました。「生涯を賭けるテーマをいかに選ぶか」という講義名はシラバスの中でも異様な雰囲気を醸し出しており、最初は学生が来るかどうか心配しましたが、ふたを開けてみれば、一年生から四年で卒業できなかった学生まで二百余名、登録を制限せねばならなくなるほど集まってくれました。

講義を始めるにあたって学生に伝えたのは、最先端は必ずしも扱わない、今すぐ役立つ内容ではない、ノートをとる必要はない、試験はない、その代わり出席はとり、課題を出すということです。出席を重視したのはこの講義でなければ会う機会がないだろうゲストを招くつもりだったからですが、自分の学生時代を考えても、毎週一限に通うのはきついことだったはずです。案の定、脱落者は出てしまいましたが、最終的には九割近くの学生が無事単位を取得しました。

それにしても、みんななぜこの講義を取ってくれたのかいまだに不思議です。デジタルネイティブの彼らの大半は私の本など読んでいないでしょうから、テーマに関心をもってくれたとしか考えられません。だとすると、私のたくらみはさほど間違っていなかったわけですが、それは軽い衝撃でもありました。長年批判されていた理科離れの反動か、近年は各地に高度な理科教育を行うサイエンス・ハイスクールが作られるなど、国の政策としても理工系は重視されていたはずです。それなのに世界有数の理工系大学の学生が将来の方向性をなかなか見定められずにいるのですから。これはどうしたことなのでしょうか。

私はただ、限られた時間の中でロールモデルを提示しただけのことですが、もしかしたらそれがこれまでの教育では得られなかったことなのかもしれないと思いました。講義では、生涯一つのテーマを貫いた人、途中で道を変えた人、異端といわれてきた人、また、すでに伝記や評伝が出ている歴史上の偉人については、そこに書かれていない秘話を紹介しました。彼らが何に迷い、何に苦しみ、どんな人に出会い、いかに決意したかを知ることが、きれいごとばかりではない人生の実質について考えるきっかけとなったのであればうれしく思います。

講義では本音で語ってくださったゲストの方々をはじめ、リベラルアーツセンター所長の上田紀行教授、事務局の大里英里さん、大山順子さん、ポプラ社の近藤純さん、そして、ティーチング・アシスタントとして大学院生の木下祐輝さんが私をサポートしてくれました。木下さんは実験やアルバイトで忙しい中、早起きの私より早起きして準備するのは大変だったことでしょう。秋からカリフォルニア工科大学に留学するそうですが、どんな経験を積んで帰ってくるのか今からとても楽しみにしています。

ゼミではないため、個別の学生とゆっくり話す機会はありませんでしたが、出席表に書かれたメッセージや課題の採点を通じて、二〇一五年現在の大学生の横顔を垣間《かいま》見ることができました。「教える」とは他者のためではなく、自分のためにある言葉だと痛感しています。貴重な機会を与えてくださった東京工業大学教授、池上彰さんに心から御礼を申し上げます。

二〇一五年十月吉日　　最相葉月

「一生を捧げるテーマ」との出会い方

対談　池上彰×最相葉月

池上　東京工業大学の講義を『生涯を賭けるテーマをいかに選ぶか』というお題にしたのはなぜですか？

最相　研究者はどうやってテーマを決めているのだろうという疑問が、まず私自身にありました。私は専門家ではありませんから、その都度テーマを決めて取材をして本を書いています。一方、科学者の方たちは、自分の専門とする研究テーマを持っていらっしゃいます。まさに「一生を捧げるテーマ」です。じゃあ、そのテーマにはどうやって出会ったんだろうとお聞きすると、人それぞれ違うわけです。最初から自分の中でテーマが決まっていた人もいるし、研究者生活を続けるうちにじわじわと「一生を捧げるテーマ」に近づいた人もいるし、まったく別のことをやっていたら、突然「一生を捧げるテーマ」に出会っちゃったという人もいました。

池上　テーマに出会う前のプロセスはいろいろあると。

最相　ええ。一度研究テーマを「これだ」と決めると一生そのテーマを貫くのが基本ですが、そこに至る道のりは人によって大きく違います。では、「一生を捧げるテーマ」をどうやって科学者の方たちは選んだのか、とにかく興味があったんです。

池上　東工大の学生たちがものすごく聞きたいお話ですね。まさに「生涯の研究テーマを何にすればいいのか？」悩んでいる人たちがたくさんいるはずです。

最相　私もそう思いました。そこで、これまで私が取材した研究者の事例を紹介したり、実際に授業にお呼びしたりして、直接質問をしながら学生と一緒に聞くことにしました。

このテーマを講義に選んだ背景には、研究者の生きづらさを、さまざまな取材を通じて感じていたこともありました。多くの研究者は生涯を賭けて一つのテーマを追いますが、時としてそのテーマを諦めないといけないことがあります。たとえば、自分の師にあたる人との関係が変わることで、それまで没頭していたテーマを追い続けられなくなったり。

池上　恩師とぶつかって、研究できなくなるケース、結構ありそうです。

最相　一生涯追い続けるはずのテーマを捨てなければいけない――。つらいことです。以前、知り合いの若い研究者が自死したんです。背景には日本における「ポスドク問題」、博士号取得後の仕事が圧倒的に不足しているという現実がありました。

なにも一生涯のテーマを一つに絞らなくてもいい、いざとなったら方向転換してもいい。人間には多様な生き方があるし、時には柔軟になってテーマを変えてもかまわないじゃないかと。たとえば、生涯を捧げるはずだったテーマを捨てて新たなテーマに活路を見出した研究者の実話があったら、孤独に陥りがちな研究者にとって励みになるかもしれない。東工大の学生さんの多くは将来研究者になるだろうから、そんな話も伝えたいなあと。

池上　東工大には思いつめそうな真面目な学生がたくさんいますからね。

最相　自分がこれまで会ってきた理系の学生たちも、「もっと気楽に考えたら」と肩をぽんと叩いてあげたくなるような子たちが結構いました。

初めてたくさんの学生と向き合った

池上　実際に東工大で授業をやってみてどうでした？　世界有数の理工系の大学で学んでいながら、自分のテーマを見つけられなかったり思い悩んでいたりする学生の多さに驚いたとお聞きしましたが。

最相　これだけたくさんの理系の学生さんと直接向き合い続けるのは初めてでした。漠然と彼らは高校生くらいから自分の研究したいテーマを決めているのかなと思っていたのですが、必ずしもそうじゃなかった。ある日の講義が終わった時、一年生か二年生の学生が教壇にやってきまして「僕、まだテーマが決まってないんです。これからどうしたらいいのか、よくわかりません」と。

池上 テーマが見つかっていない、というわけですね。最相さんは彼にどんなアドバイスを？

最相 実はその時の私の講義では、「もし自分が目指す道が決まっているなら、その分野の研究者の評伝・自伝を選んで、それについて書評を書いてください」という課題を出したんです。彼の悩みは「自分の方向がまだ決まっていないので、誰の本を選んだらいいのかわからない」ということだったんです。「じゃあ、興味がある人のことなら誰でもいいから、図書館の伝記コーナーでもとりあえずぶらぶら歩いて探してみたら」といったんですが。

池上 「誰でもいい」といわれるとよけい困るんじゃないかな、学生は（笑）。

最相 （笑）

池上 今の話を聞いて一つ思い出しました。二〇一二年四月、私が東工大で教えるようになった時のことです。入学したての一年生に「君はどうして東工大を選んだのかな」と聞いたら、「大学入試センターの試験結果で決めました！」と身もふたもないことをいわれて、あちゃーと思ったんです（笑）。

最相　（笑）。大学の入学当初は、案外誰でもそうかもしれませんね。自分がいかに素晴らしい環境で学んでいるかなんて時間が経ってからでないとわからない。池上さんもご著書『学び続ける力』で、「やればやるほど、自分が何も知らないことに気がつく」と書かれていましたが、私自身も学生時代はのほほんと生きていました。おそらく、人生で今が一番勉強している時期だと思います。

池上　よーくわかります。私も今が一番勉強しています。大学時代はというと……。うん、東工大生のことをまったく笑えません。

最相　入学したての東工大生が「テストの点数がよかったから入りました」というのも正直な答えなんでしょうね。

池上　ただ、東京大学の理系の場合は入学時の分け方は理Ⅰ、理Ⅱ、理Ⅲとざっくりしていて、みんなが医学部に進む理Ⅲを除くと、入ってから細かな進路を決めることができます。それに対して、東工大の場合は入学の時点で、第一類から第七類まで七種類に分野が細かく分かれており、最初から専攻分野があるので、ある程度は方向を決めてきているのではないか、と。

最相　類ごとに入学して、二年生で所属学科が決まるわけですよね。

池上　一年生の時の成績で希望の学科に行けるかどうかが決まります。

最相　どうなんでしょう。せめてどの道を選択するかは、三年生くらいでいいのでは、という気がします。というのも、研究者の世界は、一度研究室や師が決まるとそこからなかなかほかへ移れないしがらみもありますよね。大学一年生に道を決めろ、というのは結構厳しいなあ、と。

池上　たしかに。学部で一度研究室が決まったら大学院までずっと同じ、というのが当たり前ですからね。もう少し、あとから変えられるような仕組みがあってもいいのかもしれません。

最相　東工大では、二〇一六年度から日本で初めて学部と大学院を一体化した新しい教育体制が始まりますので、この先の展開を楽しみにしています。

自分が考えていることは、たいてい他人がすでに考えている

池上　実際に講義してみての感想はいかがですか。

最相　本当に大変でした。毎週ネタを仕込まなければいけないので、週刊誌の連載をずっとやり続けているような感じです。池上さんはジャーナリストとしての仕事をめいっぱいされながら、週二コマ教えてらっしゃる。超人的だと思いました。ただ、学生たちは

とても真面目に、真摯に講義に向き合ってくれたと感じました。ですからレポートのテーマを考えるのも楽しかったです。

池上　どんなレポートのテーマを学生たちには出したのですか？

最相　一つ目が「生命を三つの言葉で定義して説明せよ」。二つ目が「私ならドローンをこう使う」。そして三つ目が先ほどお話しした「自分が専攻したい分野の科学者の伝記を書評せよ」。

池上　実に面白いテーマですね。学生たちが何を書いてきたのか、読んでみたいです。でも、二〇〇人の受講生のレポートを読むのは大変だったでしょう。

最相　それぞれのレポートについて、学生二〇〇人すべてにコメントを書いて戻したので大変でしたが、最初のレポートからみんな実に真摯に書いているのがわかってそれがうれしかったですね。二回目のレポートの時は、図解つきでドローンの利用法を考えてくれた学生もいました。

池上　レポートの内容については？

最相　もちろんとても優れたアイデアだなというレポートもありましたが、誰でも思いつきそうなものを出してくる学生が少なくなかったですね。次の採点の時に、学生たちには「自分が考えることはたいてい、他人がすでに考えているんだよ」という話もしました。科学の世界ではしょっちゅうあることですね、これは。

ところで、学生たちから池上さんの講義は非常に厳しいと聞きました。最初の年は大教室に学生が入りきらないほどだったのに、次の年度からは激減したと。

池上　最初は一つの講義で八〇〇人、別の講義で九〇〇人から履修の申し込みがありました。そんなに入れる教室がないので、抽選で二六〇人に絞りました。ところが次からは、そもそも履修希望者が二〇〇人を切り、次は一五〇人を切りという形で、今は二年、三年、四年生向けの講義で五〇人ぐらい。一年生向けで一〇〇人くらいです。

最相　学生は何を厳しいと感じたんでしょう。

池上　三割の学生に単位を出さなかっただけです。

最相　それは厳しい……。

池上　あくまで試験の結果なんです。講義自体は厳しくありませんが、採点が厳しいんですね。一〇〇点満点中六〇点なら合格で単位を与えるわけですが、その六〇点に達しない学生が続出しました。最初の年は四割の学生がそのラインに届いていなかったんです。さすがに四割落ちちゃうのはまずかろうと、ティーチングアシスタントの大学院生に「五五点の人には五点下駄を履かせて救済しよう」といいましたら、大学院生が「先生、それはフェアじゃありません」と。「五五点の人だけに五点足すのではなく、標準偏差の中心点を五点動かすのがフェアです」。

最相　さすが東工大生だ（笑）。

池上　大学院生がその場で計算して、方程式を作り、点数ではなく標準偏差で計算しなおし、試験で落とす学生の数は四割から三割になったわけです。

学生の前で公開インタビュー

最相　東工大で授業を持って、大学の先生の大変さを思い知りました。研究者として生涯のテーマをどう選ぶのかだけではなく、教育者として学生たちを教える日々が待ち受けている。出席は何点、レポートは何点といった具合に成績の配点も考えたりシラバスを事前に作ったり、レポートを読み、コメントを書き、採点したり、と一コマの授業だけでへとへとになりました。

池上　そのあたりをわかっていただけて大学教授の一人としてうれしいですね（笑）。今回、最相さんは、東工大生を前にした公開インタビューの相手をどんな基準で選んだのですか？

最相　私が過去に取材させていただき、その後も交流がある研究者の方々の中から、今の学生たちがなかなか会えないであろう人たちを意識して、選ばせていただきました。

最先端の研究をされている方は東工大にたくさんいらっしゃるでしょうから、ある分野の研究の歴史を体現しているような方にも来ていただきました。

池上　そんな専門の方々に、学生の前でインタビューして見せたわけですよね。最相さんの研究者へのインタビューぶりを見て、学生たちも「インタビューってこうやるんだ！」「取材ってこうやってやるんだ！」と普段の授業では味わえない新鮮な体験を得たでしょうね。

最相　さあ、どうでしょう。学生たち、そこまで意識していたかな……。

池上　ああ、なるほど。そのインタビュアーがうまいかどうかは、インタビューの仕事をやるようになって初めてわかるんですよね。今の私の感想は、プロが他のプロの仕事ぶりを見て「うむ、お主できるな」という類のものだったかもしれません（笑）。

サンデル教授の授業の秘密

最相　東工大での授業で、池上さんは講義室を歩き回りながら講義をされるのですか？　私のイメージでは、マイクを片手に講義をして、そばに座っている学生に、ぱっと質問なさるような……。

池上　……ほとんどやらないですね。基本的には壇上で板書をし、普通に講義をしています。もちろん、学生が積極的に参加できるテーマの時は、どんどん質問をぶつけてきます。十八歳選挙権のようなテーマについては、彼らも当事者ですから、「どう思うかな」と問いかけると意見は活発に出てきますし、出てきた意見に対して反対意見も上がってくる。そんな時は、私は意見をいわずに交通整理役に徹します。

最相　今回の東工大の講義では、内容が専門的になることもあって資料を見ながら話すことが多かったため、学生と対話しながらしゃべるというのはなかなかできませんでした。そこは反省しています。最後まで慣れませんでした。

池上　マイケル・サンデル教授のような授業ですね。あれはできないですよ。

最相　池上さんでもできないのですか。サンデル教授と学生たちとのやりとりは面白いですよね。

池上　実はサンデル教授の授業には、下準備があるんです。授業を支える助教や大学院生やOBがたくさんいる。学生にはあらかじめどの本のどこを読んでおくべきか伝えてあり、さらに学生たちは事前に助教や大学院生たちから指導を受けている。十分に準備された状態で授業がスタートし、サンデル教授がおもむろに登場する。学生たちに問いかければ、打てば響く状態ができている。だから、「いい質問」や「いい答え」が返ってくる。

最相　なんだ、そうだったんですね。

池上　ええ。以前サンデル教授にインタビューした時に直接聞いたので間違いないです。なるほどやっぱりと少し安心しました。今回、最相さんはどんな準備をして講義に臨みましたか。

最相　前の週の講義で、翌週は誰がゲストで来るかを予告し、その方はどういう研究をしているかについても簡単に説明し、著書も紹介しました。当日は、最初の十五分から二〇分ぐらいは、私がゲストの仕事をざっくりと紹介し、それから壇上での公開インタビューに入ります。

池上　学生の反応が最もよかったのは、どなたがゲストの時でしたか？

最相　最も質問が活発に出たのは、地震学者の石田瑞穂先生にいらしていただいた時ですね。東工大にも地震学者の丸山茂徳先生がいらっしゃる。今回講義をして、よくわかったのは、東工大の学生さんたちはみんな物理学が好きなんですね。

池上　そうですね。みんな物理学が好きです。一方で、地震の話でいうと地学はほとんど学んでいない。高校時代に履修すらしていない人が大半です。

最相　地学は不人気ですよね。

池上　地震学の世界では、今それが大きな問題になっています。地学は必修ではなくなっているので、学生の多くは物理と化学は学んでいても、地学を学んでいない。だから、物理的現象として地震にアプローチはできても、現実に地震が起きている地球や地形についての地学的な知見がない。なので、地震学が「机上の空論」となりかねない。地学以上に問題なのは、今の理系の学生たちは生物学も高校で履修していない人が多い。人間という生き物を扱うのに、大学医学部で生物を履修していないケースも珍しくない。これは大問題だと思います。

最相　そうですね。生物学はすべてに関係する学問で、いわば必須教養なのですが、理系学生ほど高校の時に生物をちゃんと勉強せず、化学と物理学ばかりに没頭していた子が多い。私もその点については懸念していたので、初回はオワンクラゲを題材に「生物はなぜ光るのか」を突き詰め、ノーベル化学賞をとられた下村脩先生を紹介しましたし、ゲストも「進化生物学」や「遺伝子工学」「感染症」など生物に関係する分野の研究者に多く来ていただくようにしました。

「今までにないもの」の生み出し方

池上　地震学以外に東工大生の反応がよかったのは？

最相　ＳＦ作家の江坂遊さんがいらした時です。

池上　江坂遊さんは、ショートショートの大家、星新一の唯一のお弟子さんで、現役のSF作家さんですね。

最相　江坂さんは、ショートショート以外に、落語の台本なども書いていらっしゃるので、舞台に上がって人とやりとりすることに長《た》けてらっしゃいます。今回の講義も台本こそ作らなかったけど、準備をしてちゃんと練習したとおっしゃっていました。

池上　一見関係のないものを二つ並べて、新しい面白さを再発見する。江坂さんのおっしゃっていた「要素分解共鳴結合」の手法って、雑誌の編集にも通じるものがあるなと思いました。昭和の時代に「週刊朝日」を百万部雑誌にした名物編集者の扇谷《おうぎや》正造《しょうぞう》のことを思い出したんです。扇谷正造は、新しい企画を作る時、「論壇誌」と「女性誌」という具合にまったく関係のない雑誌を何冊もばらばらに用意して、それぞれの雑誌で人気のある著者やテーマをランダムに組み合わせて、「週刊朝日」の新企画にする、ということをやっていたそうです。作家に科学レポートをさせ、科学者に恋愛相談をさせる、といった具合ですね。あえて著者とテーマをアットランダムに並べ替えることで、思いもよらない化学反応を起こし、新しい読み物が誕生する。ショートショートも雑誌の編集も、「今までにないもの」を生み出す時は、「要素分解共鳴結合」なんだと得心しました。

最相　学生ばかりではなく、池上さんにも興味をもっていただいてよかったです。その話で思い出しましたが、池上さんのお父様は、病気で体の自由が利かなくなった時、病床でずっと『広辞苑』を読まれていたそうですね。

池上　ええ、よくご存じで。

最相　辞書を「読み物」として楽しんでしまう、というのはすごい話だな、とご著書を拝読した時に強烈に記憶に残ったんです。というのも「辞書を読む」というのもまた、江坂さんの「要素分解共鳴結合」につながる話だなあ、と。辞書は五十音順で言葉が並んでいて、並んでいる言葉には五十音順以外なんの関連性もありません。ある意味で、無関係の言葉が延々と並べられている。それをずっと読んでいると、頭の中でさまざまな化学反応が起こるのではないかと。おそらく池上さんのお父様は、『広辞苑』を「読む」ことでそんな頭の中での「要素分解共鳴結合」を楽しんでいらっしゃったのではないか、と想像していたんです。

池上　その感覚、私にもありますね。関係ない言葉の意味が目に飛び込んでくる。そこから新たな企画のヒントが浮かんだりする。これは、「紙の辞書」「紙の辞典」じゃないと体験できない。

最相　そうなんです。ウェブで世界がつながってしまうと、無関係でアットランダムな情報はなかなか流れてこず、むしろ他人からどんどん「関連した情報」が手元に届けられちゃうんですよね。たとえば、「アマゾン」で本を買うと、「その本を買ったあなたにはこの本もいいですよ」と関連づけた本を推薦してくれます。

池上 レコメンド機能ですね。結構痒《かゆ》いところに手が届くレコメンドをするんですよね、また。

最相 ええ。「Yahoo! ニュース」などでも、あるニュースにアクセスすると、過去の関連ニュースが表示されます。自分でわざわざ探しに行かなくても、関連性を考えなくても、どんどん「関連情報」が手元に押し寄せてくる。

池上 す、すみません、「Yahoo! ニュース」に「関連情報をプッシュしたら」とアドバイスしたのは私です（笑）。

最相 なんと、「犯人」は池上さんだったんですね（笑）。こうした情報の関連づけは、ＩＴの普及とビッグデータの解析によって容易になったのですが、そこでややもすると欠けてしまうのが、「関連のない組み合わせ」「偶然の出会い」です。関連情報が過剰な時代に、ＩＴの牙城ともいえる東工大の講義で、「要素分解共鳴結合」の話が理系学生に興味を持ってもらえたというのはよほど新鮮だったからかもしれません。

池上 以前、『広辞苑』が版を新しくした時に、新たに「いまいち」という言葉が収録されたんですね。いうまでもないですが「今ひとつ」という言葉を「イマイチ」といい換えて一種の流行り言葉になったあとです。流行語を収録していいのかどうか、と編部でも議論になったそうですが、「いまいち」という言い回し自体が定着したこともあって、最終的には『広辞苑』に入ることになった。すると、新版の『広辞苑』が出版されてしばらくしてから、栃木県今市市（現在は日光市）が岩波書店に感謝状を送ったんですね。「いまいち」という言葉が『広辞苑』に載って注目されたことで、その隣に載っている「今市」市まで注目されました、どうもありがとうございます、ということで。

最相　「いまいち」と「今市市」は、五十音順で隣り合わせというだけで、なんの関連もない。たまたま「いまいち」という言葉が新たに掲載されたら、その隣の「今市市」が注目された。紙の辞書の『広辞苑』上で並んでいる関連しない言葉同士がたまたま「共鳴」を起こしたわけですね。「要素分解共鳴結合」の場として、やっぱり『広辞苑』って面白い。

「偶然の出会い」の大切さ

池上　もともと何の関連もない情報をうっかり読んでしまう、といえば、家に積まれた古新聞や古雑誌って、読んじゃいますよね。

最相　わかります（笑）。

池上　子どもの頃、年に一度か二度、親に押し入れの掃除をさせられていました。押し入れの布団の下には古新聞が敷かれているんですが、それを見ると読みだしちゃうんですね。普段は大して新聞なんか読まないのに。

最相　ええ、読みだしちゃいますね。

池上　それで全然掃除が進まない。

最相　進みませんね（笑）。紙で新聞を読むというのは、まったく関連しないことがべたべたとレイアウトされている紙面をまず視覚的に把握して、重要度や関連性を知り、自分なりに取捨選択して読むことができるので、「紙の新聞をざっくり読む」というのは、結構重要な勉強になります。ネットだと大事なニュースもそうでないニュースもどんどん流れていってしまうから、思いがけず面白い記事に出くわす可能性が減ってしまう。

池上　それは、紙の書籍でもいえることですね。本棚にずらっと本を並べている。そこに並んだ本の背表紙をぼんやり見ていると、思わぬ着想を得られることがあります。書店巡りをして、書棚を次々と眺めていても、思わぬ本に出会ったり、思わぬアイデアが浮かんだりすることがある。「偶然の出会い」は、新しいことを考えるうえではとても大切だと思います。

最相　本といえば、東工大の学生に一回目の出席を取った時に「最近読んで面白かった本を書いて」といったのですが、みんな本を読んでないですね。漫画でもいいですよといったんですが、漫画も読んでいません。これからの世代はそうなっていくのでしょうか。

池上　私が東工大で教えてきた経験からすると、理科系大学生はますます本を読まなくなっている感じはありますね。

最相　そうですか……。ただ、今回実際に講義をして本当によかったなと思うのは、学生さんたちが物事に真摯に向き合おうとしていることを感じ取れたことです。声をかけてくださった池上さんには大感謝です。講義のある間はほかの仕事をいっさい止めて全力で取り組みました。ですから、学生たちからちゃんとリアクションがあったのが余計にうれしかったですね。

池上　最相さんは非常勤講師として講義をもっていただいたのですが、実は信じられないほど時給が安いんです。間違いなく「持ち出し」になってしまったのではないでしょうか。

最相　私だけではなくて、大学におけるもっともっと大きな問題ですよね。

池上　いわゆる大学の博士課程を終えて博士号をとったあと「ポスドク」で非常勤講師

になったとしても、一校の給料ではとても生きていけない。いくつもの大学をかけ持ちしなくては生活できません。

最相　博士号をとってそれですからね……。日本の大学の未来を考えるうえで、本当に深刻な問題だと思います。

すぐ役立つことはすぐ役立たなくなる

最相　池上さんは以前から、自著の中で「すぐ役に立つことはすぐ役に立たなくなる」とおっしゃっていますよね。

池上　ええ。たしか「なぜすぐに役に立たない一般教養を理系学生が学ぶ必要があるのか」という流れで出てきた言葉です。

最相　池上さんは、この「すぐ役に立つことはすぐに役に立たなくなる」というのを念頭にどうやって講義のテーマを選び、どんなふうに教えていらっしゃるのでしょうか？おそらく単なる現代ニュースの解説ではなく、歴史を知る、さまざまな文脈を知る、そして物の見方、考え方を教える、ということをやっていらっしゃるのかな、と。

池上　私は基本的に毎週二コマの授業を持っています。二〇一五年度でいうと、前期は、日本の現代史と、社会科学的な常識の二コマを担当しました。後期は世界の現代史と、日々のニュースから現代史を考えるというテーマです。たとえば日本の現代史では、今の日本は廃墟になったところから作られたという話をします。

最相　まず、何を見せるんですか？

池上　終戦直後の焼け野原の写真を最初に見せるんです。そして「この写真はどこだと思う？」と聞きます。「ある建物が写っていると、みんなすぐにわかるだろうから、あえてその建物が写っていない写真を選びました」というと、東工大の学生たちは勉強ができますから、「広島！」と答えが出るわけです。

最相　「ある建物」とは、原爆ドームのことですね。

池上　そうです。それからまた別の焼け野原の写真を見せます。一枚目と二枚目の焼け野原は、ほとんど同じに見えますが、二枚目は東京大空襲後の下町です。片や原爆、片や大空襲と原因は違いますが焼け野原になったのは、広島も東京も同じです。まさにこの焼け野原から、戦後の日本人は今の豊かな日本を作り出した。だからいつの時代のどんな人も絶望することもないし、自信を失うこともない。そこから現代史の話をします。

最相　歴史の文脈を見せて学生を鼓舞するんですね。東工大生をとくに意識したトピックってあるんですか？

池上　あります。たとえば「公害病」の話です。学生たちはみんな中学校の時に社会科で四大公害病を学びます。「水俣病」「新潟水俣病」「イタイイタイ病」「四日市ぜん息」とすらすら出てきます。でも、そこでおしまいなんですね。単語を覚えているだけ。「公害病」は日本の歴史上どんな文脈から生まれ、どんな意味があったのか。とくに理系の視点から話をするようにします。

最相　公害病はいずれも産業から生まれています。広い意味で理系の問題が大きく関わっている。

池上　そうなんです。そこでこんなふうに学生たちに話を投げかけます。

——水俣病はご存じですね？　水俣病は、チッソという会社が水俣市の工場から水俣湾へとメチル水銀を垂れ流し、食物連鎖により地元の魚介類が汚染された結果、起きました。メチル水銀に汚染された魚介類を食べた地元の人たちがさまざまな疾患に悩まされ、水俣病として世間に知られるようになったのです。でも、実は一九五六年に最初の患者が認定された水俣病の原因が、チッソによるメチル水銀垂れ流しによるものだ、と裁判で決定づけられるには一九七三年までかかり、水俣病に関わる特別措置法ができたのはなんと二〇一〇年です。なぜ、こんなに時間がかかってしまったのでしょうか？

と疑問を投げかけます。

最相　水俣病の通りいっぺんの知識の「先」を問うわけですね。

池上　はい。そこで今度は東工大と大岡山の話をするんです。――東工大は、東急電鉄大岡山駅の目の前にあります。大岡山商店街の人にとっては東工大生は大事なお客さん。だからみなさんが酔っ払って粗相をしても、あまり無下にはできない、と思っています。JR九州の水俣駅を下りると目の前にあるのは、チッソという会社の水俣工場の正門。水俣市はチッソの企業城下町だったのです。

　地元最大の企業ですから、地元の人はチッソを邪険にはできません。すると、水俣病が発症して、もしかすると、チッソの工場に原因があるんじゃないか？　という話になっても、面と向かってチッソを訴えることにならない。

最相　当時は企業の方が圧倒的に強者でした。

池上　さらにいうと、チッソは戦前の日窒コンツェルンの中心企業で、国策会社の顔を持っていました。戦後はプラスチックの可塑剤で大きなシェアを持ち塩化ビニルを生産していました。高度成長期に欠かせぬ企業ということで、行政もチッソには甘かった側面がありました。

　つまり、地元経済からも、国家戦略からも、チッソはつぶすわけにはいきません。何か怪しいことがあっても、あの会社の経営を傾かせてはまずい、という空気が社会全体にありました。かくして、チッソの廃水に問題があるのでは、と指摘しにくい雰囲気があった、と教えます。

最相　地域社会や国との関係を学生たちに見せるわけですね。

池上　そしていよいよ大学の問題に踏み込みます。実は、地元の熊本大学医学部の水俣病研究班は水俣病の原因はチッソの廃水に含まれる有機水銀だと指摘したんです。けれどもこの説は受け入れられませんでした。一方で、別の説を唱える学者が出てきたんです。なんと東工大の教授です。清浦雷作《きようららいさく》教授は、ほんの数日調査しただけで「有毒アミン説」を打ち出したのです。

対立する二つの説が出てきましたが、専門知識がないメディアは、どちらの説が正しいかわかりません。なんとなく、地方の一大学である熊本大学の先生がいうことよりも、東京の東工大の先生がいうことの方が正しいのではないかという雰囲気になりました。それが結果として、原因究明をますます遅らせることになったわけです。

最相　ここで東工大と水俣病がつながるわけですか！

池上　ここで学生たちにこういうんです。

「東工大というネームバリューは、こうやって使われてしまうことがあるんだよ」と。この先、君たち学生が研究者になった時、ある会社から委託研究費を出してもらうことがあるかもしれない。研究をしているうちに「先生、最近こんな困ったことをいうやつがいるんです、ちょっと何とかしてもらえませんか」とその会社から頼まれたら、さあ、どういう態度を取るのか？　研究者にはならず、どこかの企業に入ったとしても同じことです。その企業が東南アジアに持っている工場で働いていたら、その工場の廃水によって、川の下流の方で妙な病気が流行りだした。さあ、どういう態度を取るのか？

最相　なかなかハードな問いかけですね？　学生たちの反応はいかがでしたか？

池上　学生の顔つきが変わります。単なる現代史のお勉強、ニュース解説だと思っていたのが、自分の将来にも関わってくる理系で仕事をする人間の生き方についての講義になるからです。居住まいをただしますよ。

最相　そこまで自分の身に引きつけて考えさせると、昔のニュースが自分ごとになりますね。これは、就職先の企業を決める時にも役に立つ目線ですね。自分が行くかもしれない企業の過去と今を知って未来を見極めるようになる。

その時の人気企業は衰退産業

池上　企業といえば、その時その時の人気企業は実は衰退産業なんだよ、という話をします。戦後の石炭から石油へというエネルギー革命の話をする時に、当時の人気企業の話をしてあげるんですね。戦争直後、大学生に一番人気の就職先は石炭業界でした。成績が優秀な人から石炭業界に就職しました。石炭が日本にとって最重要エネルギーだったからです。その次に優秀な学生は砂糖業界を目指しました。まだまだ食料不足の世の中で、人々は甘いものを欲しがっている。これから砂糖の需要はもっと増えるだろうというわけです。黒の石炭と白の砂糖が人気だった。それが戦争直後だよ、と。時代が変わると、今度は繊維業界が人気を集め、成績優秀な学生が殺到します。その後、さらに経済が発展すると繊維業界は頭打ちになり、重工業系に人気は移っていきます。

最相　池上さんが学生の頃はいかがでした?

池上　私が卒業したのが一九七三年で、経済学部出身の私の周りでは、一番優秀な学生は銀行に入り、その次に優秀なのは商社へ行き、箸にも棒にも掛からない人間がマスコミに行きました。その話を学生にするとびっくりします。ところが、大学卒業後に二十年ほどして大学のクラス会をしたら、最初に就職した銀行にいる同期はゼロでした。業界にも企業にも寿命があって、入る時に人気があっても、衰退することがある。むしろ人気があるということはそれが最盛期で、あとは衰退するだけということもある。こういう話をすると、学生は困った顔をするのですが。

最相　池上流の「すぐに役に立たない教養」の教え方、よくわかりました。今、大学教育について議論されています。人文社会系学部は不要だ、それよりも実学を優先するべきだという意見も出てきています。聞きようによっては、理系大学の一般教養も切られかねないような。

池上　東工大は、そもそも実学を修めるためにできた学校です。だからこそそれだけではいけない、教養をきっちり学生が修めなければいけない。あえて、すぐに役に立たないことも教えようと、私がこの三月まで在籍していたリベラルアーツセンターを中心に文系教育、教養教育に力を入れてきました。江藤淳、永井道雄といった教養人たちが東工大で教えていたのも、不思議な縁ですね。

理系と文系の間に流れる深い川

最相　最後は、池上さんを私が逆取材しましょう。池上さんが東工大で教鞭をとられるようになったのは、二〇一二年四月からですよね。お話があったのは二〇一一年の秋だとうかがいました。

池上　それまでも信州大学経済学部で夏の集中講義を担当していましたし、京都造形芸術大学でもメディア論を教えていました。ただし、教授の肩書きで学校に所属して教員を務めるのは東工大が初めてでした。

最相　理工系の学生に教えるのも東工大が初めてだったんですか。

池上　まったくの初めてです。

最相　なぜ東工大で教えてみようと思われたのですか。

池上　二〇一一年三月、東日本大震災が起きたあと、東京電力の福島第一原発で事故が発生しました。テレビに東京大学工学部や東京工業大学の原子炉の専門家の先生が出てきて次々と専門的な解説をする。ですが、その説明が素人からするとまったくチンプンカンプンでわけがわからない。専門家の方々は、あれでもものすごくわかりやすく説明しているつもりなんだ、ということは理解できました。ただ、理系の専門家の方たちの多くが、自分が理解していることは当然周囲のみんなもわかっている、という前提で話をしている。それでは、その前提を知らないテレビの前の大半の人たちには伝わらないわけです。正直、私にも伝わらなかった。そこではたと気づいたんです。深い川の存在に。

最相　深い川、とは？

池上　理系と文系の間に、高校で進路を決める頃から流れている、深くて暗い川です。この川に橋を架けるには、理系は文系にわかる言葉を使うべきだし、文系は数字が出ただけで尻込みすべきではないと思うようになりました。そう考えている時に、東工大から話があって「理系の学生に社会の見方のようなものを教えてもらえないか」といわれました。理系の総本山のような東工大で私と同じ問題意識を持っている先生方がいることに感激したんですね。それで、教授職を引き受けたんです。

科学の伝え方が変わっていく

最相　私は九〇年代後半、クローン羊のドリーや非配偶者間体外受精が話題になり始めた頃から生命科学に関する取材をしてきましたが、生命科学の中でもとくに工学寄りの方々は、わからない人にわかるように解説することをとても苦手としているなあと思っていました。もっとはっきりいうと、そもそもわかるように伝えること自体をまったく意識していない。それを強く感じてきました。

生命科学では人体の内部に技術が入ってくる。つまり、生命に直接的影響があるわけですが、そこになかなか想像力が及ばないようなのです。

池上　たしかに工学と生物学と倫理学が交差する。

最相　ええ。非配偶者間体外受精では、卵子を人に提供するかどうかという議論などが始まった頃です。けれども、生命科学を扱っている専門家でも工学寄りの研究者は、コンピュータを駆使したゲノム解析などには強い関心がある一方で、人体や生命に関わることなんだ、あらゆる人が当事者になりえるのだ、という意識が低かった。ちょっと語弊があるかもしれませんが、サイエンスの世界でも、工学系の人にはなかなか話が通じない、といわれていたりしたんです。

池上　その感じ、東工大に数年いると、ひしひしと感じますね（笑）。

最相　福島第一原発の事故は、工学が作り上げたものが直接的に私たちの命や生活に影響を与えることがあるんだ、ということを工学系の専門家に突きつけたと思います。池上さんがこれを機に理系大学で教鞭をとられたのが代表例ですが、日本における科学や工学の伝え方、というものが、あの原発事故を機に変わっていくのではないかと期待しています。

池上　まだまだだとは思いますけど。たぶん、理系の知識、工学の知識をどうやって伝えていくのか、当事者たる専門家も私たちジャーナリズムも、ようやくスタートラインに立ったばかりで、まさにこれからレベルを上げていかなければいけないんだと思います。その意味で、理系の人たちの言葉を嚙み砕いて伝えようとする最相さんのお仕事は最先端を走っているのではないでしょうか。

最相　ありがとうございます。

池上さんの先輩・柳田邦男さんの「生涯のテーマ」

池上　最相さんの今回の書籍を読んで個人的にすごく嬉しかったことがあるんです。柳田邦男さんの『空白の天気図』が挙げられていたことです。あの本は、柳田さんがNHKの社会部を辞めて最初に書いた本です。

最相　池上さんは柳田さんと一緒に仕事をされた時期がおありなんですか。

池上　私が新人研修を受けている時に、柳田さんはNHK社会部のバリバリのエース記者でした。新米の私たちに研修で記者の心得を話してくれたのをよく覚えています。言葉が立っているし、仕事はできるし、ハンサムだし、新米記者たちは「柳田さん、かっこいいなあ」と憧れの目線で研修を受けていました。

最相　そうでしたか。

池上　その後、柳田さんはNHKの記者時代に、飛行機事故をテーマにした『マッハの恐怖』を書いて大宅壮一ノンフィクション賞を受賞し、さらに『続・マッハの恐怖』を出版しています。彼はNHKの社会部の遊軍記者として航空事故のニュースを担当し、全日空の羽田沖墜落事故をはじめ数々の航空事故を追いかけていました。もちろんニュースにしたり番組にしたりしていたのですが、テレビでは描ききれない要素を盛り込んで活字にして出版したわけです。最初はどこの出版社も相手にしてくれなかったそうです。ＮＨＫの新人記者だった私は『マッハの恐怖』をすぐに買い求めて読んで、記者とはここまで綿密に取材をするものなのかと驚愕しました。柳田さんの薫陶《くんとう》を間接的に受けた影響はとても大きかったですね。飛行機事故もまた考えてみれば理系や工学系の事故と人災とが重なっているものですから。原発事故と構造が似通っている部分がある。

最相　そうですね。

池上　その後、柳田さんは東京の社会部から福岡放送局へ、管理職として転勤せよという辞令を受け取ります。その時に、自分はノンフィクションライターとしてやっていきたいとＮＨＫを辞めるんですよ。たしか柳田さんは四十歳の手前だったはずです。そして『空白の天気図』を書かれたんですね。

そもそものきっかけは、柳田さんがＮＨＫに入局して最初に配属になったのが広島放送局だったからです。当然、若き柳田さんは原爆に関する取材を続けます。その時に柳田さんは初めて原爆投下後の広島が枕崎台風で大きな被害を受けたことを知るわけです。柳田さんの中で、原爆後の広島を襲った台風は、まさに生涯を賭ける最初のテーマとして燃え続け、ＮＨＫを退局し、フリーとなった最初の大仕事として取り上げたのです。

最相　本書の中で、最初に広島へ赴任された時は原爆のことしか頭になかったと書かれていますね。枕崎台風のことを柳田さんが知ったのは、広島の現場で取材するようになってからだった。

池上　最相さんが『空白の天気図』を手に取るきっかけとなったのは？

最相　東日本大震災と東京電力福島第一原発の事故のあとです。震災という天災がまずあり、そこに原発事故という究極の人災が重ねて東北を襲う。同じようなことは過去の日本になかったのだろうか、と思って調べていくうちに、原爆と台風が矢継ぎ早に襲いかかった広島を取り上げた『空白の天気図』にたどり着いたのです。長らく絶版だったので、古書店で入手しました。

池上　人災と天災が重なることでさらなる災害がもたらされる。そんな時、人は何をすべきか。『空白の天気図』はある種の指針を与えてくれる本です。私は二〇一二年から名古屋テレビで「巨大自然災害から命を守れ」という番組をやっています。今、全国ネットのテレビ番組で「南海トラフ地震が起きるとどうなるか」という検証番組が時々あったりするのですが、一般論になってしまって具体性に乏しい時がある。そんな時、地元に根を張っている地方局が強い。南海トラフ地震は、東海地方が大きな被害を受けるといわれています。そこで、名古屋テレビでは、南海トラフで大地震が発生するとどんな被害がありうるか、というのを具体的に掘り下げる。番組の一環で、「三河地震」について取り上げたこともあります。

最相　三河地震とは？

池上　三河地震は、一九四五年一月つまり終戦の年に、愛知県の三河湾を震源地として発生したマグネチュード六・八の直下型地震です。死者行方不明者二三〇〇人を超える大地震でした。ところが、戦争真っ只中の日本は、この地震が発生したことを敵国であるアメリカに知られたくない。そこで三河地震のニュースは国内でも伏せられ、現地で直接被害を受けた人以外はほとんど知られなかったのです。ところが戦後、アメリカ軍は三河地方がこの地震によって津波の被害を受けているのをきっちり航空写真におさめていた。皮肉にも日本政府側はアメリカに見られまいと隠そうとしたためほとんど記録を残さなかったけれど、アメリカの方は航空写真を詳細に撮っていて地震の被害も津波の被害も日本よりも知っていた。

伝えるメディアがなければ、ニュースにならない

最相　地方局が制作するドキュメンタリー番組には、優れた作品が結構ありますね。愛媛県のローカル局である南海放送が、一九五四年のビキニ水爆実験で被曝していたのは、第五福竜丸だけではなく、実は多数の漁船が被曝していた、という事実を九年間かけて

ドキュメンタリーのかたちで報道したのは記憶に新しいところです。
池上　優れたテレビ番組を表彰するギャラクシー賞の大賞を二〇一三年に受賞しましたね。私たちは何となく、ビキニ水爆実験と聞くと第五福竜丸をイメージするけど、実は一〇〇〇隻もの船が被曝していた。
最相　そもそもなぜ第五福竜丸だけが注目されたんでしょう?
池上　第五福竜丸が注目されたのは、静岡の焼津港に戻った乗組員が「ピカドンを見た」というのが、読売新聞焼津通信部の記者の耳にたまたま入ったからです。その頃、読売新聞は「ついに太陽をとらえた」という、原子力の平和利用をテーマにした連載を行っていて、焼津の工業高校に通っていたある高校生がその連載を読んでいました。するとその高校生の母親が、「戻ってきた人がピカドンを見たといっている」「具合が悪いようだ」という話を聞いてきた。そこで高校生は核実験ではないかとピンときて、たまたまその家に下宿していた、読売の焼津通信部の記者にそれを伝えたんです。ただ、焼津通信部の記者は核実験のことは専門ではないから、話を聞いても何のことだかさっぱりわからない。そこで読売の東京本社に電話をしたら、電話口に出てきたのがたまたま原子力平和利用の連載担当者だった、というわけです。
最相　そうだったんですか。なんという偶然。

池上　同じ体験をして高知県に戻った船もいたのだけれど、そこでは焼津のようにニュースになることはありませんでした。おそらくはマグロの遠洋漁業を行っていた日本全国の船員の中に、第五福竜丸の船員同様に被曝して酷い目に遭った人たちがいたはずです。でも、伝えるべきメディアと接していなかったらニュースにはならない。「ないのといっしょ」になってしまう。

最相　かつてニュースにならなかった人たちに光を当てる。それが、南海放送の方たちの「生涯を賭けるテーマ」だったわけですね。

池上　ジャーナリズムにも「生涯を賭けるテーマ」をもった方たちがいて、その人たちが隠された真実を明かしてくれる。南海放送のドキュメンタリーはまさにそのお手本でした。

「科学の知恵」で物事を見てみる

池上　そろそろ私への質問はおしまいにして、最後にもう一度最相さんに質問をいたしましょう。最相さんは理系の研究者の方に取材するケースが多いですね。それはなぜなんですか？

最相　物事を考える時に、科学の知恵を借りると本質が見えることがあるからです。私自身がそういう思考回路を持っているのかもしれません。ただ、科学技術を解説したり、ニュースを追いかけたりする仕事は、テレビや新聞や科学誌の記者の方がいる。じゃあ、フリーランスの私に何ができるんだろう？　何かわからないことがあった時、これまでと異なる角度から見てみれば視界が開けるんじゃないか、そんな研究者はいないかと探してみる。そして、その人の見方、新しい科学的知見を借りて、理解を進めていく。技術の解説ではなく、科学的思考を学ぶ。そんなふうに人の話を聞くのが、私なりの科学の伝え方なのかな、と思っています。

池上　最相さんは、ずっとフリーでやってらっしゃいますよね。

最相　ええ。どこにも所属していません。組織には所属せずに仕事している、というのが、自分の強みだと思うことにしています。池上さんも、NHKをやめたあとはフリーで、でもここしばらくは東工大学教授で、この春には退任されてまたフリーになられる。ご自身のこと、お書きにならないんですか？　マネジャーもおらず、たくさんの連載を抱え、次々と書籍を執筆し、テレビの仕事をされ、大学でも教える。常人とは思えないお仕事ぶりの秘密をぜひ知りたいです。

池上　いえいえ、語ることなどございませんよ（笑）。

最相　よっぽど身体的な鍛錬もされているのかなあ、と。傍《はた》から見ていると、池上さんはアンドロイドではないかと思います。

池上　あえていうならば、どの仕事も楽しいんです。楽しいからストレスがたまらない。だから、たくさんやっても大丈夫、ということがあります。いやな仕事は受けてないので、その意味ではストレスフリーなんです。

最相　でも、これだけ仕事がたくさんあると、アシスタントや取材補助をしてくれるリサーチャーをつけてもよさそうな感じが。

池上　何をおっしゃいます！　リサーチって取材のことですよね。現場取材が一番面白いのに、なぜアシスタントやリサーチャーにその面白い仕事をあげなければいけないのか！　おいしいところは自分でいただきます（笑）。といいつつ、アポイントメントの整理は結構大変です。

そうそう、最相さんの次の「人生を賭けるテーマ」、もう決まっていますか？

最相　次のテーマは、取りかかっている時にはいわないようにしています。口にすると空気が抜けてしまう感じがするので、書籍の形になるまでは公言しない、アウトプットしない、と自分で決めています。

池上　その点は、私と方法論が逆ですね。私の場合、特ダネは別として「こんなことを今やっているんだ」といろいろなところで話しながら自分の頭の中を整理したり、相手の反応を見て説明の仕方を変えたりしながら、まとめる内容をブラッシュアップしていきます。もちろん、最相さんのように、黙って自分の体の中で何か発酵するというノンフィクションの書き方もよくわかります。

最相　ですから、Twitter とかSNSの類は一切やりません。空気が抜けちゃうので。

池上　あれはダメですね（笑）。私もやりません。やる暇があったら取材したり本を読んだりしてインプットを増やし、自分の中で整理したり考えたりするための時間に使いたい。ともあれ、最相さんの中から発酵して出てくる「次回作」を心待ちにすることにいたしましょう！

日経ビジネスオンラインの記事（構成：片瀬京子、二〇一六年三月一七日、二十四日、三十一日）を一部修正の上、収録しました。

新書版あとがき

本書は、二〇一五年に出版された『東工大講義　生涯を賭けるテーマをいかに選ぶか』を新書化したものです。改版にあたって加筆修正を行ったほか、学生以外にも読者を広げたいという出版社の意向を受けてメインタイトルを『理系という生き方』とし、日経ビジネスオンラインで行った池上彰さんとの対談を収録させていただきました。お世話になった方すべてに改めて御礼を申し上げます。

柏野牧夫さんがおっしゃるように、理系・文系というのは教育システム上のカテゴリーにすぎません。『理系という生き方』も、直訳すれば「理系というカテゴリーに分類される人の生き方」になります。しかし、ここで私が意図するのはカテゴリーではありません。はじめは成り行きでそのカテゴリーに組み込まれた人でも、いつか必ず、方向性を見定めなければならない時が訪れます。そこからは誰の責任でもなく自分の意志です。「理系道」という言葉があるのかどうかわかりませんが、本書では、理系道という一つの道を極めると決めた人の人生を採り上げました。登場する十二人と一家族が、それ以上の人々の意志に支えられてきたことも併せて感じとっていただければ幸いです。

最後に一つ、ある出会いについて記しておきたいと思います。

二〇一六年秋、広島の江波山気象館に行きました。ちょうど広島カープが二十五年ぶりのリーグ優勝を果たした日の翌日で、町中が赤いチーム・カラーで彩られていました。そんなこともあってなのか、町の中心部から路面電車と徒歩で五十分近くかかる気象館は閑散として、ひと組の親子連れとカップルがいるだけでした。

誰もいないのをいいことに、私は二階の気象・科学の体験コーナーで、風速二〇メートルの風を感じることができる「突風カプセル」や、台風の目に立った感覚を味わえる「タイフーンボックス」の中に入ってみました。いい年をしたおばさんがカプセルの中で髪を振り乱して喘いでいる絵を想像するだけでぞっとすると思いますが、それはさておき、強風を全身で受けながら考えたのはやはり、『空白の天気図』に描かれていた台員たちの苦闘でした。枕崎台風に襲われたあの日、ここ旧・広島地方気象台ではカプセルで経験できる風速の倍以上の暴風が吹き荒れ、息もできないほど激しい雨が叩きつけるように降っていたのです。

同じ階には、手描きの原爆絵や当番日誌が展示されていました。八月六日の日誌には、当日登庁できなかった女性職員がいて「原爆死せるものと偲む」との記載がありました。爆風の直撃を受けた壁や折れ曲がった窓枠もそのままに保存されています。江波山は標高三〇メートルの小さな山ですが、山頂にある気象館の屋上からは広島の町が三六〇度見渡せます。原爆と巨大台風という二重の被害に遭いながらも、ここで観測を怠らなかった人々の観測精神の上に今この国の繁栄があることを、私たちはこれからも語り継いでいかなければならないと思いました。

帰京後しばらくして、ある女性と知り合いました。彼女は原爆調査のために広島入りした京大医学部研究調査班の先発隊に参加した血液内科助手(当時)の娘さんでした。『空白の天気図』には、その助手が提供した手記に基づく記述がたくさんあります。彼女にはまったく別の用件でお目にかかったのですが、たまたまお父様の話になって、こんな偶然があるのかと大変驚いた次第です。お父様はのちに臨床医となり、晩年はクリスチャンとなって生涯を終えられたそうです。

拙著に登場する方々と同様に、私にも、偶然とは思えない人や物事との出会いがあります。その出会いを機に、取材が大きく進むことも少なくありません。何かに導かれているように思う時もあります。下村脩先生は恩師との出会いを「天の指図かもしれない」

と思い、ＧＦＰの発見については「天の導き」だったとおっしゃっていました。一見、科学的とはいえない表現ですが、私にも最近はその感覚が少しはわかるようになりました。自分の意志を超えた出来事に直面した時、私たちは自らの小ささと無力さを思い知り、思わず天を仰ぐのかもしれません。今ここに生きていることを感謝しつつ。

二〇一八年一月吉日

最相葉月

参考文献

ガイダンス

『絶対音感』最相葉月（新潮文庫・二〇〇六）

『ビヨンド・エジソン　12人の博士が見つめる未来』最相葉月（ポプラ文庫・二〇一二）

『「大発見」の思考法　iPS細胞vs.素粒子』山中伸弥・益川敏英（文春新書・二〇一一）

1章

『クラゲに学ぶ　ノーベル賞への道』下村脩（長崎文献社・二〇一〇）

『光るクラゲがノーベル賞をとった理由』石浦章一監修、生化学若い研究者の会編著（日本評論社・二〇〇九）

『光る生物の話』下村脩（朝日選書・二〇一四）

下村脩インタビュー「Voice」二〇一〇年二月号

Osamu Shimomura, Bioluminescence Chemical Principles and Methods (World Scientific Pub. Co. Inc. 2006)

Shimomura O, Goto T, Hirata Y, Crystalline Cypridina Luciferin, Bulletin of the Chemical Society of Japan, 30(8), 1957

Shimomura O, Johnson F. H, Saiga Y, Extraction, Purification and Properties of Aequorin, a Bioluminescent Protein from the Luminous Hydromedusan, Aequorea, Journal of Cellular and Comparative Physiology, 59(3), 1962

Shimomura O, Structure of the chromophore of Aequorea green fluorescent protein, FEBS Letters, 104(2), 1979
A Green Light for Biology —Making the Invisible Visible, VCU Life Sciences (movie)

2章
『エマージングウイルスの世紀　人獣共通感染症の恐怖を超えて』山内一也（河出書房新社・一九九七）
『異種移植　21世紀の驚異の医療』山内一也（河出書房新社・一九九九）
『プリオン病の謎に迫る』山内一也（ＮＨＫブックス・二〇〇二）
『忍び寄るバイオテロ』山内一也・三瀬勝利（ＮＨＫブックス・二〇〇三）
『ウイルスと人間』山内一也（岩波科学ライブラリー・二〇〇五）
『史上最大の伝染病牛疫　根絶までの四〇〇〇年』山内一也（岩波書店・二〇〇九）
『ウイルスと地球生命』山内一也（岩波科学ライブラリー・二〇一二）
『ワクチン学』山内一也・三瀬勝利（岩波書店・二〇一四）
『エボラ出血熱とエマージングウイルス』山内一也（岩波科学ライブラリー・二〇一五）
『近代医学の先駆者　ハンターとジェンナー』山内一也（岩波現代全書・二〇一五）

3章
映画「キュリー夫人」マーヴィン・ルロイ監督、グリア・ガーソン、ウォルター・ピジョン主演（一九四三）
『キュリー夫人伝』エーヴ・キュリー、河野万里子訳（白水社・二〇〇六）

『マリー・キュリー　1・2』スーザン・クイン、田中京子訳（みすず書房・一九九九）
J. P. Poirier, Marie Curie et les conquérants de l'atome 1896 —2006 (Pygmalion 2006)
『マリー・キュリー　フラスコの中の闇と光』バーバラ・ゴールドスミス、小川真理子監修、竹内喜訳（WAVE出版・二〇〇七）
『母と娘の手紙』マリー・キュリー、イレーヌ・キュリー、西川祐子訳（人文書院・一九七五）
山田光男「放射能研究に殉じた山田延男の生涯（第一報）」「薬史学雑誌」一九九八年三三巻二号
山田光男「放射能研究に殉じた山田延男の生涯（第二報）」「薬史学雑誌」一九九九年三四巻一号
山田光男「航空研究所と山田延男」「化学史研究」一九九九年二六巻三号
阪上正信「山田延男博士のパリでの研究とその科学史的意味」「化学史研究」一九九九年二六巻三号
山田光男「放射能研究に殉じた山田延男」「東京大学学史史料室ニュース」二〇〇一年第二七号
山田光男「『キューリー夫人伝』によみがえる山田延男」「私達の教育改革通信」二〇〇六年九五号
山田光男「放射能研究に殉じた研究者　山田延男——マリー・キュリー夫人の研究助手として（1923～1925年）」Isotope News　二〇〇七年五月号
飯盛里安「放射能測定の歴史」「化学の領域」一九五九年一三巻十号

4章

『風景構成法のしくみ　心理臨床の実践知をことばにする』佐々木玲仁（創元社・二〇一二）

5章

『ウェクスラー家の選択　遺伝子診断と向きあった家族』アリス・ウェクスラー、武藤香織・額賀淑郎訳（新潮社・二〇〇三）
『いのち　生命科学に言葉はあるか』最相葉月（文春新書・二〇〇五）

6章
『DNA's Exquisite Evolutionary Strategy』古澤満（講談社サイエンティフィク・一九九九）
『不均衡進化論』古澤満（筑摩選書・二〇一〇）

7章
『小さな物語のつくり方　ショートショート創作技術塾・星派道場』江坂遊（樹立社・一巻二〇一一、二巻二〇一三）
『仕掛け花火　綾辻・有栖川復刊セレクション』江坂遊（講談社ノベルス・二〇〇七）
『鍵穴ラビリンス』江坂遊（講談社ノベルス・二〇〇八）

8章
『空白の天気図　核と災害1945・8・6／9・17』柳田邦男（文春文庫・二〇一一）
『猿橋勝子　女性として科学者として』猿橋勝子（日本図書センター・一九九九）
『猿橋勝子という生き方』米沢富美子（岩波科学ライブラリー・二〇〇九）

10章
『精神科医がものを書くとき』中井久夫（ちくま学芸文庫・二〇〇九）
『精神病者の魂への道』ゲルトルート・シュヴィング、小川信男・船渡川佐和子訳（みすず書房・一九六六）
『分裂病と人類』中井久夫（東京大学出版会・一九八二）
『最終講義　分裂病私見』中井久夫（みすず書房・一九九八）
『治療のテルモピュライ　中井久夫の仕事を考え直す』星野弘ほか（星和書店・一九九八）
『看護のための精神医学』中井久夫・山口直彦（医学書院・二〇〇一）
『新版　精神科治療の覚書』中井久夫（日本評論社・二〇一四）
『日本の医者』中井久夫（日本評論社・二〇一〇）
『セラピスト』最相葉月（新潮社・二〇一四）
『心のケア　阪神・淡路大震災から東北へ』加藤寛・最相葉月（講談社現代新書・二〇一一）

11章
『空耳の科学　だまされる耳、聞き分ける脳』柏野牧夫（ヤマハミュージックメディア・二〇一二）
『音のイリュージョン　知覚を生み出す脳の戦略』柏野牧夫（岩波科学ライブラリー・二〇一〇）

12章
『自然と生体に学ぶバイオミミクリー』ジャニン・ベニュス、山本良一監訳、吉野美耶子訳（オーム社・二〇〇六）
『スティーブ・ジョブズ　英語で味わう魂の名言』桑原晃弥（ＰＨＰビジネス新書・二〇一二）

参考文献

『二重らせんの私　生命科学者の生まれるまで』柳澤桂子（早川書房・一九九五）

Janine M. Benyus, Biomimicry: Innovation Inspired by Nature (William Morrow Paperbacks 2002)

Dayna Baumeister et al, Biomimicry Resource Handbook A Seed Bank of Best Practices (CreateSpace Independent Publishing Platform 2014)

ＮＨＫ「未来への提言　サイエンスライター　ジャニン・ベニュス　自然に学ぶ驚異のテクノロジー」ＢＳhi二〇一〇年九月九日放送

本書は、二〇一五年に刊行した『東工大講義　生涯を賭けるテーマをいかに選ぶか』(ポプラ社)を加筆修正、改題の上、新書化したものです。

最相葉月
さいしょう・はづき
1963年、東京生まれ。神戸市出身。関西学院大学法学部卒。著書に『絶対音感』（小学館ノンフィクション大賞）『青いバラ』『星新一　一〇〇一話をつくった人』（大佛次郎賞、講談社ノンフィクション賞、日本推理作家協会賞、日本SF大賞、星雲賞）『東京大学応援部物語』『ビヨンド・エジソン』『セラピスト』『れるられる』『ナグネ　中国朝鮮族の友と日本』など。児童書に『調べてみよう、書いてみよう』。

ポプラ新書
144
理系という生き方
東工大講義 生涯を賭けるテーマをいかに選ぶか
2018年2月8日 第1刷発行
2018年3月10日 第2刷
著者
最相葉月
発行者
長谷川 均
編集
近藤 純
発行所
株式会社 ポプラ社
〒160-8565 東京都新宿区大京町22-1
電話 03-3357-2212（営業） 03-3357-2305（編集）
振替 00140-3-149271
一般書出版局ホームページ www.webasta.jp
ブックデザイン
鈴木成一デザイン室
印刷・製本
図書印刷株式会社

N.D.C.916/398P/18cm ISBN978-4-591-15801-2

生きるとは共に未来を語ること　共に希望を語ること

昭和二十二年、ポプラ社は、戦後の荒廃した東京の焼け跡を目のあたりにし、次の世代の日本を創るべき子どもたちが、ポプラ（白楊）の樹のように、まっすぐにすくすくと成長することを願って、児童図書専門出版社として創業いたしました。

創業以来、すでに六十六年の歳月が経ち、何人たりとも予測できない不透明な世界が出現してしまいました。

この未曾有の混迷と閉塞感におおいつくされた日本の現状を鑑みるにつけ、私どもは出版人としていかなる国家像、いかなる日本人像、そしてグローバル化しボーダレス化した世界的状況の裡で、いかなる人類像を創造しなければならないかという、大命題に応えるべく、強靭な志をもち、共に未来を語り共に希望を語りあえる状況を創ることこそ、私どもに課せられた最大の使命だと考えます。

ポプラ社は創業の原点にもどり、人々がすこやかにすくすくと、生きる喜びを感じられる世界を実現させることに希いと祈りをこめて、ここにポプラ新書を創刊するものです。

未来への挑戦！

平成二十五年　九月吉日　　株式会社ポプラ社